KARL-HEINZ DENZIN

BAUEN UND FLIEGEN

Freiflug- und Fernlenkmodelle

NECKAR-VERLAG · VILLINGEN-SCHWENNINGEN

ISBN 3-7883-0108-2

4. überarbeitete Auflage 1975

Neckar-Verlag GmbH 773 Villingen-Schwenningen, Klosterring 1

Printed in Germany by Reiff-Druck, 7600 Offenburg

Meiner Frau gewidmet,
deren Interesse am Modellflug
auch der dickste Balsastaub im
Wohnzimmer nicht mindern kann
und ohne deren Energie
ich dieses Buch nie geschrieben hätte.

INHALT

VORWORT

Als ich seinerzeit meine ersten Gleitflugmodelle baute, mußte ich alle Erfahrungen selber sammeln, denn Baupläne und Modellflugliteratur gab es noch nicht, und die Modellflieger waren so dünn gesät, daß auch ein Erfahrungsaustausch nur selten möglich war. Dadurch bedingt, mußte auch der kleinste Erfolg mit unverhältnismäßig viel Arbeit und Zeit erkauft werden. Das wirkte sich jedoch in keiner Weise nachteilig aus, denn einmal waren alle damaligen Modellflieger reine Idealisten und kannten es nicht anders, zum anderen waren die so errungenen Erfolge besonders befriedigend. Auf dieser, in allen Ländern annähernd gleichen Grundlage nahm der Modellflug in den dreißiger Jahren in der ganzen Welt einen ungeahnten Aufschwung.

Nach einer durch den Zweiten Weltkrieg bedingten Pause setzten bei uns zunächst nur wenige ältere Modellflieger die Entwicklung fort, die dann aber bald in eine immer mehr zunehmende Kommerzialisierung mündete, die den Modellflug wieder weitesten Kreisen zugänglich machte. Die entscheidenden Schritte waren dabei die Einführung des in den USA entstandenen Schnellbaukastens, der auch den handwerklich weniger geübten Modellfluginteressenten den Bau einwandfrei fliegender Modelle ermöglichte, die Herstellung zuverlässiger Verbrennungsmotoren zu erschwinglichen Preisen und nicht zuletzt die Entwicklung der elektronischen Fernsteuerung, die auch heute noch längst nicht abgeschlossen ist.

Dadurch wurde der Modellflug zum mit Abstand vielseitigsten Hobby. Um alle seine Gebiete zu beherrschen und auf ihnen mit der Entwicklung Schritt zu halten, reicht die Freizeit eines Lebens bei weitem nicht aus. Selbst bei der Beschränkung auf wenige Modellarten kommt heute niemand mehr darum herum, sich die Erfahrungen anderer zunutze zu machen und auf ihnen aufzubauen, wenn er sein Ziel mit einem angemessenen Aufwand erreichen will. Um Ihnen das zu erleichtern, habe ich dieses Buch zusammengestellt, in dem die in 45 Jahren mit über 350 Freiflug- und Fernlenkmodellen gewonnene Erfahrung ihren Niederschlag gefunden hat. Ich habe mich dabei ganz bewußt auf die Grundlagen des Bauens und Fliegens beschränkt, um den Umfang in lesbaren und den Preis in erschwinglichen Grenzen zu halten.

Wenn Sie erst einmal die Grundlagen beherrschen, wird Ihnen die Weiterarbeit nur noch wenig Schwierigkeiten bereiten. Sie werden stets neue Freude am Modellflug haben und Ihr Wissen und Ihre Erfahrung ständig erweitern können, wozu ich Ihnen viel Erfolg wünsche.

Knittlingen, im Herbst 1975 — Karl-Heinz Denzin

BEGRIFFSBESTIMMUNGEN

Um von vornherein Mißverständnisse auszuschließen, lassen Sie mich zunächst die gebräuchlichen Begriffe und Fachwörter erklären. Viele davon werden Ihnen sicherlich schon bekannt sein, aber auch mit den übrigen sollten Sie sich recht bald vertraut machen, damit Ihnen beim Lesen von Bauanleitungen keine Irrtümer unterlaufen und Sie beim Erfahrungsaustausch mit anderen Modellfliegern nicht aneinander vorbeireden. Zunächst einmal unterscheidet man die verschiedenen **Baugruppen:**

DER RUMPF (1) besteht im Normalfall aus dem **Vorderteil,** auch **Rumpfnase** genannt, dem **Mittelstück** und dem **Rumpfende.** In den meisten Fällen wird er einen annähernd rechteckigen, kastenförmigen Querschnitt haben und heißt dann **Kastenrumpf,** auch wenn sein Aussehen durch abgerundete Kanten oder ein abgerundetes Oberteil **(Rumpfrücken)** verbessert wurde. Bei Segelflugmodellen kann er auch aus einem einfachen Stab bestehen, und man spricht dann von einem **Stabrumpf (1a).** Ist der Stab vorne wesentlich verdickt, handelt es sich um einen **Keulenrumpf (1b),** der aus der **Keule** und dem **Leitwerksträger** besteht. Weitere Unterscheidungsmöglichkeiten ergeben sich aus den verschiedenen Bauweisen, die im Kapitel „Rumpfbau" beschrieben sind.

DER TRAGFLÜGEL (2) kann in **Draufsicht, Vorderansicht** und **Profilierung** (Querschnitt) sehr verschiedenartig geformt sein. Von der Draufsicht ausgehend spricht man von **Rechteckflügel (2a), Trapezflügel (2b)** oder von kombinierten Formen mit rechteckigem **Mittelstück** und **trapezförmigen (2c)** oder **elliptischen (2d) Außenflügeln, Flügelenden oder Flügelohren (2e);** der letzte Ausdruck ist jedoch nur gebräuchlich, wenn die Flügelenden nach oben geknickt sind. Ist ein Tragflügel in der Draufsicht nicht gerade, sondern nach hinten geknickt, dann hat er **Pfeilform (2f).** Sie wird auf eine entlang der 25 %igen Flügeltiefe verlaufende (gestrichelt gezeichnete) Linie bezogen. Sie ist **positiv,** wenn diese Linie nach hinten, **negativ,** wenn diese Linie nach vorn geknickt ist.

Von vorn gesehen ist jeder Flugmodelltragflügel zur Erzielung der nötigen Querstabilität nach oben geknickt: er hat **V-Form.** Gebräuchlich sind **einfache (2g), doppelte (2h)** und **dreifache (2i) V-Form.**

Bei den Profilen unterscheidet man zwischen **Profilen mit konkaver** (hohl gewölbter) **Unterseite (2k), Profilen mit gerader Unterseite (2l),** die nach dem bekanntesten Profil dieser Gruppe auch **Clark Y-ähnlich** genannt werden, **halbsymmetrischen (2m)** und **vollsymmetrischen (2n)** Profilen. Die Bezeichnung „halbsymmetrisch" ist zwar nicht ganz korrekt, und manche Experten rümpfen über sie die Nase; sie ist jedoch leicht verständlich, hat sich weitgehend eingebürgert und jeder Modellflieger weiß, was darunter zu verstehen ist.

Die weiteren Unterscheidungsmöglichkeiten nach den Bauweisen ergeben sich aus den Beschreibungen des Kapitels „Tragflügelbau".

DAS LEITWERK besteht aus dem **Höhenleitwerk (3),** dem **Seitenleitwerk (4)** und (nur bei Mehrkanal-Fernlenkmodellen) den **Querrudern (5a und 5b).** Das Höhenleitwerk gibt den Modellen die erforderliche **Längsstabilität.** Mit ihm

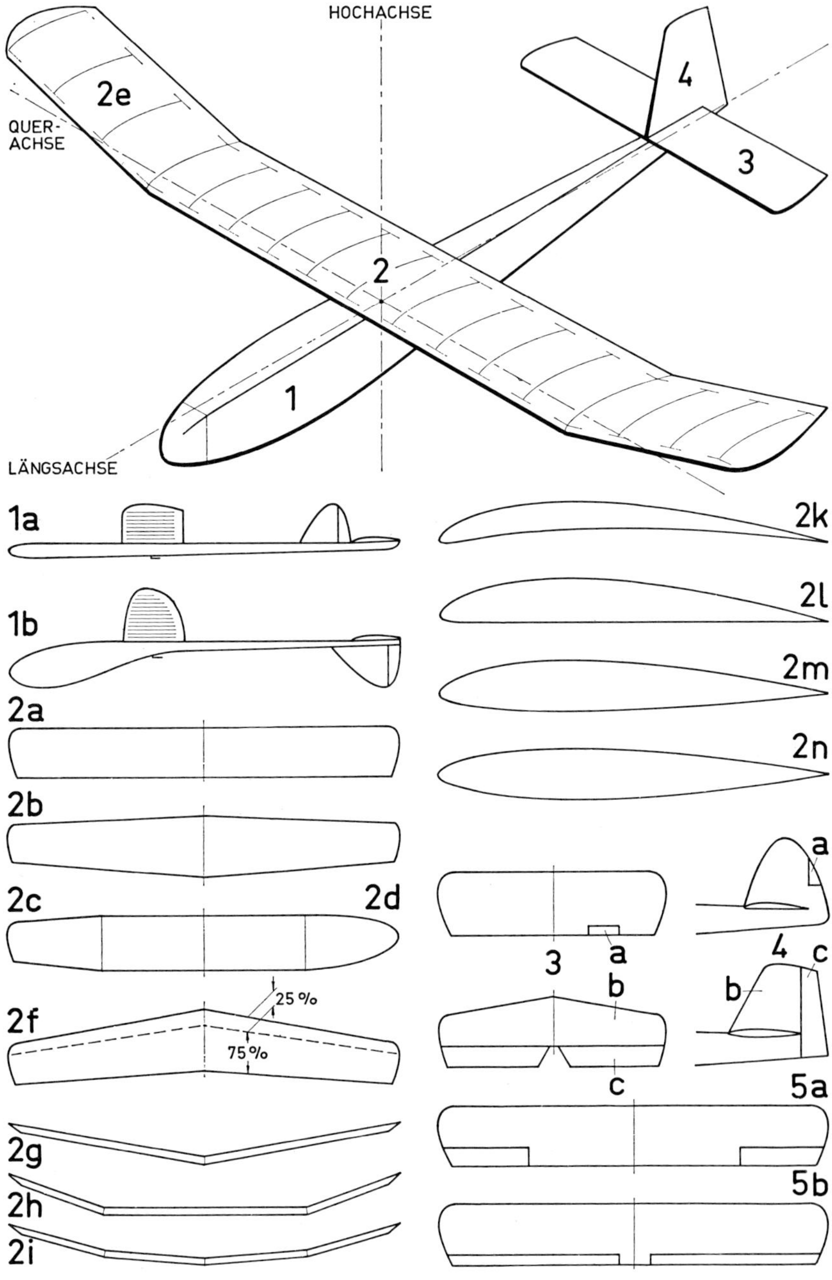
HOCHACHSE
QUER-
ACHSE
LÄNGSACHSE
2e
2
1
3
4
1a
1b
2a
2b
2c
2d
2f
25 %
75 %
2g
2h
2i
2k
2l
2m
2n
a
b
c
5a
5b

wird bei großen Flugzeugen und bei Fernlenkmodellen die Flughöhe bestimmt, und es muß daher Höhenleitwerk heißen, obwohl es nach beiden Seiten zeigt.
Das Seitenleitwerk gibt den Modellen in Verbindung mit den Rumpfseitenflächen und der V-Form die **Richtungsstabilität.** Wird es im Flug verstellt, bestimmt es die Seite, nach der das Modell kurvt. Es muß daher Seitenleitwerk heißen, obwohl es in die Höhe zeigt. Diese Erklärungen mögen albern klingen, doch werden diese beiden Bezeichnungen von Anfängern immer wieder verwechselt.
Ist ein kleiner Teil von Höhen- und/oder Seitenleitwerk zum Trimmen der gewünschten Fluglage bzw. Flugrichtung am Boden verstellbar, heißt dieser Teil **Trimmklappe (3a, 4a).** Ist wie bei großen Flugzeugen und Fernlenkmodellen ein Teil des Höhen- und/oder Seitenleitwerks im Flug verstellbar, heißt der feststehende Teil **Höhen- bzw. Seitenflosse (3b, 4b)** und der bewegliche Teil **Höhen- bzw. Seitenruder (3c, 4c),** beide Teile zusammen werden nach wie vor als Leitwerk bezeichnet.
Mit den Querrudern wird die Querlage der Modelle gesteuert. Sie können sich entweder wie bei großen Flugzeugen nur an den Hinterkanten der Tragflügelenden befinden und heißen dann **Normal-Querruder (5a),** oder aber als schmale Streifen entlang fast der gesamten Flügelhinterkante verlaufen und werden dann **Endleisten- oder Streifenquerruder (5b)** genannt. Der für sie gelegentlich verwendete Ausdruck „Flaps" ist falsch, denn er bezeichnet im Englischen Landeklappen, die mit der Querlage von Flugzeugen nicht das geringste zu tun haben.
DAS FAHRWERK findet lediglich bei Motorflugmodellen Verwendung. Es kann entweder als **Normalfahrwerk** mit **Hauptfahrwerk (6a)** und **Schwanzsporn (6b)** bzw. **Spornrad** oder als **Bugradfahrwerk** mit **Bugfahrwerk (6c)** und **Hauptfahrwerk (6d)** ausgeführt sein. Die Räder heißen entsprechend **Bugrad** und **Haupträder.** Zu beachten ist noch, daß sich das Hauptfahrwerk **(6a)** immer vor und das Hauptfahrwerk **(6d)** immer hinter dem Schwerpunkt des Modells befinden muß.
Lassen Sie sich im übrigen nicht durch den Ausdruck Normalfahrwerk täuschen, der irreführend ist, wenn man unter „normal" etwas am weitesten Verbreitetes versteht. Er stammt noch aus der Zeit, in der Dreiradfahrwerke die Ausnahme und nicht wie heute die Regel waren.
DAS TRIEBWERK kann ein heute nur selten verwendeter **Gummimotor** oder ein **Verbrennungsmotor** sein. Bei letzteren unterscheidet man zwischen **Glühzünder-** und **Dieselmotoren.**
Glühzündermotoren werden mit einem Kraftstoff aus 75 bis 80 % Methylalkohol und 20 bis 25 % Rizinusöl betrieben. Ihre Zündung erfolgt durch eine Glühkerze mit innenliegender Heizspirale, die zum Anlassen durch eine Trockenbatterie von 1.5 oder einen Akku von 2 Volt zum Glühen gebracht werden muß und bei laufendem Motor durch die Verbrennungswärme ständig weiterglüht.
Dieselmotoren werden mit einem Kraftstoff aus gleichen Teilen Petroleum, Äther und Rizinusöl betrieben. Ihre Zündung erfolgt durch die beim Verdichtungshub entstehende Kompressionswärme „von selbst". Korrekt müßte man sie daher **Selbstzünder-Motoren** nennen, doch konnte sich diese Bezeichnung bis heute nicht durchsetzen.

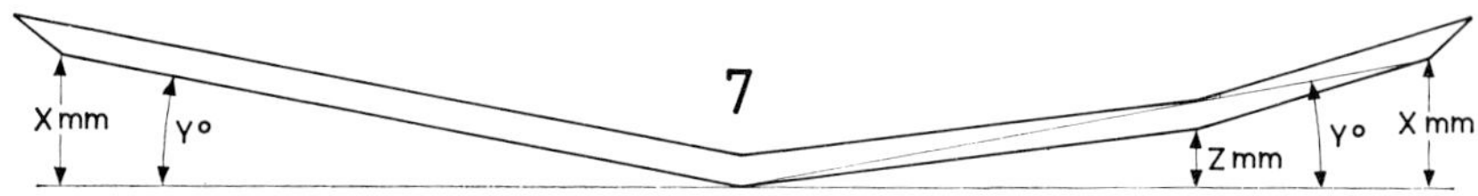

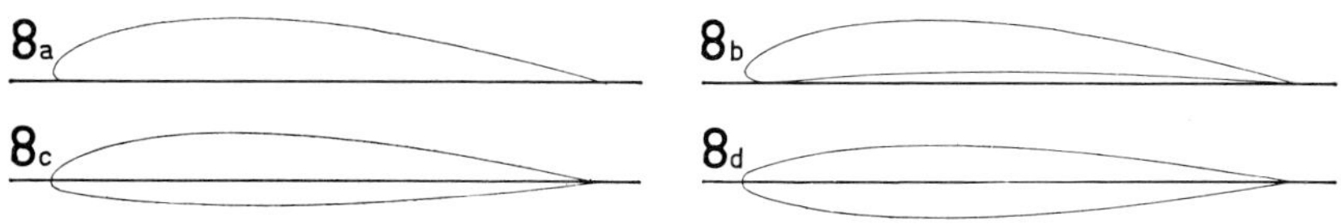

Die **Abmessungen** werden ebenfalls mit feststehenden, unverwechselbaren Begriffen bezeichnet. Die **Länge** reicht vom vordersten zum hintersten Punkt des Modells. Die **Spannweite** ist die Entfernung von Randbogen zu Randbogen, die **Tragflügeltiefe** die „Breite" des Tragflügels, miteinander multipliziert ergeben sie die **Tragflügelfläche,** manchmal auch **Tragflügelinhalt** genannt. Bei Flügelformen mit sich ändernder Tiefe spricht man von der **mittleren Tragflügeltiefe,** die sich aus Tragflügelfläche geteilt durch Spannweite errechnet – sie ist **nicht** die Tiefe in der Tragflügelmitte! Die Schlankheit des Tragflügels wird **Streckung** genannt und errechnet sich aus Spannweite mal Spannweite geteilt durch Flügelfläche. Die gleichen Bezeichnungen gelten sinngemäß auch für Höhenleitwerke. Die **V-Form (7)** wird entweder in Winkelgraden oder in Millimetern gemessen.

Ein wichtiger Begriff ist auch die **Flächenbelastung,** die in Gramm Fluggewicht pro Quadratdezimeter Tragflügel- **plus** Höhenleitwerksfläche angegeben wird. Soll sie sich nur auf den Tragflügel beziehen, muß sie ausdrücklich **Tragflächenbelastung** genannt werden.

Vom Kapitel „Flugvorbereitungen" an werden Sie häufig die Begriffe Einstellwinkel und Anstellwinkel lesen. Der **Einstellwinkel** ist der genau meßbare Winkel, unter dem Tragflügel bzw. Höhenleitwerk gegenüber der **Rumpflängsachse** eingestellt (eingebaut) sind, während der **Anstellwinkel** der in der Praxis nicht meßbare Winkel ist, unter dem Tragflügel bzw. Höhenleitwerk von der Luft angeströmt werden. Als Bezugslinien an Tragflügel und Höhenleitwerk dienen dazu bei Profilen mit gerader **(8a)** und konkaver **(8b)** Unterseite die **Druckseitentangente,** bei halbsymmetrischen **(8c)** und symmetrischen **(8d)** Profilen die vom vordersten (theoretisch nicht korrekt, aber für die Praxis ausreichend genau) zum hintersten Profilpunkt verlaufende **Profilsehne.** Der Winkel zwischen den Einstellwinkeln von Tragflügel und Höhenleitwerk heißt **Einstellwinkeldifferenz.**

Damit dürfte ich Sie vorerst genug verwirrt haben, und weitere Fachausdrücke werde ich bei ihrem Auftauchen von Fall zu Fall erklären, sofern sich ihre Bedeutung nicht ohnehin aus dem Text und den Abbildungen ergibt.

WERKSTOFFE

Auf keinem anderen Modellbaugebiet ist es auch nur annähernd so wichtig, mit geringstem Gewichtsaufwand höchste Festigkeit zu erreichen, wie gerade beim Bau von Flugmodellen. Geringes Gewicht ist die Voraussetzung für gute Flugleistungen, hohe Festigkeit für die Zuverlässigkeit und Bruchsicherheit und damit auch für lange Lebensdauer.
Will man in allen Fällen einen möglichst günstigen Kompromiß zwischen diesen einander widersprechenden Forderungen finden, setzt das eine eingehende Kenntnis der in Frage kommenden Werkstoffe voraus. Die Grundlagen dazu gewinnen Sie durch das Lesen der folgenden Seiten, die Feinheiten können Sie jedoch nur durch die praktische Arbeit an Ihren Modellen erwerben.

BALSAHOLZ
Alle modernen Flugmodelle bestehen zum überwiegenden Teil aus Balsaholz. Es verbindet geringes Gewicht mit verhältnismäßig hoher Festigkeit, entspricht also schon von Natur aus den in der Einleitung genannten Hauptforderungen. Außerdem ist Balsa von allen in Frage kommenden Werkstoffen am leichtesten und schnellsten zu bearbeiten und kommt also auch in dieser Hinsicht den Wünschen der Modellflieger entgegen.
Der Balsabaum wächst vorwiegend in den tropischen Regenwäldern des nördlichen Südamerika. Der Stamm des Balsabaumes erreicht in nur 6 bis 8 Jahren einen Durchmesser von etwa 50 cm. Infolge des schnellen Wachstums wird relativ wenig Zellulose gebildet, und das getrocknete Holz besteht daher vorwiegend aus Luft. Frisch gefällte Balsabäume sind allerdings nicht besonders leicht, da alle Poren und Zellzwischenräume vom Saft des Baumes, also mit Wasser gefüllt sind.
In diesem Wasser sind häufig im Boden vorkommende Mineralien gelöst, die das Holz verfärben. Solche mineralischen Verfärbungen sind stets großflächig und gehen allmählich in die normale Holzfarbe über. Sie haben auf die Festigkeit und Güte des Holzes keinen Einfluß. Scharf begrenzte, kleinere Farbflecken dagegen sind fast immer das Zeichen für eine Holzkrankheit, und solches Holz sollte, zumindest für tragende Bauteile, nicht verwendet werden.
Die normale Farbe des Balsaholzes variiert von weiß bis grau und von rosa bis rotbraun. Sie gibt einen gewissen Hinweis auf die Härte, denn dunkles Holz ist meist härter als helles.
Das Gewicht und die davon abhängige Festigkeit können stark schwanken. Ich hatte schon Balsa mit spezifischen Gewichten von 0.05 und 0.35 in der Hand. Der Grund für diese starken Schwankungen ist vor allem standortbedingt. Bäume in sumpfigen Niederungen wachsen schneller und liefern daher leichteres Holz als die auf höherem und trockenerem Grund wachsenden Bäume.
Der ursprünglich hohe Wassergehalt würde im tropischen Klima sehr schnell zum Faulen der gefällten Stämme führen. Eine rasche und gründliche Trocknung ist also die Voraussetzung für eine wirtschaftlich vernünftige Ausnutzung und brauchbare Qualität des Holzes. Da nun jeder Körper um so schneller trocknet,

je größer seine Oberfläche im Verhältnis zu seinem Rauminhalt ist, werden die Stämme schon im Ursprungsland in relativ kurze Balken mit kleinem Querschnitt aufgesägt. Für den Zuschnitt der von den deutschen Modellfliegern so sehr geschätzten 100 mm breiten Brettchen läßt sich daher nur ein kleiner Teil der Balken verwenden, und diese Brettchen sind daher zwangsläufig relativ teurer als schmalere.

Da sämtliche erhältlichen Leisten und Brettchen in allen möglichen Härtegraden vorkommen, ist es zunächst gar nicht so einfach, die für die jeweils herzustellenden Bauteile am besten geeigneten Stücke herauszusuchen. Sind in der Stückliste des Bauplans Angaben über die Härte gemacht, sollte man sich unbedingt daran halten. Fehlen solche Angaben, ist es ratsam, sämtliche Klötze in „weich", Brettchen in „mittelweich", Nasenleisten in „mittel" und Holme in „hart" einzukaufen.

Bis man den nötigen „Griff" dafür bekommen hat, empfiehlt es sich, zur Kontrolle die spezifischen Gewichte (Gramm pro Kubikzentimeter) zu errechnen. Diese betragen für:

weiches Balsa	ca. 0.1
mittelweiches Balsa	ca. 0.15
mittleres Balsa	ca. 0.2
mittelhartes Balsa	ca. 0.25
hartes Balsa	ca. 0.3

Zum Vergleich seien auch die spezifischen Gewichte einiger anderer Modellbauwerkstoffe angegeben:

Abachiholz	ca. 0.4
Kiefernholz	ca. 0.6
Buchensperrholz	ca. 0.75
Aluminiumblech	2.7
Stahldraht	7.8

Nun ist das Gewicht und damit die Festigkeit nicht der einzige Faktor, der für die Beurteilung von Balsaholz ausschlaggebend ist. Für Rippen, breite Endleisten, Vollholzleitwerke und ähnliche Bauteile sollten die Brettchen möglichst steif sein, damit sie sich nicht verziehen. Beplankungen von Flügelnasen und runden Rümpfen erfordern dagegen gut biegsames Holz, das sich den Rundungen von Rippen und Spanten gut anpaßt, ohne dabei zu platzen. Obwohl sich diese Forderungen widersprechen, kann Balsaholz beide erfüllen, sofern es richtig ausgesucht wird.

Die Biegsamkeit eines Balsabrettchens ist nämlich vom Verlauf der Markstrahlen abhängig, die im Baum strahlenförmig vom Mark zur Rinde, also senkrecht zur Holzfaser, verlaufen. Der Abstand der Markstrahlen voneinander beträgt nur wenige Zehntelmillimeter. Sie sind meist nur zu erkennen, wenn man die Brettchen an ihren Stirnseiten sauber mit einer Rasierklinge anschneidet und bei schräg einfallendem Licht betrachtet. In Verbindung mit den senkrecht zu ihnen verlaufenden Holzfasern wirken sie ähnlich wie die jeweils um 90° gegeneinander verdrehten Schichten beim Sperrholz.

Verlaufen also die Markstrahlen annähernd parallel zur Oberfläche eines Brettchens, dann ist dieses besonders steif. Man kann das oft schon daran erkennen, daß seine Oberfläche mit dunkleren, blanken Flecken von einigen Millimetern Länge gesprenkelt ist. Je weiter sie quer über das Brettchen reichen, desto flacher wurden sie angeschnitten und um so steifer ist das Brettchen. Eine zwangsläufige Folge dieser Steifheit ist allerdings, daß solche Brettchen beim Biegen längs der Faser aufplatzen. Ist man sich seiner Sache bei der Auswahl nicht ganz sicher, ist es auf jeden Fall besser, ein Ende des Brettchens anzuschneiden, als einen Biegeversuch zu riskieren. Da beim Aufschneiden von Balsabalken nur ein geringer Prozentsatz an solchen Brettchen anfällt, sollte man sparsam mit ihnen umgehen und sie nur für solche Bauteile verwenden, bei denen ihr Einsatz wirklich Vorteile bringt.
Für diese Art von Brettchen hat sich die aus dem Englischen übernommene Bezeichnung „quarter-grain" eingebürgert, während die entsprechenden deutschen Namen „Spiegel- oder Radialschnitt" sich nicht durchsetzen konnten.

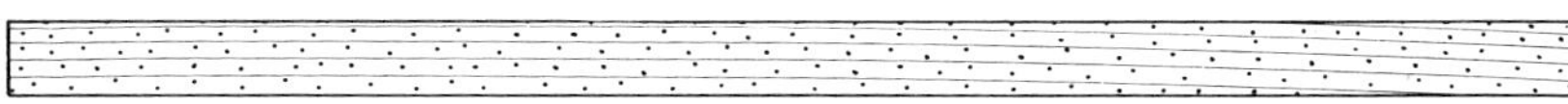

MARKSTRAHLEN FLACH - „QUARTER GRAIN" - SEHR STEIF

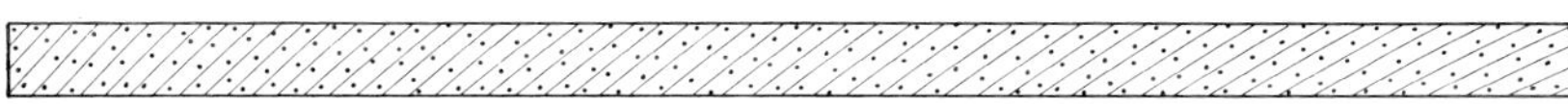

MARKSTRAHLEN DIAGONAL - MÄSSIG STEIF

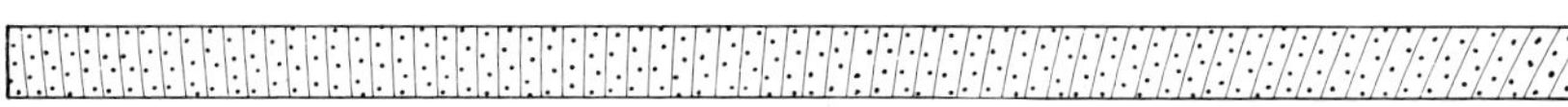

MARKSTRAHLEN SENKRECHT - „NON GRAIN" - SEHR BIEGSAM

Aus der Erklärung der Steifheit der „quarter-grain"-Brettchen ergibt sich zwangsläufig auch das Gegenteil, daß nämlich die Brettchen am biegsamsten und somit am besten für gewölbte Beplankungen geeignet sind, bei denen die Markstrahlen senkrecht zur Oberfläche stehen. Einen besonderen Namen haben diese Brettchen bei uns nicht, denn bisher konnten sich die deutschen Modellflieger weder zur Übernahme des angelsächsischen „non-grain" noch zum Gebrauch des deutschen „Tangentialschnitt" entschließen.
Zwischen beiden Extremen gibt es natürlich zahllose Zwischenstufen, die je nach der Neigung der Markstrahlen zur Oberfläche in ihren Eigenschaften mehr zu der einen oder anderen Sorte neigen.
Wichtig für die Güte und Brauchbarkeit des Holzes ist auch seine Faserung. Je dichter und feiner die Fasern auf der Oberfläche erkennbar sind und je gerader sie verlaufen, desto gleichmäßiger ist die Struktur und damit die Festigkeit des Holzes. Besonders bei der Auswahl von Leisten muß darauf geachtet werden, daß die Fasern nicht schräg aus den Seiten heraustreten.
Die übrigen zum Flugmodellbau verwendeten Werkstoffe sind von weitaus gleichmäßigerer Beschaffenheit und brauchen daher nicht so ausführlich besprochen zu werden.

ABACHI
Dieses aus Afrika stammende Holz liegt mit seinem ziemlich konstanten spezifischen Gewicht von 0.4 in der Mitte zwischen Balsa und Kiefer. Es ist grobfaserig und recht spröde, läßt sich jedoch mit scharfem Messer gut schneiden und auch gut stanzen. Manche Baukastenfabrikanten verwenden es daher an Stelle von Balsa zur Rippenherstellung. Für Beplankungen und Leisten ist es jedoch ungeeignet, da es auf Grund seiner Sprödigkeit relativ leicht platzt und bricht.

SPERRHOLZ
Einst neben Kiefernleisten der Universalwerkstoff für Flugmodelle, wird Sperrholz heute nur noch für besonders hoch beanspruchte Teile wie Spanten, Knickverstärkungen, Tragflügelzungen, Befestigungsrippen usw. verwendet.
Es besteht aus drei oder mehr Lagen Furnier, die mit meist rechtwinklig zueinander versetzter Faserrichtung verleimt sind. Sperrholz ist daher sehr steif und fest, infolge der Verleimung unter sehr hohem Druck jedoch etwas schwerer als massives Holz. Zum Flugmodellbau werden fast ausschließlich Stärken von 0.8 mm (dreischichtig) bis 5 mm (fünf- bis siebenschichtig) benötigt.
Angeboten werden vorwiegend Sperrhölzer aus Buche und Birke. Buchensperrholz ist im allgemeinen vorzuziehen, da es steifer ist, in den Stärken ab 2 mm aus mehr Schichten besteht und in den am häufigsten benötigten dünneren Stärken billiger als Birkensperrholz ist. Leider ist es auf Grund des großen Bedarfs im Bauwesen und der Möbelindustrie nicht immer genügend abgelagert. Größere Platten sind daher häufig verzogen. Geht der Verzug beim Zersägen in kleinere Stücke nicht von selbst zurück, können die fertigen Teile über einer Wärmequelle gerichtet werden.

KIEFERNLEISTEN
Festigkeitsmäßig sind Kiefernleisten gleich schweren (im Querschnitt also erheblich größeren) Leisten aus gut ausgesuchtem harten Balsa nicht überlegen. Sie sind jedoch biegsamer und werden daher vorwiegend für solche Teile verwendet, bei denen neben der reinen Festigkeit auch noch eine gewisse Elastizität erwünscht ist, wie z. B. bei Tragflügelholmen und Rumpfgurten. Manchmal werden sie auch ihres geringen Querschnitts wegen vorgezogen, wenn entsprechende Balsaleisten andere Bauteile zu sehr schwächen würden, wie etwa die Rippen eines dünn profilierten Tragflügels oder Leitwerks.
Ein weiterer Vorteil der Kiefernleisten besteht darin, daß sie überall in brauchbarer Qualität erhältlich sind, während ausgesucht harte und gleichmäßig gefaserte Balsaleisten nicht immer zu haben sind.
Die Auswahl von Kiefernleisten bereitet keine Schwierigkeiten. Dünne, eng stehende und gerade verlaufende Jahresringe sind das Kennzeichen erstklassiger Qualität und gleichmäßiger Festigkeit. Je gröber die Jahresringe ausgebildet sind, je größer ihr Abstand voneinander und je schräger oder gewellter sie verlaufen, desto weniger sind die Leisten für hoch beanspruchte Teile geeignet.

HARTHOLZLEISTEN
Eschen- und Buchenleisten werden fast ausschließlich zur Herstellung von Motorträgern benutzt. Gleichmäßige Farbe und gerade Faserung sind ent-

scheidend für die Güte, völlig fehlerfreie Leisten sind jedoch sehr selten. Da Motorträger meist nur kurz sind, ist das aber kein Problem, denn einige brauchbare Stücke lassen sich aus jeder Leiste herausschneiden.

FEDERSTAHLDRAHT

Federstahldraht wird vorwiegend für die Herstellung von Fahrwerken, Tragflügelzungen und alle möglichen Arten von Haken, Ösen und Federn verwendet. Die in den Modellbaugeschäften erhältliche und in den meisten Baukästen beiliegende 3. Sorte ist sowohl im Preis wie in der Qualität billig. Verbogene Fahrwerke und krumme Tragflügelzungen sind dadurch häufig eine Quelle des Ärgers. Mit einer Änderung dieses Zustandes kann leider erst dann gerechnet werden, wenn die Mehrzahl der Modellflieger bereit ist, beim Einkauf von Federstahldraht für eine erstklassige Qualität das Doppelte des bisher gewohnten Preises zu bezahlen.

LEIME UND KLEBSTOFFE

Bis vor wenigen Jahren wurden alle Leimungen an Flugmodellen mit schnelltrocknenden **Hartklebern** ausgeführt.

Für größere Leimstellen verwendet man heute die langsamer trocknenden **Weißleime,** die auch vor allem beim Verleimen von Sperr- und Hartholz festere Leimungen liefern.

Große Flächen und Beplankungen, die sich schlecht pressen lassen, werden am einfachsten mit **Kontaktklebern** geklebt. Bei diesen liegt die etwa zehnminütige Trockenzeit vor dem Zusammenbau, und sie liefern nach einmaligem festen Zusammenpressen sofort weiterverarbeitbare Verbindungen. Falsch zusammengebrachte Teile lassen sich jedoch nicht wieder voneinander lösen.

Zur Verbindung von Metallteilen untereinander und mit Holz eignen sich nur **Zweikomponentenkleber.** Die Aushärtezeit der einzelnen Fabrikate ist sehr verschieden. Lange Aushärtezeit scheint höhere Festigkeit zu ergeben. Kleber mit extrem kurzer Aushärtezeit eignen sich auch hervorragend für sämtliche Schnellreparaturen.

Zum Aufkleben von Papierbespannungen eignet sich am besten sirupartig dick angerührter **Tapetenkleister,** der keine Flecken hinterläßt und bei Reparaturen eine restlose Entfernung der alten Bespannung ermöglicht.

BESPANNPAPIER

Für die meisten Flugmodelle bis zu einer Spannweite von etwa 1.50 m ist eine Papierbespannung völlig ausreichend, da sie fest genug, leicht und schnell aufzubringen und zu reparieren und dazu billig ist. Überall erhältlich ist dazu das aus England importierte „Japico-Modelspan" in den Stärken 12 und 21 g/qm und den Farben Weiß, Gelb, Rot, Blau und Schwarz. Reine Modellbau-Fachgeschäfte führen meist auch noch echtes Japanpapier verschiedener Stärke, das zwar nur ungefärbt hergestellt wird, dafür jedoch extrem langfaserig und fest, allerdings auch etwas teurer ist.

Bei der Auswahl sollte man sich an die Stärkeangaben der Baupläne halten, denn zu starkes und daher auch zu stark spannendes Papier kann ein leichtes Tragflügel- oder Leitwerksgerippe nach dem Streichen mit Spannlack nicht nur stark verziehen, sondern in extremen Fällen sogar zerstören. Aus dem gleichen Grund sollte man auch Stoffbespannungen vermeiden, wenn im Bauplan ausdrücklich Papier zur Bespannung vorgeschrieben ist.

BESPANNSTOFFE

Seide, Kunstseide, Nylon und Perlon sind die zur Bespannung größerer Modelle in Frage kommenden Gewebe.

Seide ist von allen Stoffen am dünnsten und leichtesten. Sie erfordert auch bei der Verarbeitung die größte Sorgfalt, da sie mit unfehlbarer Sicherheit die einzige schlecht verputzte Stelle entdeckt und an ihr hängenbleibt.

Kunstseide ist im allgemeinen dichter, robuster und auch etwas schwerer als Seide, meist auch erheblich billiger.

Nylon und **Perlon** sind verschiedene Markennamen für das gleiche Gewebe. Sie sind am haltbarsten und elastischsten und auch am einfachsten zu verarbeiten.

Grundsätzlich sollte man Gewebe unter etwa 25 g/qm nur zur Verstärkung von Holzteilen verwenden. Nur schwerere Gewebe sind dicht genug gewebt, um als Bespannung von Tragflügeln und Leitwerken beim Lackieren keinen Spannlack durchtropfen zu lassen.

Bespannfolien, die einfach auf die Modelle aufgebügelt werden und keine Lackierung erfordern, wurden erstmals im Sommer 1966 angeboten. Sie sind trotz teilweise sehr guter Ergebnisse noch stark umstritten, und ihre Entwicklung ist sicher noch nicht abgeschlossen.

LACKE

Am wichtigsten und in den meisten Fällen allein ausreichend sind die **Spannlacke**, die sich beim Trocknen zusammenziehen und die mit ihnen gestrichenen Papiere und Stoffe straffen. Man unterscheidet zwischen den preiswerten Nitro-Spannlacken, die von Glühzünderkraftstoffen angegriffen werden, und den teureren kraftstoffbeständigen Spannlacken.

Soll ein mit Nitro-Spannlack gestrichenes Modell gegen Glühzünderkraftstoff geschützt werden, trägt man einen Schutzanstrich mit schnellhärtendem **Zweikomponentenlack** auf. Früher nahm man dazu **Kunstharzlack,** der jedoch nie die Kraftstoffbeständigkeit moderner Spannlacke erreichte. Als Grundierung vor dem Bespannen und vor dem Lackieren unbespannter Holzteile dient **Porenfüller,** der so oft aufgetragen und nachgeschliffen wird, bis die gewünschte Oberflächengüte erreicht ist.

GFK = GLASFASERVERSTÄRKTER KUNSTSTOFF

Polyester- und Epoxyharze sind unter Zusatz eines Härters kalt aushärtende Kunstharze, die für sich allein recht spröde, durch eingelegte Glasfasergewebe oder Glasfasermatten verstärkt jedoch hohe Festigkeit erreichen und auch in gewissen Grenzen elastisch sind. Im Flugmodellbau werden sie vorwiegend zur Herstellung von Rümpfen, Motorhauben und ähnlichen Formteilen verwendet, die sich durch große Festigkeit, lange Lebensdauer und, bei richtiger Verarbeitung, sehr gute Oberflächen auszeichnen. Außerdem werden sie mit gutem Erfolg

zur Verstärkung von Holzkonstruktionen verwendet, z. B. an Rumpfnasen und Tragflügelmittelstücken.
Allerdings haben sie auch verschiedene Nachteile, die ihrer allgemeinen Anwendung im Flugmodellbau im Wege stehen. Vor allem muß der Anfertigung eines Bauteils die Herstellung einer Form vorausgehen, die meist einen erheblichen Arbeitsaufwand erfordert, der sich nur dann lohnt, wenn mehrere gleiche Teile benötigt werden. Sie eignen sich daher vorwiegend für die Arbeit in Modellfluggruppen und zur industriellen Herstellung von Fertigrümpfen, Motorhauben usw.
Aus diesem Grund würde es zu weit führen, im Rahmen dieses Buches näher auf sie einzugehen. Wenn Sie sich ausführlicher informieren wollen, finden Sie bei Ihrem Fachhändler einschlägige Broschüren oder können sich solche von den in den meisten Modellbauzeitschriften inserierenden Lieferanten schicken lassen.

STYROPOR

Dieser aus aufgeschäumtem Polystyrol bestehende extrem leichte Kunststoff wird vorwiegend zur Herstellung von Tragflügeln und Leitwerken verwendet, und einige Modellbaufabrikanten stellen auch komplette flugfertige Modelle aus ihm her.
Seine Anwendung ist in allen Einzelheiten in dem im Neckar-Verlag im Rahmen dieser Buchreihe erschienenen Band „Styropor-Flugmodelle" von F. W. Biesterfeld beschrieben, der sich schon seit Jahren auf diese Bauweise spezialisiert hat.

ZELLULOID

Dieser glasklare Kunststoff ist in Tafeln von 0.25 bis 1.5 mm Dicke in Modellbaufachgeschäften erhältlich und wird zur Herstellung von Windschutzscheiben und Kabinenfenstern verwendet. Er läßt sich einwandfrei mit Hartkleber und Alleskleber verarbeiten, der jedoch nur sparsam aufgetragen werden darf, damit die darin enthaltenen Lösungsmittel die Zelluloidoberfläche zwar anlösen, nicht jedoch die mit Klebstoff bestrichenen Teile ganz auflösen können. Außer in Nitro- und ähnlichen Verdünnungen ist Zelluloid auch in Glühzünderkraftstoff löslich und daher für die Verwendung in Modellen mit solchen Motoren nur bedingt geeignet. Andere erhältliche glasklare Folien, meist auf PVC-Basis, haben diesen Nachteil zwar nicht, lassen sich dafür aber nur mit oft schwer erhältlichen Spezialklebern einwandfrei und dauerhaft verkleben, so daß die Empfindlichkeit des Zelluloids gegenüber Glühzündersprit immer noch das kleinere Übel sein dürfte.

WERKZEUGE

„Das also blieb vom Balsastaub übrig" steht im Fotoalbum meines Freundes -ske- unter der Aufnahme eines Flugmodells. Womit dieser Balsastaub und die dazugehörigen Späne am besten erzeugt werden, soll uns auf den nächsten Seiten beschäftigen.
Im einfachsten Fall läßt sich ein kleines Segelflugmodell aus Balsaholz ganz ohne Werkzeug herstellen, denn eine Rasierklinge und ein Stückchen Sandpapier verdienen kaum diesen Namen, obwohl sie zum eisernen Bestand jeder Werkzeugkiste gehören. Weit reicht diese Ausrüstung allerdings nicht. Außerdem haben die bei uns gebräuchlichen Rasierklingen zwei Schneiden – während die eine das Holz zerteilt, dringt die andere gern durch die Haut.

BALSAMESSER

Es ist also durchaus kein Luxus, sich für die Hauptarbeit des Flugmodellbaus, das Zuschneiden und Bearbeiten von Balsaholz, ein richtiges **Balsamesser** von bester Qualität zu kaufen. Aber nicht nur die Qualität ist entscheidend, genauso kommt es auf die richtige Klingenform an. Zum Ausschneiden von Formteilen wie Rippen, Spanten usw. einschließlich ihrer oft nur wenige Millimeter breiten Aussparungen für Holme und Gurte ist eine möglichst spitze und dünne Klinge erforderlich, die das Holz sauber trennt, ohne es wie ein Keil auseinanderzupressen. Zum Schnitzen von Klötzen und zum Verputzen wird dagegen ein Messer mit langer und breiter Schneide ohne störenden Griff gebraucht. In Schuhmacherbedarfs-Geschäften erhalten Sie 1.5 bis 2 cm breite **Zurichtemesser,** die dafür ideal geeignet sind.
Voraussetzung für saubere Arbeit ist in beiden Fällen äußerste Schärfe. Sie brauchen daher auch noch einen mittelfeinen **Karborundstein** zum regelmäßigen (!) Schärfen der Klingen.

LAUBSÄGEBOGEN UND ZUBEHÖR

Da bei fast jedem Modell einige Teile aus Sperrholz bestehen, das auch in Schnellbaukästen oft nur vorgedruckt und nicht ausgestanzt ist, ist ein guter **Laubsägebogen** unerläßlich. Er soll aus kräftigem Stahlrohr sein, und zwischen den Klemmbacken zum Einspannen der Blätter müssen sich doppelte Einlagen aus gewelltem Stahlblech befinden. Bei solchem Laubsägebogen werden Sie nie eine Zange zum Anziehen der Flügelschrauben benötigen.
Die dazugehörigen Sägeblätter dürfen nicht zu grob sein, da Buchensperrholz dazu neigt, beim Sägen in der untersten Schicht auszureißen. Die sogenannten **Blitz-Sägeblätter** ermöglichen auch bei feinerer Zahnung schnelle Arbeit, bis zu 3 mm dickem Sperrholz sind die Blattstärken 0 und 1 richtig, darüber reicht Stärke 2 völlig aus.
Weiter gehört noch ein solider **Laubsägetisch nebst Zwinge** dazu. Man kann zur Not zwar auch an der Tischkante sägen, aber kleinere Teile zerbrechen dabei leicht, und die unvermeidlich an der Tischkante zurückbleibenden Spuren fördern das Interesse der Familie am Flugmodellbau nicht unbedingt. Da gelegent-

lich Sperrholzteile auch innen ausgesägt werden müssen, wird schließlich noch ein Bohrer benötigt. Zweckmäßig ist es, sich gleich eine kleine, bis 6 mm spannende, **Handbohrmaschine** nebst einigen **Spiralbohrern** von 1 bis 3 mm zu kaufen, denn spätestens beim Bauen des ersten Motorflugmodells wird sie ohnehin gebraucht.

SONSTIGES WERKZEUG FÜR SEGELFLUGMODELLE

Hochstarthaken sowie Hebel und Haken für Thermikbremsen und Kurvensteuerungen werden normalerweise aus Stahldraht gebogen, wozu man unbedingt einige Zangen braucht. Eine **Kombizange,** die die Aufgaben einer Flachzange und eines Seitenschneiders übernehmen kann, und eine **Rundzange** reichen für den Anfang aus. Um mit dem harten und störrischen Stahldraht fertig zu werden, sollten sie ziemlich kräftig und von bester Qualität, dabei aber nicht zu unhandlich sein. Eine Länge von 16 bis 18 cm ist für Kombizangen gerade richtig, Rundzangen können einige Zentimeter kürzer sein.

Unentbehrlich sind auch **Glaskopfstecknadeln** und **Federwäscheklammern,** die zum Zusammenhalten von Teilen vor und während der Verleimungen immer wieder benötigt werden. Können Sie welche aus Kunststoff erhalten, sind diese den hölzernen unbedingt vorzuziehen. Haben Sie die Auswahl zwischen mehreren Sorten, wählen Sie die, die sich am weitesten öffnen läßt und dadurch vielseitiger verwendbar ist.

Das Verputzen der Modelle ist eine der wichtigsten Arbeiten und kann nach grober Vorarbeit mit dem Zurichtemesser nur mit **Sandpapier** einwandfrei und schnell erledigt werden. Mit je einem Bogen der Körnungen 60 (sehr grob), 90, 120, 150 und 180 (sehr fein) ist man für alle vorkommenden Fälle und für längere Zeit gut gerüstet. Auf keinen Fall sollten Sie versuchen, Balsaholz mit einer Feile zu bearbeiten, da es dazu zu weich ist und seine Fasern sich sofort im Hieb festsetzen. Auch Raspeln sind zur Bearbeitung von Balsaholz ungeeignet.

Zum Schleifen von ebenen Flächen und geraden Kanten stellt man sich zweckmäßigerweise einige **Schleifklötze** her, indem man Sandpapier der verschiedenen Körnungen auf handliche Holzklötze oder Brettchen klebt. Man kann auch das Sandpapier um die Klötze herumwickeln und mit Reißbrettstiften festheften, braucht dann jedoch erheblich mehr Sandpapier.

Zum Zuschneiden der Bespannung braucht man einige **Rasierklingen** und ein **Lineal** von mindestens 50 cm Länge, das auch beim Schneiden von Balsaholz gute Dienste leistet.

Weiter werden zum Auftragen von Tapetenkleister, zum Streichen des Spannlacks und für eventuelle farbige Bemalungen einige Pinsel benötigt. Für den Kleister eignet sich ein kurzer, schmaler **Borstenpinsel** am besten, für Spann- und Farblack sollten es jedoch möglichst gute **Haarpinsel** sein. Zur Not reicht auch ein solcher Pinsel aus, es ist aber schwierig und zeitraubend, einen für Farblack benutzten Pinsel wieder so gründlich zu säubern, daß er farblosen Spannlack nicht mehr verfärbt. Gute Haarpinsel sind leider sehr teuer, besonders wenn die Haare in die Zwinge einvulkanisiert sind, und man bekommt sie nur in Spezial-Farbgeschäften. Trotzdem lohnt sich die Ausgabe für Sie in jedem Fall, denn bei vernünftiger Pflege dauert es Jahre, ehe sie das erste Haar verlieren. Begnügt man sich für den Anfang mit billigen Borstenpinseln, muß man die

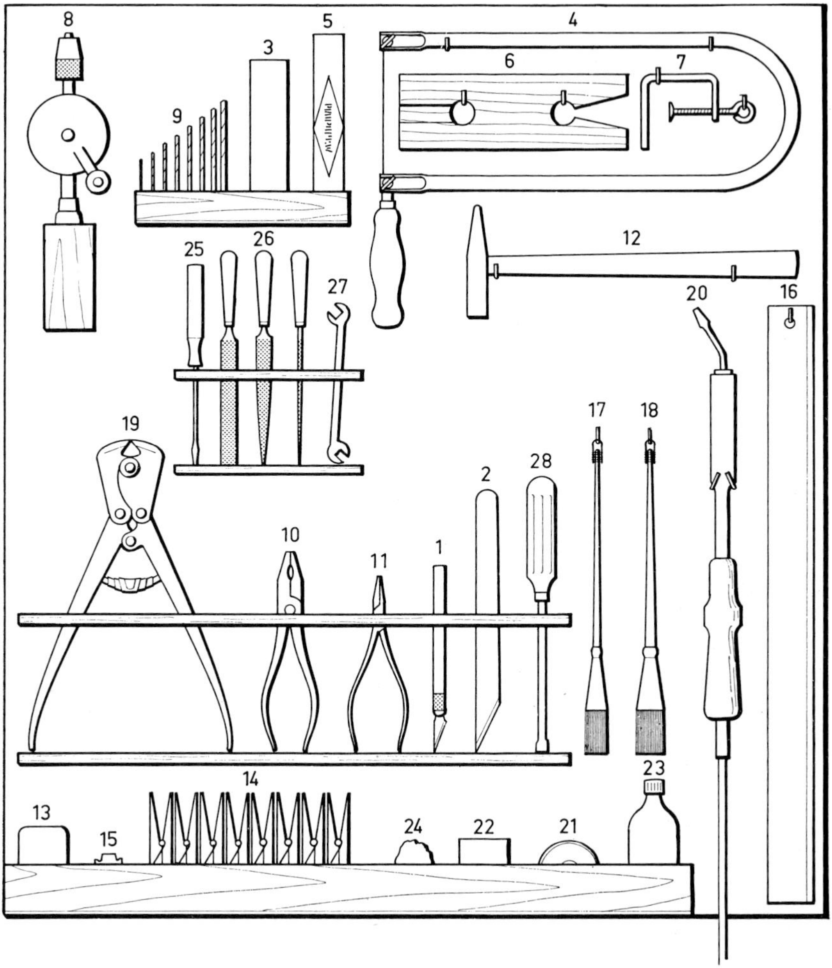

1 BALSAMESSER
2 ZURICHTEMESSER
3 ABZIEHSTEIN
4 LAUBSÄGEBOGEN
5 BLITZ - SÄGEBLÄTTER
6 LAUBSÄGETISCH
7 SCHRAUBZWINGE
8 HANDBOHRMASCHINE
9 SPIRALBOHRER
10 KOMBIZANGE
11 RUNDZANGE
12 HAMMER
13 GLASKOPFSTECKNADELN
14 FEDERKLAMMERN
15 RASIERKLINGEN
16 LINEAL
17 BORSTENPINSEL
18 HAARPINSEL
19 HEBELVORSCHNEIDER
20 LÖTKOLBEN
21 LÖTDRAHT
22 SALMIAKSTEIN
23 LÖTWASSER
24 KOLOPHONIUM
25 SCHRAUBENZIEHER
26 SCHLÜSSELFEILEN
27 SCHRAUBENSCHLÜSSEL
28 STECKSCHLÜSSEL

schnell ausfallenden und meist auf der Bespannung festklebenden Borsten von vornherein in Kauf nehmen.
Unmittelbar nach jedem Gebrauch sollten Pinsel gründlich gereinigt werden. Dazu drückt man mit einem Stück unbedruckten Papiers möglichst viel Lack aus den Haaren bzw. Borsten, wäscht anschließend die Pinsel in etwas passender Verdünnung aus und trocknet sie dann mit einem alten, aber sauberen Lappen aus. Schließlich klopft man sie an der Kante eines Holzstückes oder den Fingern so lange aus, bis sie völlig trocken und weich sind. Bei Haarpinseln reibt man schließlich noch einige Tropfen Öl in die Haare, um ihre Elastizität zu erhalten.
Gute Pinsel sollte man übrigens nur hängend aufbewahren, und ich wickle und klebe daher sofort eine Drahtöse an das Stielende jedes neu gekauften Pinsels.

ZUSÄTZLICHE WERKZEUGE FÜR MOTORMODELLE

Der für die Fahrwerke von Motorflugmodellen benötigte Stahldraht ist so dick, daß er mit einer Kombizange nicht mehr durchgekniffen werden kann. Man braucht dazu schon einen kräftigen **Hebelvorschneider** für gehärteten Draht und kaufe ihn lieber eine Nummer zu groß als zu klein ein.
Spätestens jetzt wird auch die schon erwähnte **Handbohrmaschine** und eine kleine Auswahl an **Spiralbohrern** gebraucht.
Sollen Stahldrähte dauerhaft miteinander verbunden werden, muß man sie mit verzinntem Bindedraht umwickeln und verlöten. Wollen Sie früher oder später auch noch fernsteuern, kaufen Sie zweckmäßigerweise gleich einen **elektrischen Lötkolben** von etwa 80 Watt. Dazu gehören **Lötdraht**, ein **Salmiakstein** zum Reinigen der Lötspitze und ein Flußmittel. Für Stahldraht ist **säurefreies Lötwasser** am besten geeignet, für Lötungen an Fernsteuerungseinbauten kommt dafür jedoch nur **Kolophonium** in Frage, falls das im Lötdraht enthaltene Flußmittel mal nicht ausreichen sollte.
Motorbefestigungsschrauben können nur mit einem passenden **Schraubenzieher** fest angezogen werden. Da er nur selten gebraucht wird, reicht eine billige Ausführung vollauf.
Nützlich sind auch je eine flache, runde und quadratische **Schlüsselfeile,** und unentbehrlich sind zu den Propellermuttern und Glühkerzen Ihrer Motoren passende **Schrauben- oder Steckschlüssel.**
Im glücklichen Besitz dieser Werkzeugausrüstung können Sie dem Bau aller Modelle entgegensehen, ohne weitere Geldausgaben auf diesem Gebiet befürchten zu müssen.
Sie können übrigens im Laufe der Jahre viel Zeit sparen, wenn Sie sämtliche Werkzeuge übersichtlich geordnet mit Schraubhaken, passend durchbrochenen Leisten und in aus Abfallholz hergestellten Kästchen an einem Brett befestigen und dies direkt neben Ihrem Arbeitstisch an der Wand befestigen. Seit ich vor Jahren etwa 2 Stunden an die Herstellung eines solchen Bretts gewandt habe, spare ich an jedem Bauabend 15 bis 20 Minuten, die ich vorher zur Werkzeugsuche im Werkzeugkasten und in verschiedenen Schubladen sowie zum Wegräumen verschwendet hatte.

„LUXUS“-WERKZEUGE

Die auf Seite 27 abgebildeten Werkzeuge sind nicht unbedingt nötig, können jedoch die Arbeit erheblich erleichtern und beschleunigen.

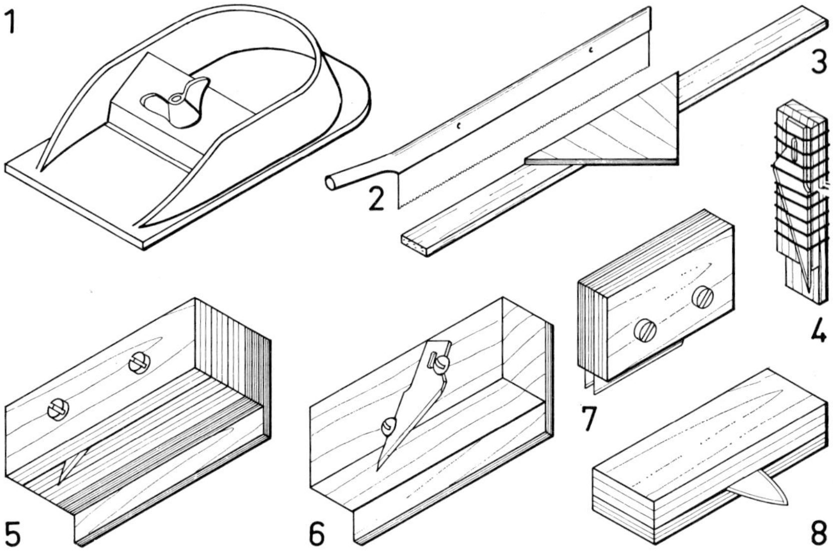

Den **Balsahobel (1)** und die **X-acto-Feinsäge (2)** können Sie in jedem Modellbaugeschäft kaufen, die übrigen Werkzeuge habe ich mir in Arbeitspausen selbst hergestellt.

Mit dem **Winkelanschlag (3)** schneide ich genau passende und gleichmäßige Verstärkungsecken aus Balsaleisten. Die **Leistenschneider (4–6)** habe ich alle unter Verwendung der X-acto-Klinge Nr. 11 hergestellt. Bei Nummer 4 habe ich die Klinge auf je ein 38 und 46 mm langes Stück 2 × 10 mm Kiefernleiste geklebt und gewickelt, und ich verwende ihn zum Dünnerschneiden von Rippen, die mit 2-mm-Balsa beplankt werden sollen (siehe Abschnitt „Rippen"). Nr. 5 ist universell verwendbar. Das Anschlagbrett ist 5 × 10 cm und die Beilagen von 1, 2, 2, 5, 5 und 5 mm Dicke sind 4 × 10 cm groß, sie werden von zwei M3 × 30-Schrauben mit Flügelmuttern zusammengehalten, und mit ihnen lassen sich alle Breiten von 1 bis 19 mm einstellen. Nummer 6 ist eine primitive, nicht verstellbare Ausführung, bei der ich die Klinge lediglich mit zwei Holzschrauben befestigt habe. Ich habe drei Stück dieser Sorte für 20, 25 und 30 mm breite Leisten. Das **Stanzmesser (7)** besteht aus zwei dicken Rasierklingen, die mit je einem 2, 3 und 5 mm dicken Sperrholzbrettchen verschraubt sind, die ich nach Bedarf vertausche, um damit gleichmäßig breite Holmaussparungen auszuschneiden. **Nummer 8**, für das mir kein passender Name einfällt, besteht aus einer X-acto-Klinge Nr. 23, die zwischen je einem 2 und 3 mm dicken Sperrholzbrett eingeklebt ist, und dient zum gleichmäßigen Schlitzen von 4 bis 6 mm dicken Flossen und Rudern zum Anbringen von Folienscharnieren.

MODELLAUSWAHL

In fast zehn Jahren hinter dem Ladentisch eines Modellbau-Fachgeschäfts habe ich leider herausfinden müssen, daß von den „ersten“ Modellen weit weniger als die Hälfte erfolgreich zum Fliegen gebracht werden. Das liegt weder daran, daß der Modellflug ein besonders schwieriges Hobby, die gebauten Modelle von Haus aus schlecht oder die Erbauer zu ungeschickt sind, sondern einfach an der Wahl für den Anfang ungeeigneter Typen.

Von den verschwindend wenigen abgesehen, die den Modellflug von der Pike auf in einem Club erlernen können, sind die meisten Anfänger auf sich allein gestellt und müssen die Probleme ohne fremde Hilfe zu lösen versuchen. Um die Zahl dieser Probleme klein zu halten, gibt es nur einen vernünftigen Weg – **am Anfang anfangen!**

Für einen auf sein Taschengeld angewiesenen Zehnjährigen ist das verhältnismäßig einfach, denn die für ihn noch nicht geeigneten Modelle werden ihm normalerweise zu teuer sein. Versuchen Sie aber mal, einem in seinem Beruf erfolgreichen Erwachsenen, dem es auf einige Geldscheine zur Freizeitgestaltung nicht ankommt, klarzumachen, daß er ein Anfänger sei. Dabei kann man graue Haare bekommen, und manchmal wäre es einfacher, ihm ein Zehnkanal-Fernlenkmodell nebst Motor und Fernsteuerung zu verkaufen, als das seinen Fähigkeiten und Kenntnissen auf dem Gebiet des Modellflugs angemessene Segelflugmodell für Anfänger.

Im übrigen gibt es so viele verschiedene Modellarten, deren jede zu ihrer Beherrschung, von den allgemeingültigen Grundlagen einmal abgesehen, neue und andersartige Erfahrungen voraussetzt. Daher ist jeder Modellflieger im Laufe der Jahre immer wieder mal Anfänger und wird das neue Gebiet schneller meistern, wenn er auf ihm auch wieder von vorne anfängt. Leider hat nicht jeder Modellflieger die Möglichkeit, in einem Fachgeschäft einkaufen zu können, dessen Verkäufer in der Regel selbst aktive Modellflieger sind und ihn daher auf Grund eigener Erfahrungen entsprechend beraten können. Nachstehend führe ich daher einige Grundregeln auf, deren Befolgung zumindest vor gröberen Mißgriffen bei der Modellauswahl bewahren kann oder die Ihnen wenigstens erklären helfen, weshalb Sie mit Ihrem ersten Modell nicht zufrieden sein konnten.

BAUPLAN ODER BAUKASTEN?

Über diese Frage gab es früher die heftigsten Diskussionen unter den Modellfliegern. Sie ist inzwischen längst zugunsten der Baukästen entschieden worden, und von den meisten neueren Modellen sind einzelne Baupläne überhaupt nicht mehr erhältlich. Damit ist absolut nichts gegen die Güte der nur als Bauplan veröffentlichten Modelle gesagt, und ein Könner wird es stets vorziehen, nur nach Plan oder nach einem eigenen Entwurf zu arbeiten, sofern er die dazu nötige Zeit hat. Auch Sie sollten einmal so weit kommen; aber vorerst würden Sie sich dadurch nur in der Auswahl beschränken und mehr Geld ausgeben. Nach Bauplänen gebaute Modelle sind nämlich, entgegen allgemeiner Ansicht, nur dann billiger, wenn man viel baut, stets einen entsprechenden Materialvorrat zu Hause hat und die Abfälle vom Bau eines Modells beim nächsten verwenden kann.

DAS ERSTE FLUGMODELL

Haben Sie noch nie ein Flugmodell gebaut oder geflogen, kommen Sie mit dem geringsten Geld- und Zeitaufwand zum Erfolg, wenn Sie sich zunächst zum Bau eines einfachen Segelflugmodells entschließen, so schwer Ihnen dieser Entschluß auch fallen mag. Suchen Sie sich dann zu Hause in aller Ruhe aus den Prospekten und Katalogen möglichst vieler Hersteller alle die Modelle dieser Art aus, die Ihnen einigermaßen gefallen und deren Spannweite etwa zwischen 80 und 120 cm liegt. Wesentlich kleinere Modelle sind nämlich zu böenempfindlich, erheblich größere für den Anfang zu aufwendig.
Verzichten Sie dabei auf Modelle, die einem „richtigen" Segelflugzeug ähnlich sehen. Die lassen sich zwar aufgrund ihres Aussehens verkaufen wie warme Semmeln, sind jedoch zur Einführung reinen Zweckmodellen in jeder Hinsicht unterlegen.
Erst nach dieser Vorwahl gehen Sie zum Einkaufen und lassen sich alle vorgemerkten Baukästen zeigen. Scheiden Sie zunächst alle Modelle aus, die keine Kurvensteuerung haben, denn eine Kurvensteuerung erleichtert Ihnen später den Hochstart und erspart Ihnen überflüssig lange Wege beim Zurückholen. Modelle ohne Kurvensteuerung fliegen nämlich mit Vorliebe schnurgeradeaus mit Rückenwind.
Vergleichen Sie nun die Stücklisten der verbliebenen Modelle miteinander und legen Sie die Baukästen beiseite, zu deren Bau übermäßig viele Teile gebraucht werden. In der Technik sind nämlich die Konstruktionen am vollkommensten, von denen man nichts mehr wegnehmen und nicht etwa die, denen man nichts mehr hinzufügen kann. Außerdem wollen Sie ja sicher in erster Linie fliegen und nicht bauen, denn sonst hätten Sie sich wahrscheinlich ein anderes Hobby gesucht.
Danach wählen Sie die Modelle aus, die auch eine Thermikbremse haben, die später bei regelmäßiger Benutzung verhindert, daß Ihr Modell in eventuell vorhandenen Aufwinden davonfliegt.
Sind jetzt noch mehrere Modelle übriggeblieben, dann sehen Sie erstmal in die Baukästen selbst hinein und überzeugen sich, ob die Teile sauber gestanzt bzw. sauber und mit dünnen Linien vorgedruckt sind. Achten Sie auch darauf, daß alle Einzelteile des Modells in natürlicher Größe auf dem Bauplan dargestellt sind, sonst könnten Sie später bei der Reparatur eines Bruches erhebliche Schwierigkeiten haben. Dieser Mangel sollte Sie jedoch nicht dazu veranlassen, ein sonst allen anderen Forderungen entsprechendes Modell auszusondern. Sie müssen nur später vor seinem Zusammenbau daran denken, die nicht dargestellten Einzelteile durch einfaches Umfahren mit einem spitzen Bleistift auf einen freien Teil oder die Rückseite des Bauplans zu zeichnen.
Erst wenn die Wahl auch jetzt noch nicht entschieden ist, dürfen Sie, nach soviel Vernunft, endlich Ihr Gefühl sprechen lassen und sich für das der verbliebenen Modelle entscheiden, das Ihnen am besten gefällt.
Sollten Sie diese Auswahlmöglichkeit nicht haben, weil es an Ihrem Wohnort oder in dessen Nähe kein entsprechendes Geschäft gibt, richten Sie am besten

eine schriftliche Bestellung an ein renommiertes Versandgeschäft. Führen Sie die verschiedenen, an Hand der Prospekte geeignet erscheinenden Modelle auf und bitten Sie um die Lieferung des Baukastens, der nach der Erfahrung des Hauses für den Anfang am besten geeignet ist. Erklären Sie sich gleichzeitig dazu bereit, nötigenfalls ein oder zwei Wochen zu warten, falls das betreffende Modell gerade ausverkauft ist, und bitten Sie, davon Abstand zu nehmen, Ihnen in diesem Fall einen weniger gut geeigneten Baukasten sofort zu schicken. Da der Umsatz auch der größten Modellbau-Versandgeschäfte eine elektronische Auftragsbearbeitung weder erfordert noch ermöglicht, sind diese durchaus in der Lage, solche individuellen Wünsche zu erfüllen. Aus eigener Erfahrung weiß ich, daß sich aus solchen Anfängen eine oft über viele Jahre reichende und für beide Seiten erfreuliche und zufriedenstellende Geschäftsverbindung ergeben kann.

Möglicherweise enthält der von Ihnen gewählte Baukasten eine Tube Klebstoff und eine Flasche Spannlack. Beide reichen bestimmt nicht aus. Kaufen oder bestellen Sie daher gleich noch eine Normaltube (35 bis 50 g) des betreffenden Klebstoffs und 200 oder 250 g Spannlack dazu. Kleinere Mengen einzukaufen ist absolut unwirtschaftlich, außerdem sollten Sie immer eine kleine Reserve für eventuelle spätere Reparaturen vorrätig haben. Schließlich brauchen Sie noch eine Dose Porenfüller, falls Rumpf oder Leitwerk des Modells ganz aus Balsabrettchen aufgebaut sind.

MOTOR-FREIFLUGMODELLE

Haben Sie zwei oder drei Segelflugmodelle erfolgreich gebaut und geflogen, können Sie sich getrost an Ihr erstes Motor-Sportmodell wagen. Dieser Vogel kann ruhig etwas einem großen Vorbild angenähert sein, völlige Naturtreue ist jedoch wegen des damit verbundenen hohen Bauaufwandes, größerer Bruchgefahr und meist schlechterer Flugeigenschaften nicht empfehlenswert.

Ansonsten gehen Sie bei der Auswahl ähnlich wie beim ersten Segelflugmodell vor. Die Spannweite sollte jedoch diesmal zwischen 100 und 120 cm liegen und die empfohlenen Motoren werden dann 0.8 bis 1.0 ccm Hubraum haben.

Kleinere Modelle und Motoren können Ihnen später viel Vergnügen bereiten, für den Anfang sind beide zu empfindlich und würden Ihnen mit Sicherheit Ärger verursachen.

Sind für ein Modell mehrere geeignete Motorgrößen angegeben, wählen Sie am besten die kleinste, der Unterschied zwischen Kraft- und Gleitflug ist dann nicht zu groß und das Trimmen des Kraftflugs erheblich einfacher und risikofreier.

Kurvensteuerungen sind bei Motormodellen nicht üblich. Eine Thermikbremse kann jedoch nie schaden, und Sie sollten jetzt in der Lage sein, jedes mit Gummiringen befestigte Höhenleitwerk zu einer solchen auszubauen, auch wenn das nicht besonders im Bauplan angegeben ist. Eine ausführliche Beschreibung dazu finden Sie auch im Abschnitt „Thermikbremsen".

FERNLENK-SEGELFLUGMODELLE

Werden Sie vorwiegend am Hang fliegen, steht Ihnen das gesamte Modellangebot zur Vorauswahl zur Verfügung, sind Sie jedoch auf den Hochstart angewiesen, sollten Sie sich auf reine Zweckkonstruktionen beschränken. Großen Segelflugzeugen nachgebildete Modelle haben nämlich fast durchweg schlechtere Hochstarteigenschaften und höhere Sinkgeschwindigkeiten. Beschränken Sie sich beim ersten Modell auf die Steuerung des Seitenruders. Sauberes Fernsteuern ist nicht so einfach, wie es aussieht, und eine zusätzliche Betätigung des Höhenruders würde zunächst den Flug nur unruhig machen und das Bruchrisiko vervielfachen.

Das höhere Gewicht der Fernlenkmodelle verlangt eine kräftige Ausführung des Rumpfvorderteils, die auch noch bei harten Landungen Ihre teure Fernsteuerung vor Beschädigungen schützt. Trotzdem sollten die Öffnungen zum Einbau der Steuerung groß genug sein, um freien Zugang zu allen Teilen der Anlage zu gewähren.

Wenn es mal richtig knallt, sollten die Tragflügel nach vorn rutschen können, wobei ihnen keine Kabine im Weg sein darf, die nicht ebenfalls frei nach vorn ausweichen kann. Auch die Befestigung des in zwei Hälften ausgeführten Tragflügels mit einer Sperrholzzunge oder mit Stahldrähten bietet in solchen Fällen guten Schutz vor Beschädigungen und ist vom aerodynamischen Standpunkt aus der althergebrachten Befestigung mit Gummiringen weit überlegen, da kein Teil dieser Befestigungen zusätzlichen Widerstand erzeugen kann.

Wenn Sie im übrigen die schon früher erwähnten Grundsätze sinngemäß anwenden, sollten Sie auch mit Ihrem ersten Fernlenk-Segler vollauf zufrieden sein.

FERNLENK-MOTORFLUGMODELLE

Beachten Sie bei der Auswahl die gleichen Punkte wie beim Aussuchen des ersten Motor-Freiflugmodells und fordern Sie aus den schon erwähnten Gründen ein verstärktes Rumpfvorderteil und gute Zugänglichkeit zur Fernsteuerungs-Anlage.

Bei gleicher Größe sollte der Motor wegen des erhöhten Gewichts jetzt eine Nummer größer sein, das heißt 1.0 statt 0.8 ccm und 1.5 statt 1.0 ccm Hubraum haben.

Steht Ihnen eine glatte Startbahn für den Bodenstart zur Verfügung, dann wählen Sie ein Modell mit Bugrad-Fahrwerk, das auch unter ungünstigen Bedingungen noch annähernd geradeaus rollt, denn zu einem einwandfreien Bodenstart mit Zweirad-Fahrwerk gehört eine ganze Portion Können. Beschränken Sie sich zunächst wieder auf die Steuerung des Seitenruders. Bei richtiger Anwendung können Sie damit nicht nur den Kurs nach Belieben ändern, sondern auch Loopings, Rollen und Turns fliegen. Erst wenn Sie das beherrschen, können Sie ohne weiteres Risiko zur Betätigung des Höhenruders übergehen, was bei den meisten Modellen der empfohlenen Größe mit nur kleinen Änderungen möglich ist, falls Sie nicht dazu ein neues und größeres Modell bauen wollen.

VOLLBALSA-GLEITFLUGMODELLE

Wenn man schon als Junge mit dem Modellflug beginnt, dann wird heutzutage das erste selbstgebaute Flugmodell mit ziemlicher Sicherheit ein Vollbalsa-Gleitflugmodell sein. So einfach diese Modelle in ihrem Aufbau sind und so weit sie auch vorgearbeitet sein mögen, gibt es selbst bei ihnen schon Möglichkeiten, entweder Fehler zu machen oder wirklich gute Modelle zu bauen. Oft entscheiden sogar Erfolg oder Mißerfolg beim Bau und Fliegen des ersten Modells schon darüber, ob das Interesse am Modellflug geweckt wird oder gar nicht ernsthaft aufkommt.

Im wesentlichen gibt es drei verschiedene Arten von Vollbalsa-Gleitflugmodellen:

a) Modelle mit ebenen, unprofilierten Tragflügeln **(Skizze 1),** die sowohl für normale Handstarts wie auch für Wurf- und Katapultstarts geeignet sind.

b) Modelle mit aus Brettchen gewölbten Tragflügeln **(Skizze 2),** die für normale Handstarts und von etwa 50 cm Spannweite ab auch für Hochstarts geeignet sind.

c) Modelle mit aus vollem Holz profilierten Tragflügeln mit vorwiegend gerader Unterseite **(Skizze 3),** die sich vor allem für Wurf- und Katapultstarts eignen.

Für alle drei Arten gilt der Grundsatz, daß Flugleistungen, Flugeigenschaften und Lebensdauer am besten sind, wenn die Rümpfe aus mittelhartem bis hartem, die Tragflügel je nach Dicke aus mittlerem bis weichem, und die Leitwerke aus weichem Balsa hergestellt werden.

AUSGLEICH VON WERKSTOFFMÄNGELN

Da sich eine entsprechende Holzauswahl bei der Massenproduktion von Schnellbaupackungen auch beim besten Willen der Hersteller nicht immer einhalten läßt, kommt es zunächst darauf an, wesentlich von den genannten Härtegraden abweichende Teile der gerade gekauften Schnellbaupackung entweder zu erleichtern oder zu verstärken.

Sind Tragflügel und Leitwerke zu fest und damit zu schwer geraten, schleift man sie vorsichtig so dünner, daß gleichzeitig bessere Profilformen entstehen, wie sie in den **Skizzen 1a bis 3a** gezeigt sind. Außerdem schleift man die Teile nach außen zu insgesamt dünner. Durch beide Maßnahmen zusammen läßt sich in jedem Fall mindestens ein Drittel des ursprünglichen Gewichts einsparen.

Ist dagegen mal ein Rumpf zu weich und damit zu schwach geraten, gibt es zu seiner Verstärkung verschiedene Möglichkeiten. Bei Rümpfen mit großer Seitenfläche ist es am einfachsten, auf beide Seiten des fertig verputzten Rumpfes entweder mit Porenfüller kräftiges Bespannpapier oder in krassen Fällen mit Kontaktkleber 1 mm dickes, mittleres bis mittelhartes Balsa aufzukleben. Eine weitere Möglichkeit besteht darin, bei Rümpfen mit gerader Oberkante eine Kiefernleiste gleicher Stärke aufzuleimen **(Skizze 4),** nachdem vorher ein entsprechender Streifen Balsaholz weggeschnitten wurde, um die Seitenansicht nicht zu verändern. Verläuft die Rumpfoberkante dagegen nicht gerade, schneidet man einen entsprechenden geraden Streifen aus der Rumpfmitte heraus und leimt

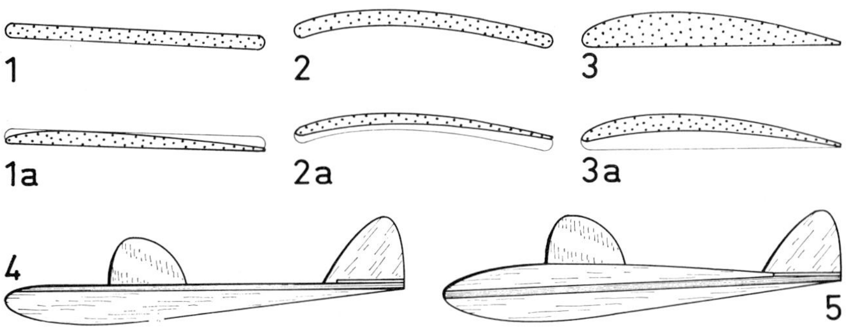

dafür eine Kiefernleiste zwischen die beiden verbliebenen Teile **(Skizze 5).** Die letzten beiden Methoden eignen sich vor allem für der Keulenform angenäherte Rümpfe.

ZWECKMÄSSIGE ARBEITSMETHODEN

Durch die Anwendung der richtigen Arbeitsmethoden wird nicht nur die Arbeit erleichtert und abgekürzt, sondern auch die Baugenauigkeit nicht unwesentlich erhöht.

Die bei Vollbalsamodellen am häufigsten vorkommende Arbeit ist wohl das Abrunden von Kanten aller Art. Man beginnt es, indem man mit einem Schleifklotz mittlerer Körnung die Kanten unter einem Winkel von 45° um ein knappes Drittel der Brettchenstärke von beiden Seiten abschleift **(Skizze 6)** und danach mit einem nicht zu fest zwischen den Fingern gehaltenen Stück feinkörnigen Sandpapiers die endgültige Rundung zurechtschleift **(Skizze 7).** Solche frei in der Hand gehaltenen Sandpapierstücke sollten immer abgerundet sein, da sich scharfe Kanten gern nach innen biegen und leicht tiefe Riefen verursachen, die man meist erst zu spät bemerkt.

6

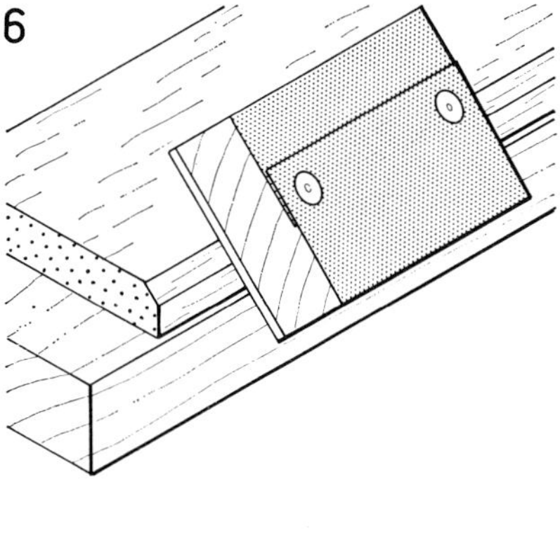

7

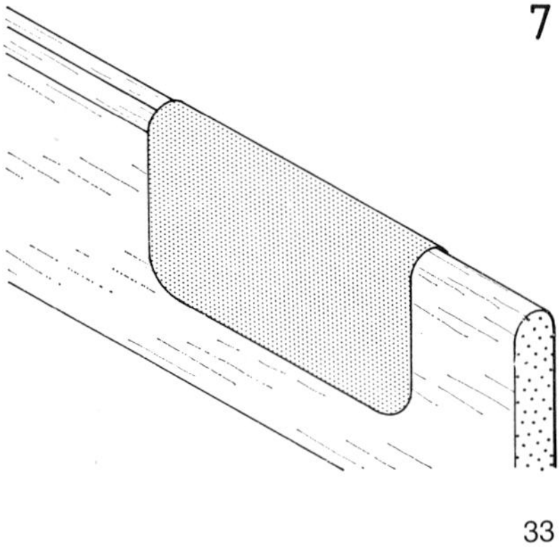

Das Herausarbeiten eines voll profilierten Tragflügels aus einem dickeren Balsabrettchen kommt zwar seltener vor, erfordert aber die meisten Arbeitsgänge, wenn man einen sauberen und genauen Tragflügel erhalten will.
Bei Tragflügeln mit doppelter V-Form schnitzt und schleift man zunächst den in **Skizze 8** schraffierten oberen Teil der Flügelohren weg, bei solchen mit einfacher V-Form vermindert man die Dicke gleichmäßig von der Mitte bis zu den Randbogen auf etwa die Hälfte.
Danach zeichnet man zwei Tangenten an das gewünschte Profil **(Skizze 9)**, überträgt die so gefundenen Kanten mit weichem Bleistift oder Kugelschreiber auf den Tragflügelrohling und schnitzt das überflüssige Holz mit dem Zurichtemesser weg **(Skizze 10)**. Schließlich werden die so entstandenen Kanten mit dem Schleifklotz weggeschliffen **(Skizze 11)** und die Tragflügelnase und die Randbogen vorsichtig mit einem losen Stück feinen Sandpapiers abgerundet.
Zur Überprüfung der genauen Form benutzt man eine aus dünnem Sperrholz oder Karton geschnittene Schablone **(Skizze 12)** und arbeitet mit dem Schleifklotz so lange nach, bis der Tragflügel in seinem rechteckigen Mittelstück überall den gleichen Querschnitt hat und die Oberseite der Flügelohren gleichmäßig gerundet ist.
Tragflügelknicke erhalten nur dann die größtmögliche Festigkeit, wenn die stumpf gegeneinander zu leimenden Tragflügelstücke fugenlos gegeneinander passen. Man erzielt die richtigen Winkel, indem man die abzuschrägenden Tragflügelteile genau bündig auf die Kante des Baubretts legt, entsprechend der Vorderansicht des Modells durch einen unterlegten Klotz anhebt und dann mit dem durch die Brettkante genau senkrecht geführten Schleifklotz zuschleift **(Skizze 13)**.
Beide zu verleimenden Hirnholzflächen werden dann mindestens zweimal dünn mit Hartkleber bestrichen, den man mit einer Fingerspitze gut ins Holz einreibt und trocknen läßt. Erst dann folgt der endgültige Leimauftrag, und unmittelbar danach werden die Teile, wie in **Skizze 14** gezeigt, unter dem richtigen Winkel zusammengesetzt und für mehrere Stunden festgeheftet. Daß ein Festkleben des Flügelknicks auf dem Baubrett durch ein untergelegtes Stück Papier oder Plastikfolie vermieden wird, dürfte sich wohl von selbst verstehen.
Nach vorsichtigem Verschleifen des Knicks mit feinem Sandpapier wird noch mehrmals von beiden Seiten Hartkleber aufgetragen und mit einer Fingerspitze 10 bis 15 mm breit verstrichen, bis eine deutlich sichtbare Knickverstärkung aus Hartkleber aufgebaut ist.
Auch beim Aufkleben des Tragflügels und der Leitwerke auf den Rumpf wird nach dem gründlichen Trocknen der ersten Leimung noch mehrfach Hartkleber auf den Flügelknick und in die Ecken beiderseits des Rumpfes gestrichen und mit einer Fingerspitze verteilt **(Skizze 15)**.
Zur Härtung und Glättung der Oberfläche erhalten Rumpf und Tragflügel drei bis vier, die Leitwerke zwei Anstriche mit Porenfüller. Jeder Anstrich wird nach dem Trocknen mit feinstem Sandpapier wieder so weit weggeschliffen, daß neben der Füllung der Poren gerade noch ein hauchdünner Film stehenbleibt. Farbige Verzierungen sollten erst danach und zur Gewichtseinsparung nur sparsam angebracht werden.

8

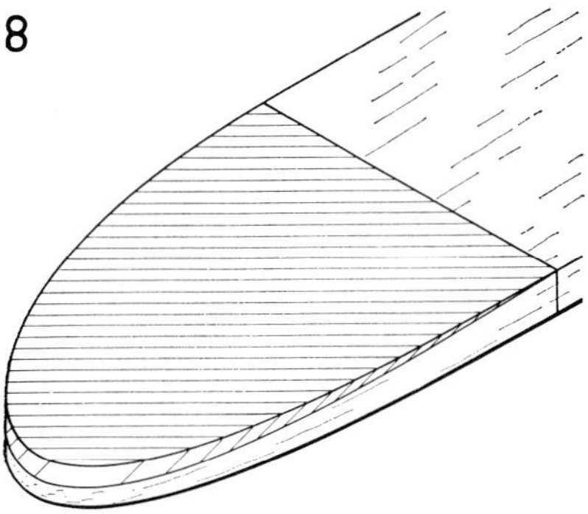

9

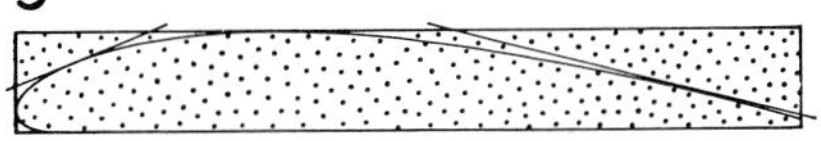

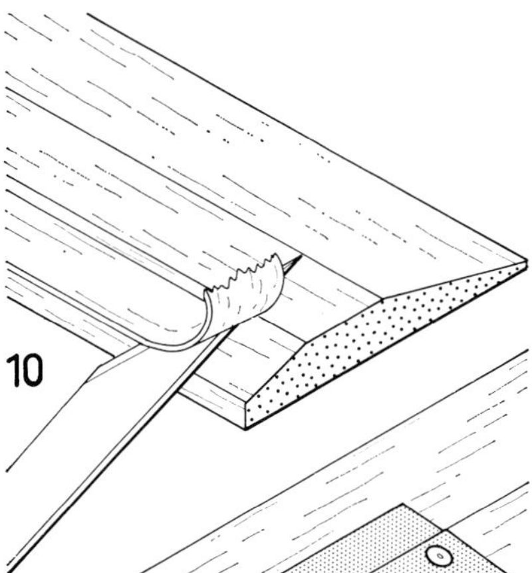

10

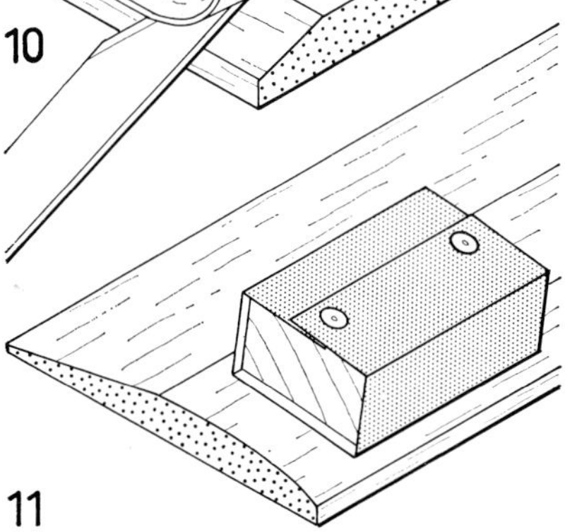

11

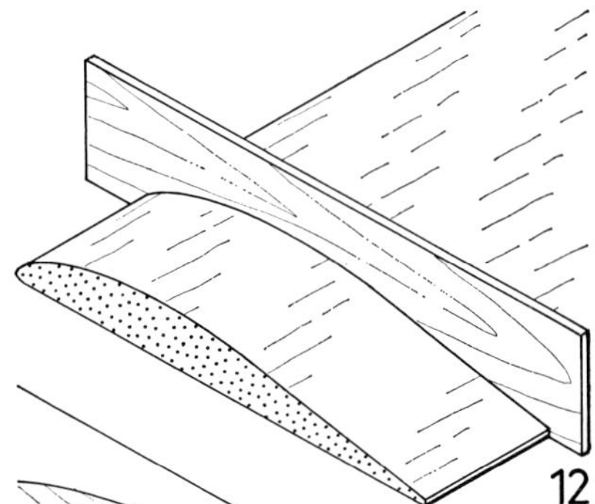

12

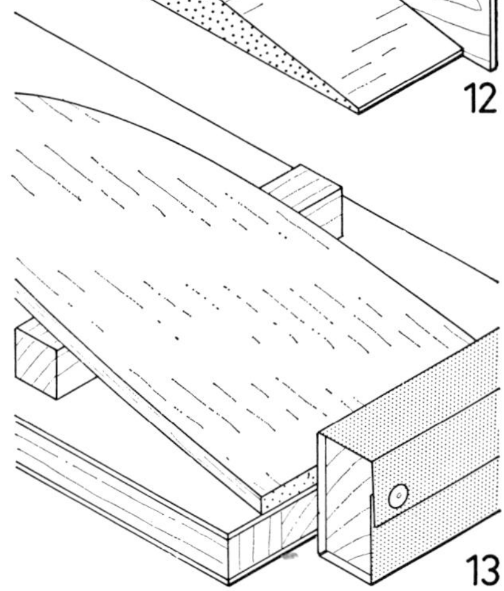

13

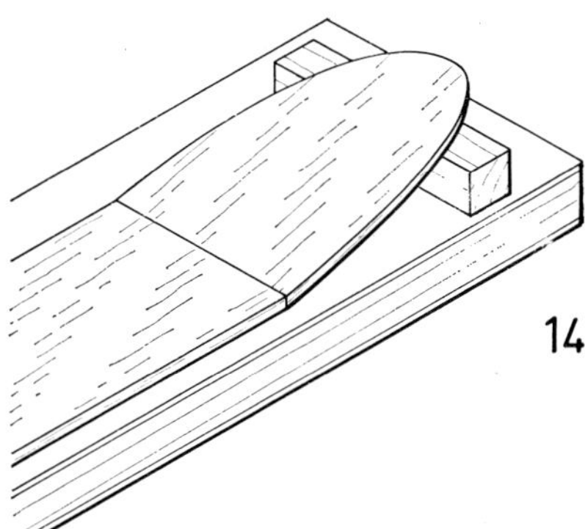

14

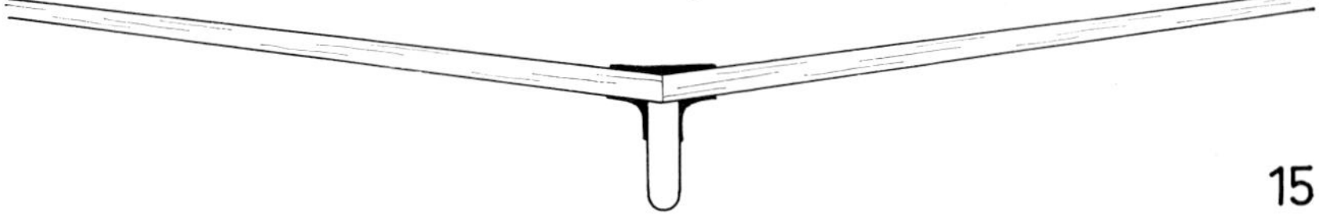

15

TRAGFLÜGELBAU

Leisten

Die Festigkeit eines Flugmodells hängt zu einem wesentlichen Teil von den zu seinem Bau verwendeten Leisten ab, deren Auswahl Sie daher besonders sorgfältig und überlegt vornehmen sollten.
Falls der oder die Holme allein die Biegebeanspruchungen des Tragflügels aufnehmen müssen, sollten sie möglichst hart und elastisch sein und notfalls durch Kiefernleisten ersetzt werden, wenn keine geeigneten Balsaleisten zur Verfügung stehen. Wird jedoch ein Teil der Biegebeanspruchung von einer Nasenbeplankung aufgenommen, reicht für die Holme mittleres bis mittelhartes Balsa aus.
Für Nasenleisten empfiehlt sich im allgemeinen die Verwendung mittleren Balsas, bei größeren Querschnitten ab etwa 10 x 10 mm ist jedoch der Übergang zu mittelweichem Holz ratsam, da sonst das Gewicht der Leisten unverhältnismäßig hoch wird.
Die Festigkeit der Endleisten sollte zwischen der von Nasenleisten und Holmen liegen. Auf keinen Fall sollten sie zu weich sein, damit sie sich nach dem Bespannen nicht gleich verziehen.
Entspricht die eine oder andere Leiste aus Ihrem Schnellbaukasten nicht diesen Ansprüchen, heben Sie sie zur späteren Verwendung an geeigneterer Stelle auf und kaufen eine besser geeignete einzelne Leiste dazu.
Haben Sie alle Leisten sorgfältig überprüft bzw. ausgesucht, schleifen Sie sie leicht mit feinem Sandpapier nach und runden dabei die Kanten etwas ab. Sie erhöhen damit die Festigkeit der Leisten, da Sie auf diese Weise kleine Ungenauigkeiten ausgleichen, die bei hoher Beanspruchung die Ausgangsstellen von Brüchen werden können.
Möglicherweise sind einige Leisten etwas krumm. Solange sie sauber und parallel zu den Seiten gefasert sind, ist das nicht weiter schlimm, denn sie lassen sich über einer Wärmequelle oder im Dampfstrahl des Teekessels schnell wieder gerade biegen. Werden sie jedoch krumm und unter Spannung eingebaut, wird sich jeder auf diese Weise hergestellte Rohbau sofort nach der Abnahme vom Baubrett verziehen.
Da die Zahl der handelsüblichen Leistenquerschnitte groß ist, werden vor allem kleinere Geschäfte gelegentlich in der einen oder anderen Stärke schlecht sortiert sein und Sie eventuell die unbedingt zur Komplettierung des gerade im Bau befindlichen Modells benötigte Leiste nicht in der gewünschten Qualität bekommen können. Wenn Sie nicht bis zum Eintreffen der nächsten Lieferung warten wollen, kommen Sie nicht darum herum, sich die benötigte Leiste von einem Balsabrett passender Dicke und Härte herunterzuschneiden. Mit einem langen Lineal und scharfem Balsamesser geht das bei einiger Übung ganz gut, nur meist nicht besonders genau. Viel besser eignet sich dazu einer der im Kapitel „Werkzeuge" beschriebenen Leistenschneider.
Beim Zuschneiden sehr flacher Leisten können Sie gelegentlich erleben, daß sich

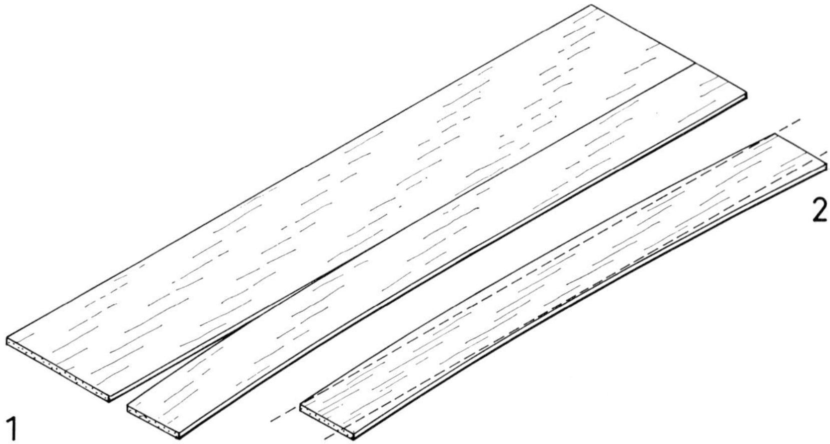

die Leiste vom Brett wegbiegt, weil während des Trocknens im Holz Spannungen entstanden sind **(Skizze 1)**. Solche Querschnitte lassen sich leider nicht mehr geradebiegen, trotzdem sollten Sie die Leiste nicht wegwerfen, denn dazu ist Balsaholz zu teuer. Sie können immer noch einiges retten, indem Sie mit Lineal und Balsamesser die beiden Kanten genau parallel zueinander beschneiden **(Skizze 2)** und so eine zwar schmalere, dafür aber absolut gerade Leiste erhalten, für die Sie beim Bau eines der nächsten Modelle sicherlich eine Verwendung finden können. Falls Sie ein Pessimist sind, können Sie solche flachen Leisten auch von vornherein mit etwas Übermaß vom Brett abtrennen und erst danach auf die endgültige Breite zuschneiden.

Da die Auswahl an Endleistenquerschnitten in den Fachgeschäften nicht besonders groß ist, werden Sie hin und wieder vor dem Problem stehen, sich einige Endleisten selbst herstellen zu müssen. Dazu schneiden Sie sich zunächst eine Vierkantleiste der benötigten Breite und Höhe von einem Brettchen geeigneter Härte und Faserung, die Sie danach abschrägen, was mit Hilfe eines Balsahobels überhaupt keine Schwierigkeiten bereitet. Haben Sie sich bisher noch nicht zum Kauf eines solchen entschließen können, schnitzen Sie die Leiste zunächst mit dem Balsamesser grob vor und schleifen dann die abgeschrägte Seite mit dem Schleifklotz völlig eben und glatt. Dabei wird sich die Leiste durch den Schleifdruck nach oben durchbiegen. Diese Biegung können Sie entweder auf eine der anfangs beschriebenen Methoden beseitigen oder Sie drehen die Leiste um und fahren einige Male mit ihrem feinsten Schleifklotz unter hohem Druck über die andere, unbearbeitete Seite, bis die Leiste wieder völlig gerade ist.

Noch eleganter und einfacher lassen sich Endleisten herstellen, wenn Sie zunächst das dafür vorgesehene Brettchen auf der benötigten Breite abschrägen und erst dann die Leiste vom Brett trennen.

Rippen

So wie die Holme dem Tragflügel die Biegefestigkeit, geben die Rippen ihm in Verbindung mit Nasen- und Endleiste die äußere Form. Diese ist ausschlaggebend für die Flugleistung und hat auch einen wesentlichen Einfluß auf die Flugeigenschaften. Es macht sich daher immer bezahlt, auch diese Bauteile mit der nötigen Sorgfalt herzustellen und einzubauen.

SCHNELLBAUKASTEN-RIPPEN
Die wenigste Arbeit verursachen natürlich die Rippen der Schnellbaukästen, obwohl sie öfters etwas nachgearbeitet werden müssen. Auf jeden Fall sortiere und markiere man die Rippen zunächst nach ihrer Härte, um sie später, mit den härtesten Rippen in der Tragflügelmitte beginnend, gleichmäßig auf beide Flügelhälften verteilen zu können und so annähernd gleich feste und gleich schwere Hälften zu erhalten.
Zum Herauslösen der gestanzten Rippen aus den Brettchen gibt es zwei Möglichkeiten. Entweder drückt man die Rippen nacheinander vorsichtig heraus, wobei man nötigenfalls nicht ganz durchgestanzte Holzfasern mit dem Balsamesser oder einer schräg durchgebrochenen Rasierklinge trennt, oder man bricht Stück für Stück das Abfallholz vom Brettchen, bis schließlich nur noch die Rippen übrigbleiben. Die zweite Methode ist vor allem für schlecht gestanzte Brettchen zu empfehlen, da bei ihr das Risiko geringer ist, gelegentlich eine Rippe zu zerbrechen. Hat es doch mal geknackst, ist das jedoch nicht weiter tragisch. Man bricht dann die Rippe ganz durch und leimt die beiden Teile mit Hartkleber wieder zusammen.
Liegen alle Rippen einzeln vor Ihnen, werden Sie häufig feststellen, daß ihre Kanten noch mehr oder weniger rauh und ihre Formen nicht völlig gleich sind. Handelt es sich um die Rippen eines trapezförmigen Tragflügels, heften Sie sie paarweise zusammen, schleifen zunächst nur die Unterseiten glatt und schneiden sie vorn und hinten genau auf die in der Tragflügeldraufsicht dargestellte Länge. Das Verputzen der Oberseiten und eventuell erforderliches Nacharbeiten der Holmausschnitte erfolgt erst, wenn die Rippen schon mit Nasen- und Endleiste verleimt sind, wozu die verleimten Teile wieder vom Baubrett zu lösen sind, falls der Holm von unten in die Rippen eingesetzt werden muß.
Stellt sich beim Einpassen vor dem Verleimen heraus, daß die eine oder andere Rippe zu kurz ist, bleibt nichts weiter übrig, als alle Rippen gleichmäßig entsprechend zu kürzen.
Sind die Rippen dagegen für einen Rechteckflügel bestimmt, müssen alle die gleiche Form haben und werden daher am besten zu einem Block zusammengeheftet und gemeinsam rundherum verputzt. Sollte dabei der Block auf einer Seite etwas niedriger als auf der anderen werden, verteilen Sie später die Rippen, bei der höchsten beginnend, von der Flügelmitte an abwechselnd auf die rechte und linke Flügelhälfte, so daß beide gleichmäßig nach außen zu etwas dünner werden.
Bei diesem Verputzen gleicher Rippen im Block sollten Sie auch gleich die Holme einpassen, wobei besonders bei schmalen, hohen Holmen Sorgfalt angebracht ist,

1

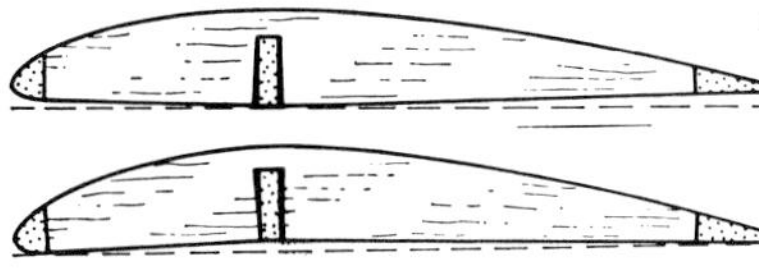

2

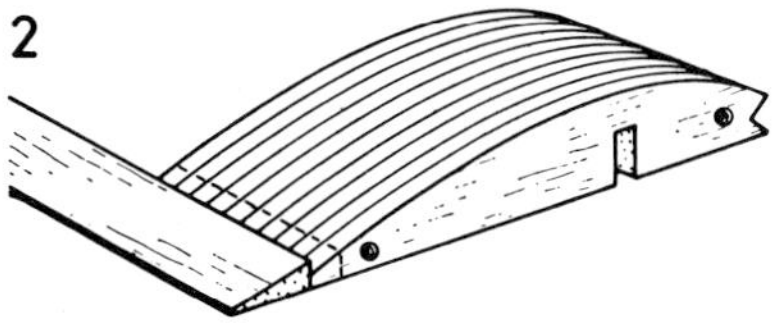

3

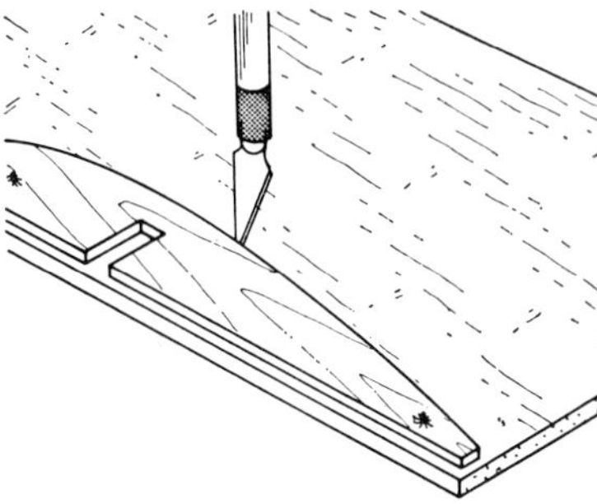

denn zu enge oder zu weite Aussparungen verursachen beim Zusammenbau Änderungen der Rippenform **(Skizze 1)**.
Sind die Aussparungen zu eng, ist das Ausfeilen kein Problem, sind sie jedoch zu weit, bleibt nichts weiter übrig, als lediglich die Vorderseiten gleichmäßig zu feilen und beim Aufleimen der Rippen auf der Holmhinterseite je einen Balsaspan einzuschieben, der den Zwischenraum gerade ausfüllt.
Zum Ausfeilen eignet sich am besten eine mit Sandpapier beklebte flache Kiefernleiste, bei der das Sandpapier genau mit den Leistenkanten abschneiden muß, da überstehendes Sandpapier wie eine Säge in den Rippenblock eindringen und die Rippen unnötig schwächen würde.
Gelegentlich kommt es auch vor, daß nach dem Verputzen die Rippenenden niedriger als die Endleiste sind. Es ist dann am besten, die Rippenenden so weit zu kürzen, bis ihre Höhe mit der Endleiste übereinstimmt **(Skizze 2)**. Die dadurch verursachte Verringerung der Tragflügeltiefe ist weit weniger schädlich, als die sonst an der aus dem Profil herausragenden Endleistenvorderkante entstehenden Wirbel.

DIE EINZELHERSTELLUNG

Bauen Sie Ihr Modell nach einem Bauplan, müssen Sie die Rippen selbst herstellen. Brauchen Sie eine größere Anzahl gleicher Rippen, schneiden Sie diese am einfachsten mit Hilfe einer Musterrippe aus 1 bis 1.5 mm dickem Sperrholz aus, die genau zugeschliffen und mit sämtlichen Holmaussparungen versehen wird. Schließlich wird vorn und hinten je ein Drahtstift so weit hindurchgeschlagen, daß die Spitzen 1 bis 2 mm weit aus der Unterseite vorstehen. Die oben überstehenden Köpfe werden so tief wie möglich abgekniffen und die kurzen Reste zum Schutz der Finger mit einem Tropfen Hartkleber bestrichen.
Dann wird die Musterrippe auf das zur Rippenherstellung vorgesehene Balsabrett gedrückt und rundherum wird mit dem genau senkrecht geführten Balsamesser die eigentliche Rippe ausgeschnitten **(Skizze 3)**.
Um ein Platzen des Holzes auszuschließen, sollte dabei immer mit der Faser geschnitten werden, also vom höchsten Punkt der Rippe aus nach vorn und nach hinten. Aus dem gleichen Grund ist es besser, das Holz mit mehreren leichten als mit einem kräftigen Schnitt zu trennen.

Unsaubere oder schräge Schnittkanten werden sofort vor dem Abnehmen der Musterrippe verputzt, und auch die Holmaussparungen werden gleich ausgeschnitten und der Holm eingepaßt.
Diese Art der Rippenherstellung hat den Vorteil, durch entsprechendes Versetzen der Musterrippe eine äußerst sparsame Ausnutzung des teuren Balsaholzes zu ermöglichen **(Skizze 4)**.
Grundsätzlich sollten solche Schneidarbeiten nur auf einem für diesen Zweck bestimmten Schneidbrett vorgenommen werden. Zur Erhaltung der Schärfe des Balsamessers sollte es recht weich, zur Vermeidung der Ablenkung der Messerspitze frei von Jahresringen sein. Abachi-, Linden- oder Erlenbretter eignen sich am besten dazu.

DIE BLOCKMETHODE

Als zweite Methode steht die Herstellung aller Rippen auf einmal zur Wahl. Sie erfordert bei einiger Übung weniger Arbeitszeit, doch werden bei ihr zwei Musterrippen und wesentlich mehr Holz gebraucht.
Die beiden Musterrippen werden auf einmal aus zwei aufeinandergehefteten Sperrholzstücken ausgesägt und verputzt, dann wird für jede Rippe ein rechteckiger Balsastreifen zugeschnitten, der etwa 2 mm breiter und länger als die Musterrippen sein muß. Diese Streifen heftet man mit Stecknadeln zwischen die Musterrippen **(Skizze 5),** und dann wird der Block mit dem Zurichtemesser bis dicht an die Musterrippen heran vorgearbeitet **(Skizze 6)** und der Rest mit dem Schleifklotz weggeschliffen.
Stimmen die Umrisse des Blocks genau mit den Schablonen überein, werden Vorder- und Hinterseite der Holmaussparungen mit einer Feinsäge eingeschnitten **(Skizze 7)**. Ist der Abstand dieser Schnitte groß genug, können die dazwischen stehengebliebenen Streifen mit dem Balsamesser weggestochen werden, ist er dazu zu klein, genügt meist ein Einstich mit einer Stecknadel. Nach dieser Vorarbeit wird der Schlitz genauso auf die endgültige Größe gefeilt und der Holm eingepaßt, wie bei den Schnellbaukasten-Rippen beschrieben.
Für trapezförmige Tragflügel werden die Rippen zwischen je einer Schablone der größten und der kleinsten Rippe hergestellt **(Skizze 8)**. Um dabei möglichst wenig schräge Kanten zu erhalten, heftet man die Musterrippen so auf, daß entweder die Verbindungsstelle der Rippennasen oder der Holmaussparungen rechtwinklig über den Rippenblock verläuft. Die Rippenenden läßt man dabei etwas länger und schneidet sie erst beim Zusammenbau des Tragflügels rechtwinklig ab.
Verjüngt sich der Block so stark, daß auch die Schräge von Ober- und Unterseite stören würde, dann kann man entweder dickeres und dafür weicheres Holz als ursprünglich für die Rippen vorgesehen verwenden, oder aber zwischen die Rippenbrettchen je ein überzähliges Brettchen legen und diese Rippen dann für ein späteres Modell aufheben.

Auf jeden Fall müssen die Rippen für die rechte und die linke Tragflügelhälfte jeweils in einem Block für sich so hergestellt werden, daß die Schräge zum Randbogen hin verläuft **(Skizze 9)**.

4

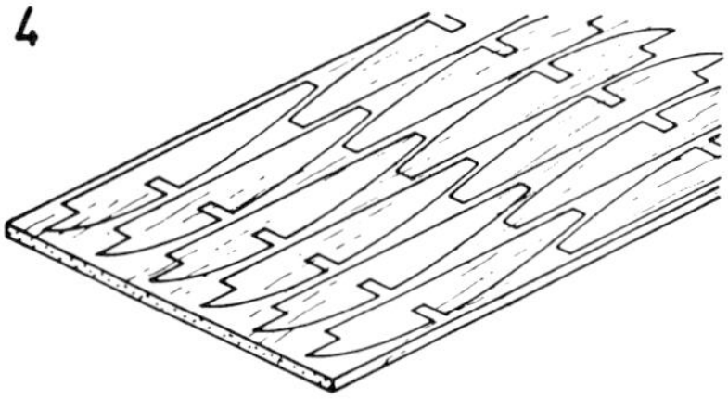

7

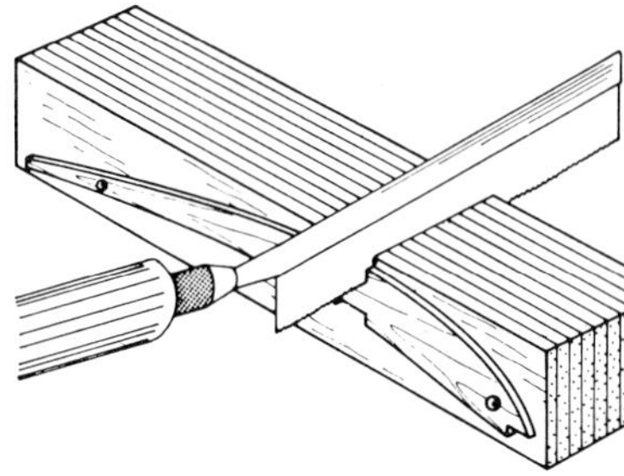

5

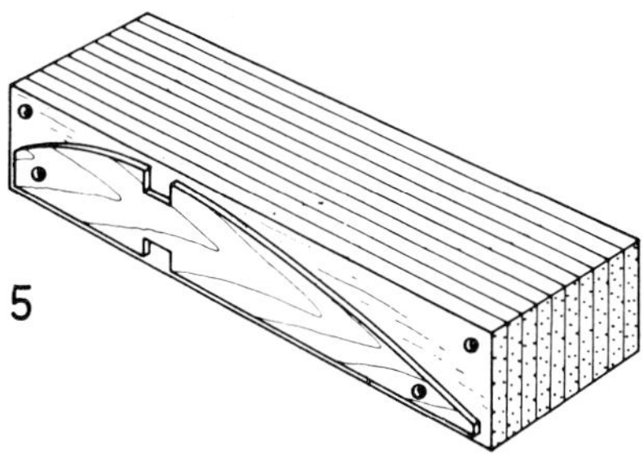

8

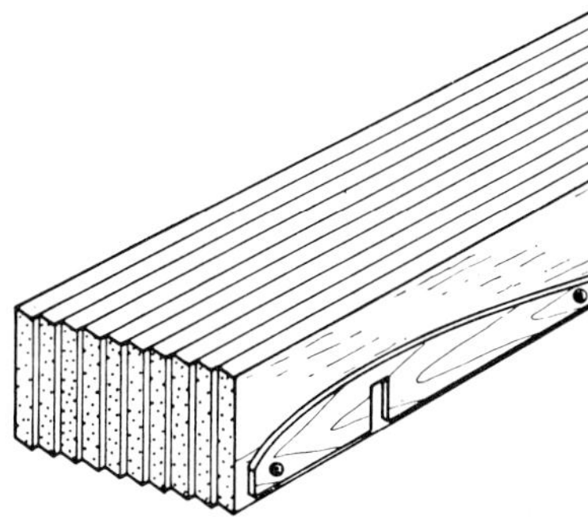

6

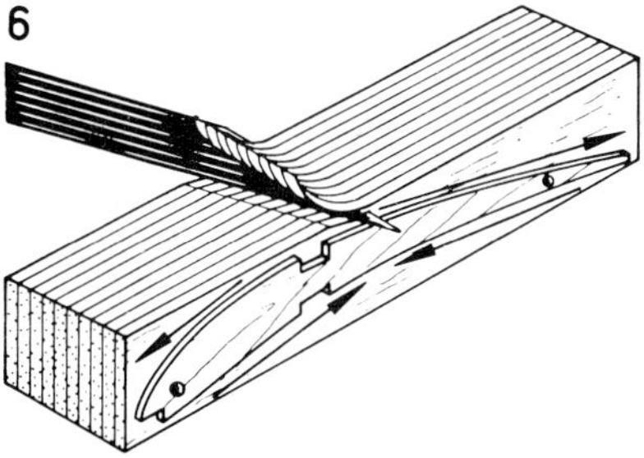

9

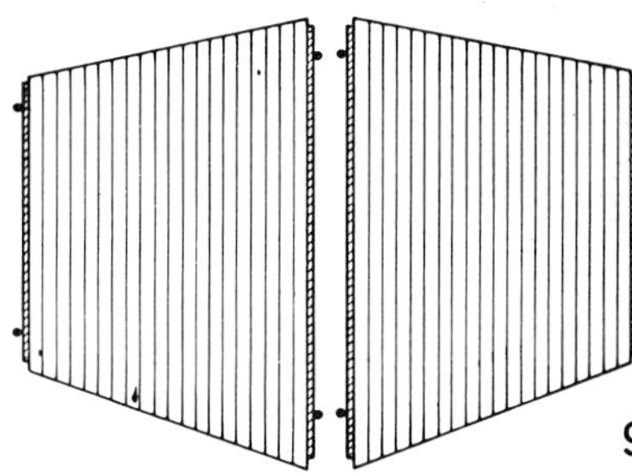

Hin und wieder kommt es vor, daß einige Rippen in der Mitte des Tragflügels zum Aufleimen einer Beplankung um deren Stärke niedriger als die übrigen Rippen sein müssen oder daß Knickrippen zur Aufnahme der Knickverstärkungen kürzer sind und breitere Holmaussparungen benötigen. Diese Rippen werden zusammen mit den übrigen hergestellt und erst danach für sich weiter bearbeitet.

Zusammenbau

BAUBRETT UND BAUPLAN

Schnell und genau läßt sich ein Tragflügel nur auf einem geraden und unverzogenen Baubrett zusammensetzen. Am besten eignet sich dazu ein etwa 2 cm dickes Stück Tischlerplatte **(Skizze 1)**, bei dem die aus Kiefernleisten verleimte Innenschicht in Längsrichtung verläuft und die quer dazu gefaserten Deckschichten aus Gabun bestehen, das weich genug ist, um die beim Zusammenbau unentbehrlichen Glaskopfstecknadeln mit den Fingern hineindrücken zu können. Die Größe der Platte hängt von den darauf zu bauenden Teilen ab und ein etwa 40 × 140 cm großes Brett wird mit Sicherheit allen Ansprüchen genügen.
Grundsätzlich sollten Tragflügel auf der Draufsichtszeichnung zusammengesetzt werden, und auf guten Bauplänen sind daher auch beide Flügelhälften in voller Größe dargestellt. Ist aus Platzmangel nur eine Hälfte abgebildet, können Sie die Zeichnung nach dem Zusammenbau dieser Hälfte mit Öl bepinseln und die andere Hälfte auf der Rückseite des nun durchscheinenden Plans zusammensetzen. Wollen Sie dagegen den Plan aufheben und nicht zerschneiden, zeichnen Sie sich eine Tragflügelhälfte auf Transparentpapier durch und bauen dann darauf.
In jedem Fall sollten Sie vermeiden, daß die Teile beim Verleimen auf dem Plan festkleben. Decken Sie ihn daher ganz oder zumindest an den Klebstellen mit Transparentpapier, Wachspapier oder Plastikfolie ab.

KRITISCHE LEIMSTELLEN

Der Zusammenbau von Tragflügeln wird im allgemeinen wegen seiner kurzen Trockenzeit mit Hartkleber vorgenommen. Die am höchsten beanspruchten Klebestellen sind in allen Fällen die Verbindungen zwischen Rippenenden und Endleiste. Sie sollten die Baureihenfolge daher möglichst so festlegen, daß diese Klebungen einzeln vorgenommen werden können und dadurch genügend Hartkleber zwischen die Teile kommt, denn lediglich in die Ecken bereits zusammengesetzter Teile gestrichener Hartkleber hält längst nicht so gut.
Aus diesem Grund ist es auch zweckmäßig, die Rippenenden vorzukleben, um genügend Kleber in das Hirnholz eindringen zu lassen. Am einfachsten geht das, solange die Rippen noch im Block zusammengeheftet sind, andernfalls legen Sie sie nochmals kurz zusammen und halten sie fest in der linken Hand, während sie mit der rechten den Kleber auftragen und verstreichen. Auch die Rippennasen halten vorgeklebt besser an der Nasenleiste, doch werden diese Verbindungen meist nicht so hoch beansprucht.

FLÜGEL MIT OBENLIEGENDEM HOLM

Nun heften Sie zuerst die Endleiste aufs Baubrett, nachdem Sie an deren Vorderseite jede Rippenposition ebenfalls dünn mit Hartkleber bestrichen haben. Die Nasenleiste wird dagegen nur aufgeheftet, wenn die Rippen auf sie aufzuleimen sind **(Skizze 2)**. Danach setzen Sie die Rippen einzeln ein, indem Sie jedes Rippenende und gegebenenfalls jede Nasenleistenaussparung gut mit Hartkleber bestreichen, das Rippenende gegen die Endleiste schieben und erst dann auf die Nasenleiste aufsetzen. Dann heften Sie jede Rippe mit zwei Stecknadeln fest und sorgen

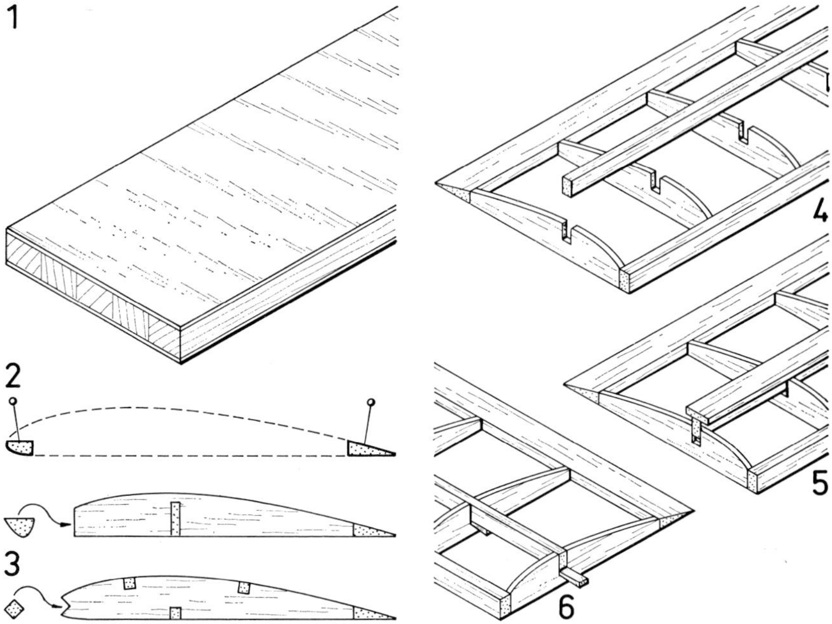

durch Anlegen eines aus Abfallholz geschnittenen Winkels dafür, daß jede Rippe genau senkrecht steht.
Ist die Nasenleiste stumpf vor die Rippennasen oder von vorn in entsprechende Aussparungen zu kleben, heften Sie sie zunächst mit ihrer Rückseite nach oben unmittelbar vor die Rippen. Bestreichen Sie dann die Rippenpositionen auf der Rückseite schnell und reichlich mit Hartkleber, drehen die Nasenleiste in die richtige Lage und heften sie gegen die Rippen bzw. in die Aussparungen **(Skizze 3)**. Diese Methode ist besser, als den Kleber an die Rippennasen zu streichen, da er dort bis zum Anlegen der Nasenleiste meist ganz nach unten gelaufen ist.
Beim Einleimen des Holmes müssen Sie das Herunterlaufen des Klebers allerdings in Kauf nehmen. Bestreichen Sie trotzdem Vorder- und Hinterseite der Holmaussparung mit Kleber, legen den Holm vorsichtig bis etwa $^{2}/_{3}$ seiner Höhe ein **(Skizze 4)** und drücken ihn mit einer breiten Leiste fest **(Skizze 5)**, wodurch seine Oberkante genau bündig mit den Rippenoberseiten abschneiden wird.
Sind die Aussparungen zu tief geraten, schieben Sie mindestens bei jeder zweiten Rippe einen keilförmigen Span in den noch frischen Kleber der Lücken **(Skizze 6)**.

Ist eine tiefere Lage des Holms vorgesehen, damit er im fertigen Tragflügel nicht die Bespannung berührt, drücken Sie ihn fest auf die ebenfalls mit Hartkleber bestrichenen Böden der Holmaussparungen und füllen anschließend die verbliebenen Lücken mit reichlich bemessenen und in Rippenrichtung gefaserten Balsastücken aus **(Skizze 7)**. Sie stellen diese Füllstücke am schnellsten her, wenn Sie zunächst von einem Balsabrett von Rippenstärke quer zur Faser kurze Leisten von der Holmbreite abschneiden und dann in etwa 10 mm lange Stücke teilen, die sich noch gut anfassen lassen. Die nach oben überstehenden Enden werden nach dem Trocknen einfach bündig mit den Rippenoberseiten abgeschnitten.

FLÜGEL MIT UNTENLIEGENDEM HOLM

Liegt der Holm unten im Tragflügel, muß sich beim Zusammenbau alles nach ihm richten. Er wird zuerst mit Hilfe eines möglichst langen Lineals absolut gerade aufs Baubrett geheftet und dann werden die Rippen aufgeklebt und mit Hilfe des Balsawinkels genau senkrecht festgeheftet. Schließlich folgen Nasen- und Endleiste in der bereits in Skizze 3 für die Nasenleiste gezeigten Methode **(Skizze 8)**, nachdem die Endleiste an allen Rippenpositionen wieder vorgeklebt wurde.

FLÜGEL MIT BRETTHOLM

Bei Tragflügeln mit Brettholm von voller Rippenhöhe **(Skizze 9)** gehen Sie genau wie bei Flügeln mit untenliegendem Holm vor, beginnen also mit dem Festheften des Holms und kleben dann die Rippenvorder- und -hinterseite dagegen.
Bei dieser Bauweise sollten Sie übrigens sämtliche Bauteile vorkleben, da ausschließlich Hirnholzklebungen vorkommen.

TRAGFLÜGEL MIT DOPPELHOLM

Tragflügel mit Doppelholm bauen Sie ebenfalls genauso wie solche mit untenliegendem Holm zusammen und setzen dann abschließend den obenliegenden Holm ein.
Sind Stege zwischen den Holmen vorgesehen, müssen Sie diese unbedingt vor dem oberen Holm einleimen **(Skizze 10)**, da bei späterem Zwischenpassen keine einwandfreie Verklebung mehr möglich wäre.
Bis zu einer Höhe von etwa 10 mm können Sie die Stege von entsprechend breiten Leisten abschneiden, bei größerer Höhe sollten Sie senkrecht gefasert sein und müssen einzeln quer von einem Brett abgeschnitten werden, dessen Breite dem Rippenabstand entspricht.

MEHRHOLMIGE TRAGFLÜGEL

Hat ein Tragflügel mehrere Holme **(Skizze 11)**, gehen Sie beim Zusammenbau wie bei den bisher beschriebenen Methoden vor. Liegen zwei oder mehrere Holme unten, wird zunächst einer von ihnen mit Hilfe eines langen Lineals genau gerade gut festgeheftet. Dann legen sie den oder die anderen Holme aufs Baubrett, bringen sie durch einige trocken aufgesetzte Rippen in die richtige Lage und heften sie fest.
Erst danach setzen Sie die Rippen endgültig auf und heften sie senkrecht fest.

7

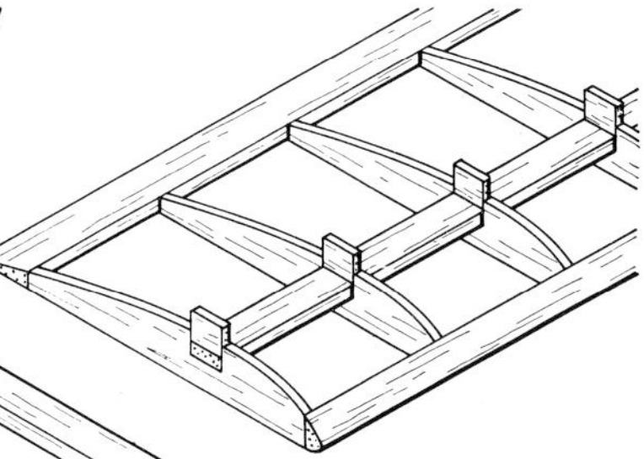

8

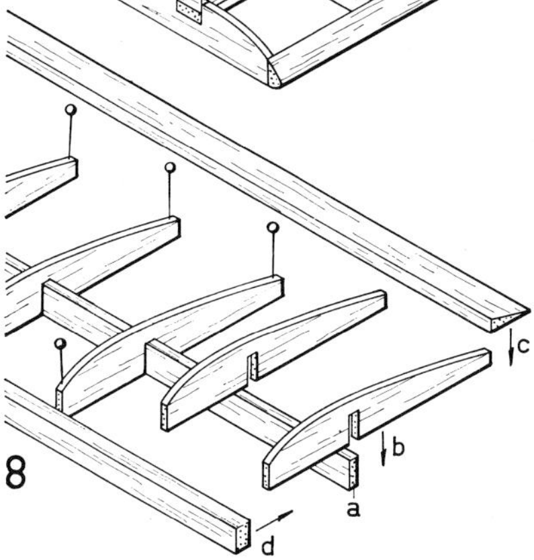

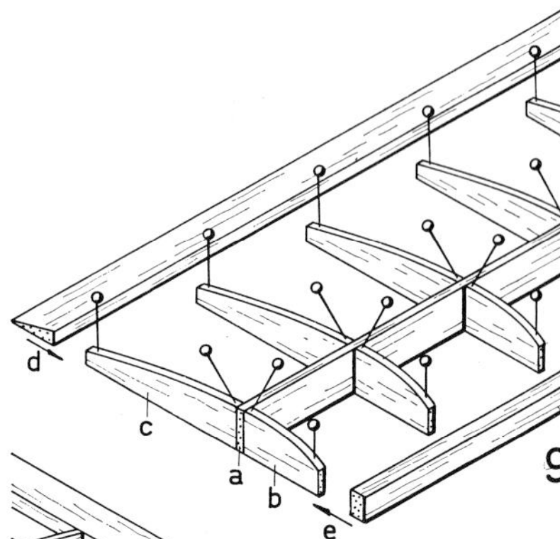

9

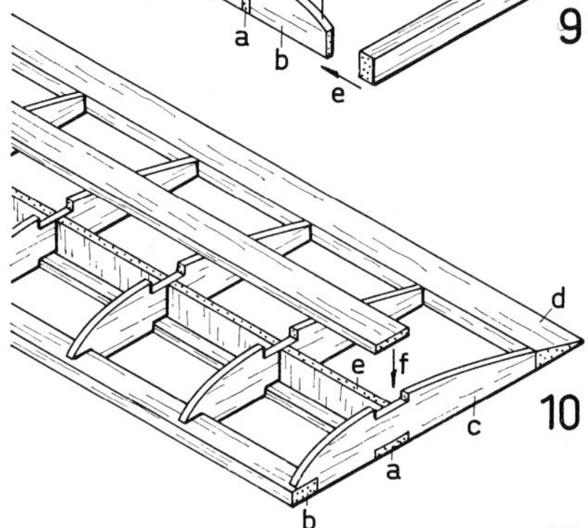

10

11

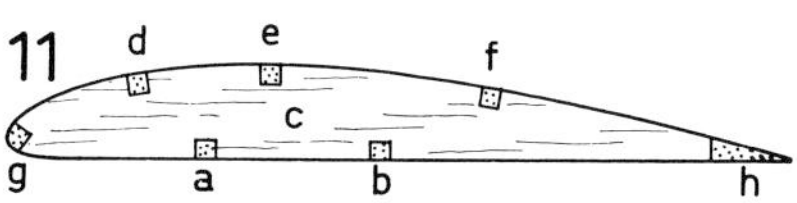

12

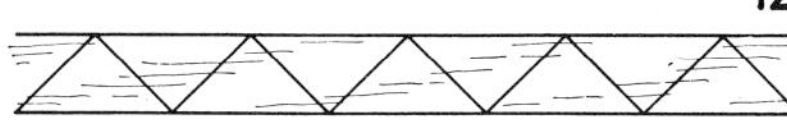

Schließlich setzen Sie die oberen Holme ein und kleben Nasen- und vorgeklebte Endleiste vor und hinter die Rippen.

VERSTÄRKUNGEN ALLER FLÜGELARTEN

Sind alle Leimstellen gut getrocknet, ist es ratsam, in alle Winkel zwischen Rippen und Leisten nochmals etwas Hartkleber zu streichen und zwischen Rippenenden und Endleisten sogar noch ein drittesmal nachzukleben. Der zusätzliche Leim wiegt nur wenige Gramm, erhöht die Festigkeit aber beträchtlich.

Bei vielen Tragflügeln sind zwischen Wurzel- und Endrippen und Nasen- und Endleisten Verstärkungsecken aus Balsa vorgesehen. Sollen sie ihren Zweck erfüllen, müssen sie parallel zu ihrer längsten Seite gefasert sein, also im Winkel von 45° zu Rippen und Leisten. Mit Hilfe eines Winkels schneiden Sie solche Ecken am besten gleich auf Vorrat aus einer passenden Leiste aus **(Skizze 12)**. Diese Ecken müssen immer vorgeklebt werden! Bereitet ihr Einsetzen wegen zu dicker Finger Schwierigkeiten, spießen Sie sie dazu aufs Balsamesser auf.

FLÜGEL MIT NASENBEPLANKUNG

Wird eine besonders gute Einhaltung der Profilformen gewünscht, ist meist eine Beplankung der Tragflügelnase bis zum Hauptholm vorgesehen. Sie sollten jedoch nie von sich aus eine solche Beplankung anbringen, wenn diese im Bauplan nicht angegeben ist, da sich dadurch die Flugeigenschaften leichter, und vor allem kleinerer Modelle, verschlechtern können.

Da Beplankungen vor allem auf Schub beansprucht werden, sollten Sie dafür besser relativ dickes weiches Balsa verwenden als dünnes hartes, denn Versuche haben ergeben, daß pro Gewichtseinheit Weichbalsa mehr Schub als Hartbalsa aufnehmen kann. Wegen der erforderlichen Biegsamkeit sollten Sie Brettchen mit möglichst senkrecht zur Oberfläche stehenden Markstrahlen für die Beplankung aussuchen.

Denken Sie auch daran, diese Brettchen schon vor dem Aufleimen auf ihrer Außenseite völlig glatt zu schleifen, denn beim Schleifen im Rahmen des endgültigen Verputzens können Sie wegen der zwischen den Rippen nachgebenden Beplankung keinen genügenden Druck mehr ausüben. Tun Sie es trotzdem, wird die Beplankung über den Rippen zu dünn, während Kratzer und Riefen dazwischen erhalten bleiben.

Verschiedene Möglichkeiten von Nasenbeplankungen sind in **Skizze 13a–e** gezeigt. Lösung **a** hat den Mangel, daß die Hinterkante der Beplankung bei Durchbiegen des Tragflügels nach oben leicht ausknickt, was Sie jedoch durch zusätzlich zwischen Holm und Beplankungshinterkante eingeklebte Stege vermeiden können **(b)**.

Die konstruktiv schlechteste Lösung zeigt **Skizze c.** Einmal ist es schwierig, die Beplankung so genau zuzuschneiden, daß sie ohne Spannung und ohne Lücken genau zwischen Holm und Nasenleiste paßt, zum anderen wird beim Einsetzen der Beplankung der meiste Leim an Nasenleiste und Holm nach unten weggedrückt. Wenn Sie mal an ein solches Modell geraten, sollten Sie den Holm um die Beplankungsstärke tiefer setzen und eine neu zugeschnittene, breitere Beplankung auf die Holmoberseite aufleimen **(d)**, wo sie sich auch einwandfrei festheften läßt.

Am günstigsten ist es, vor dem Beplanken die Oberkante der Nasenleiste abzuschrägen und die Beplankung auf Nasenleiste und Hauptholm aufzuleimen **(e)**. Diese Lösung ergibt die größte Festigkeit und bietet die wenigsten Fehlermöglichkeiten.

Zum Aufleimen von Beplankungen sollten Sie unbedingt langsam trocknenden Weißleim verwenden, lediglich bei Lösung **(e)** eignet sich Kontaktkleber am besten. Um bei der Verwendung von Weißleim den Preßdruck gleichmäßig zu verteilen, sollten Sie über Nasenleiste und Hauptholm Preßleisten verwenden **(Skizze 14)**.

Da Kontaktkleber sofort haftet, sollten Sie bei seiner Verarbeitung nichts dem Zufall überlassen. Nachdem der Kleber auf Gerippe und Beplankungsunterseite aufgetragen und angetrocknet ist, stecken Sie unmittelbar hinter der Holmhinterkante einige Stecknadeln in die Rippen **(Skizze 15)** und decken das Gerippe bis auf den Holm mit Wachspapier ab. Dann führen Sie die Beplankung mit der Hinterkante an den Stecknadeln nach unten bis auf den Holm, ziehen das Wachspapier heraus und drücken die Beplankung vom Holm beginnend nach vorn fest.

13

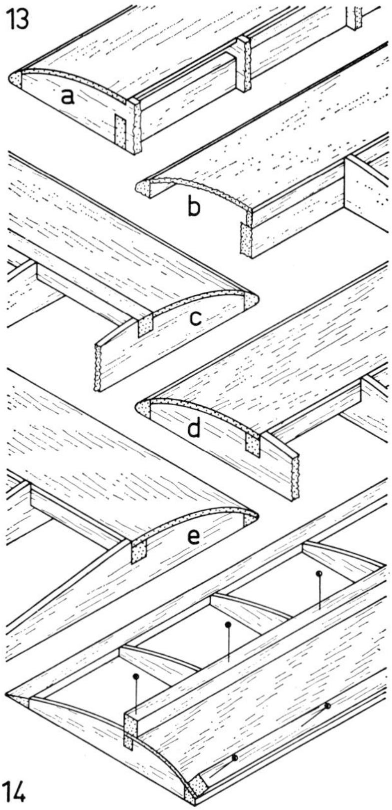

15

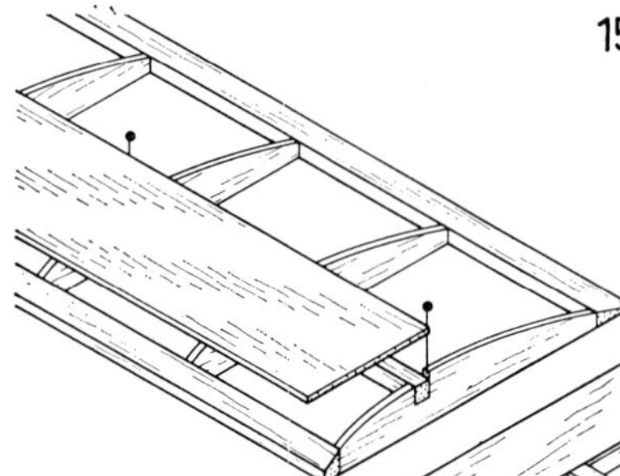

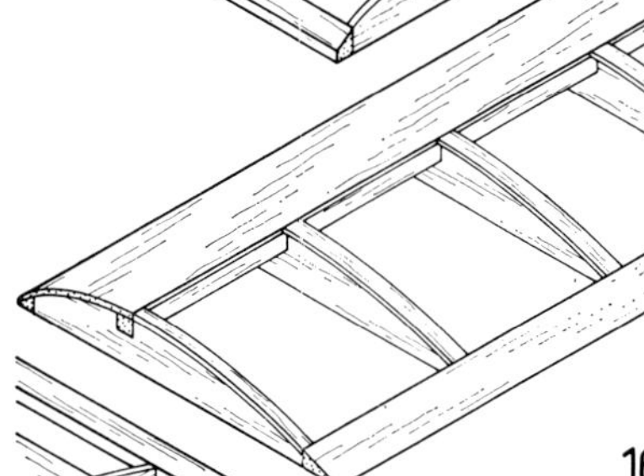

16

14

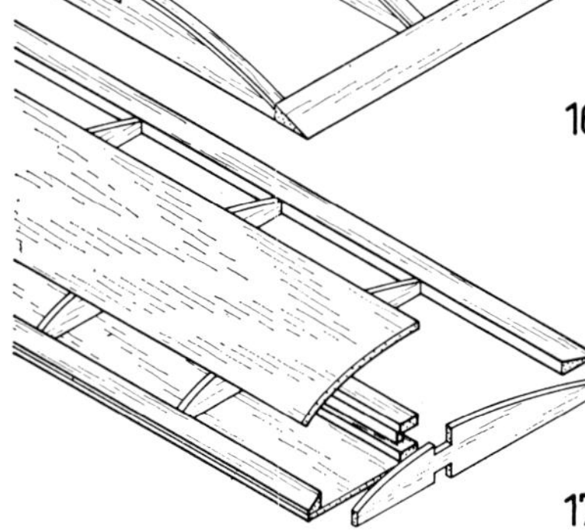

17

Die bisher beschriebenen Beplankungen haben den Nachteil, daß die Rippenoberseiten eine Stufe von der Höhe der Beplankungsdicke aufweisen, die die Selbstherstellung etwas erschwert. Einfacher ist es, auch den hinteren Teil der Rippen um die Beplankungsstärke niedriger zu halten und zwischen Nasenbeplankung und Endleiste Deckstreifen aufzuleimen **(Skizze 16)**.

FLÜGEL MIT DREHSTEIFER NASE

Wünschen Sie nicht nur die genaue Einhaltung der Profilform, sondern auch eine große Drehfestigkeit des Tragflügels, beplanken Sie auch die Unterseite der Nase und verbinden die Holme zwischen den Rippen mit Stegen. Dadurch entsteht ein sogenannter Torsionskasten, der jeder Verdrehung äußersten Widerstand entgegensetzt. Der Zusammenbau **(Skizze 17)** erfolgt dann in der Reihenfolge: Unterseitenbeplankung, eventuell untere Deckstreifen, Holmuntergurt, Rippen, Nasenleiste, Endleiste, Holmstege, Holmobergurt, Oberseitenbeplankung, eventuell obere Deckstreifen.

FLÜGEL MIT HOHL GEWÖLBTER UNTERSEITE

Bei diesen vorwiegend in Hochleistungs-Freiflugmodellen verwendeten Tragflügeln kommt es zur Erreichung der gewünschten Flugleistungen auf genaueste Einhaltung der Profilform an, die in der Endleiste einen harmonischen Abschluß finden muß. Eine an die Unterseite des Tragflügelquerschnitts gezeichnete Tangente (Druckseitentangente) zeigt wie in **Skizze 18a** genau, wie weit dazu die Vorderkante der Endleiste anzuheben ist. Legen Sie beim Zusammenbau zu niedrige oder zu hohe Leisten unter, ergeben sich die in den **Skizzen 18b und 18 c** gezeigten Querschnitte.

Beide können zwar nicht verhindern, daß das Modell später trotzdem fliegt. Im Fall **18b** wird jedoch der Auftrieb stark vermindert und damit die Sinkgeschwindigkeit erhöht. Ist dagegen wie in **18c** die Endleiste in einem zu positiven Winkel eingebaut, hat das meist einen geringeren Einfluß auf die Flugleistungen, doch kann durch die so vergrößerte Profilwölbung die Längsstabilität schlechter werden. Manchmal wird sogar absichtlich so verfahren, um den Auftrieb eines Tragflügels zu erhöhen, doch sollten Sie solche Veränderungen Experten überlassen, die genau wissen, was sie tun. Im allgemeinen gilt noch immer die alte Regel, daß jede Veränderung der äußeren Form eines Bauplan- bzw. Baukastenmodells mit großer Wahrscheinlichkeit eine Verschlechterung von Flugleistung und/oder Flugeigenschaften zur Folge hat.

Meist werden zum Anheben der Endleisten passende Vierkantleisten empfohlen, die gerade noch unter die Vorderkante reichen dürfen **(Skizze 19a).** Leicht geraten die Unterlegleisten jedoch zu weit unter die Endleisten, und dann ergibt sich der in **Skizze 19b** gezeigte Querschnitt, der die Flugleistung mit Sicherheit verschlechtert.

Sehr flache Endleisten werden beim Festheften auch leicht nach unten durchgebogen **(Skizze 20a)** und federn nach dem Abnehmen vom Baubrett in die in **Skizze 20b** gezeigte unerwünschte Lage. Die einzig sichere Methode beim Einbau solch extremer Endleisten ist das Unterlegen einer passenden Endleiste **(Skizze 21)**, die natürlich durch Wachspapier oder Plastikfolie vor dem Festkleben des Tragflügelrohbaus geschützt werden muß.

Ansonsten erfolgt bei obenliegendem Holm der Zusammenbau wie bei Tragflügeln mit gerader Unterseite, lediglich bei durch die Holmaussparungen stark geschwächten Rippen empfiehlt sich eine Unterstützung dieser schwachen Stellen durch eine untergelegte Leiste **(Skizze 22)**.

Untenliegende Holme und Untergurte von Doppelholmen setzen Sie dagegen am besten erst dann ein, wenn alle Rippen schon mit Nasen- und Endleiste verleimt sind **(Skizze 23)**, nachdem Sie das umgedrehte halbfertige Gerippe durch entsprechende Unterlagen genau ausgerichtet aufs Baubrett geheftet haben **(Skizze 24)**, da Sie nur in dieser Lage die Holmunterseiten genau bündig mit den Rippenunterseiten einsetzen können. Untenliegende Beplankungen und Deckstreifen sollten Sie ebenfalls erst in dieser Lage aufkleben, nachdem Sie den dafür vorgesehenen Platz während des Einklebens der Rippen zwischen Nasen- und Endleiste durch entsprechend dicke Unterlagen freigehalten haben.

Zum Einsetzen eventueller Holmstege und des Holmobergurtes müssen Sie den Tragflügel wieder umdrehen und festheften. Auch sollten Sie dazu die Rippen wieder durch eine untergelegte Leiste unterstützen, um den für eine einwandfreie

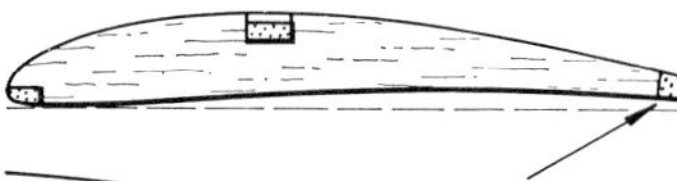
18a

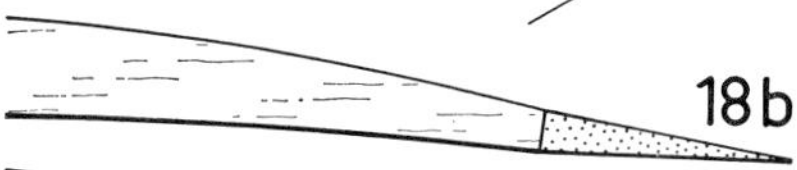
18b

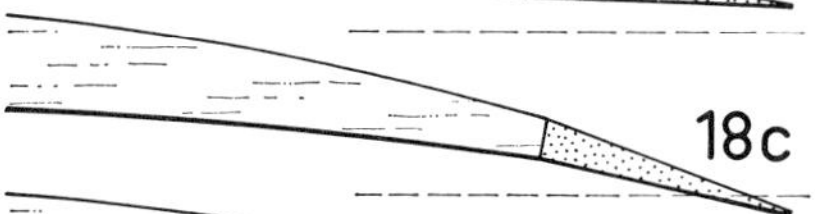
18c

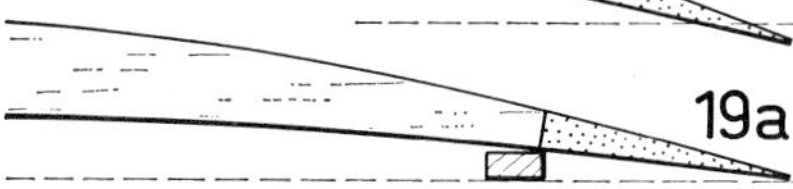
19a

19b

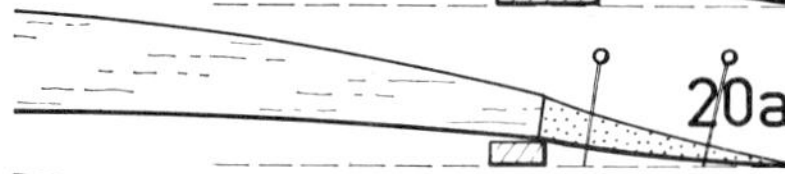
20a

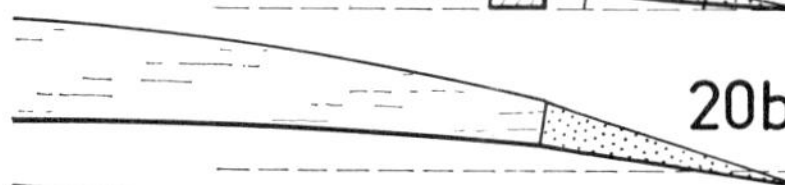
20b

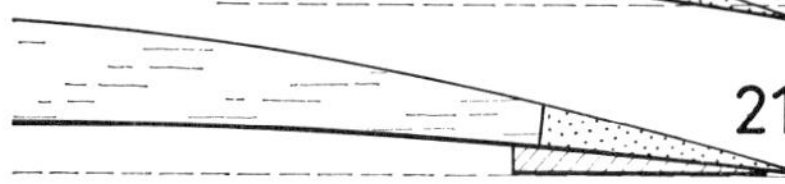
21

22

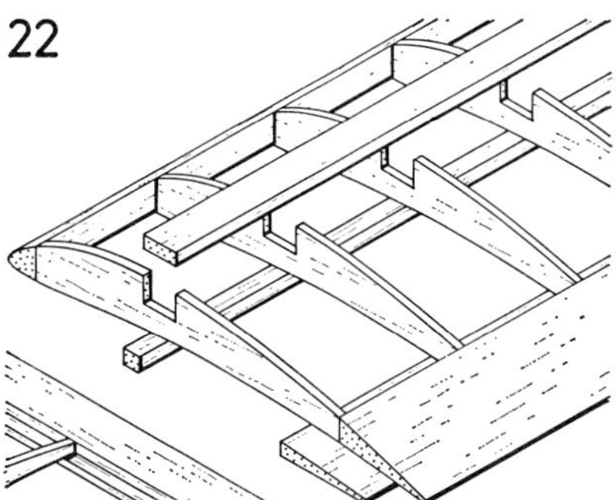

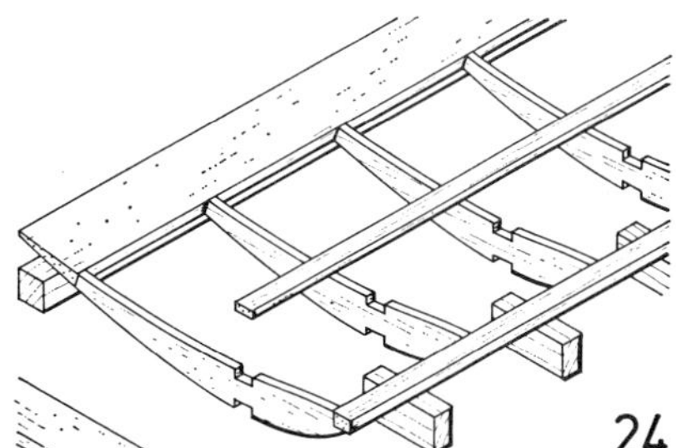
24

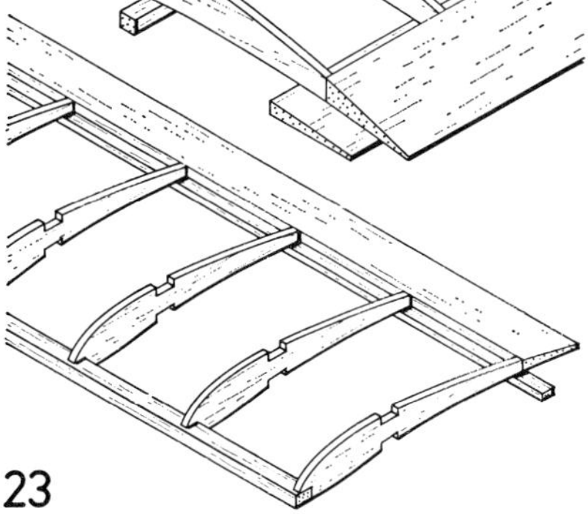
23

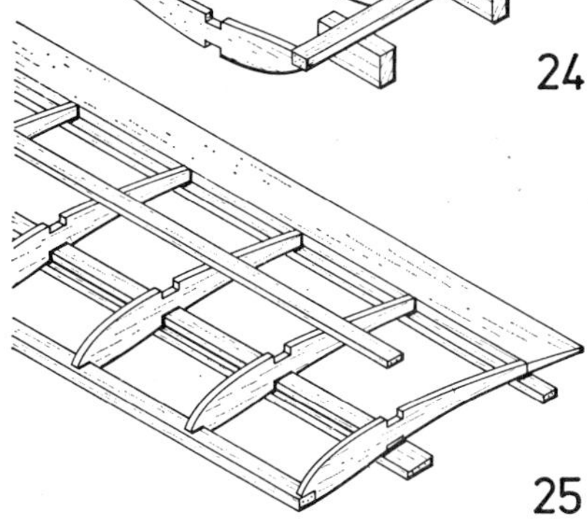
25

Verklebung erforderlichen Druck auf den Holmobergurt ausüben zu können, ohne den Rohbau zu beschädigen **(Skizze 25)**.

In allen beschriebenen Fällen sollten Sie die Unterlagen so lange auf dem Baubrett lassen, bis das Modell fertig eingeflogen ist, da es keine bessere Kontrolle auf Verzüge gibt, als den Tragflügel mit seiner Bauunterlage zu vergleichen. Ein weiteres Aufheben lohnt sich jedoch nicht, denn die weit verbreitete Ansicht, daß ständig eingespannte Tragflügel sich nicht verziehen, ist absolut falsch. Bei ihnen können sich auftretende innere Spannungen lediglich nicht sofort auswirken, werden jedoch im Moment des Abnehmens sofort wirksam. Doch davon später.

FLÜGEL MIT NACH AUSSEN GEWÖLBTER UNTERSEITE

Da die Tragflügel von Fernlenkmodellen, und nur bei diesen kommt eine solche Profilierung in Frage, fast durchweg kräftiger gebaut sind als die von Freiflugmodellen, ist im allgemeinen bei ihnen nicht so viel Aufwand nötig, um sie einwandfrei zusammenbauen zu können.

Im einfachsten Fall ist ein kräftiger von unten eingesetzter Hauptholm vorhanden, auf den zunächst die Rippen aufgeklebt werden, nachdem zur gleichmäßigen Unterstützung ihrer Enden eine Unterlegleiste aufs Baubrett geheftet wurde **(Skizze 26)**. Ist die Vorderseite der Endleiste ausreichend breit, genügt es, sie hinter die Rippenenden zu kleben und mit Stecknadeln festzuheften. Auch der Einbau der Nasenleisten kann meist ohne besondere Hilfsmittel vorgenommen werden.

Die nur relativ selten vorkommenden Brett- oder Rahmen-Endleisten sollten jedoch immer an Vorder- und Hinterkante unterstützt werden, wofür sich durchgehende Leisten am besten eignen **(Skizze 27)**. Sind sie als Leistenrahmen ausgeführt, sind sie selbstverständlich zunächst für sich flach auf dem Baubrett zusammenzubauen.

Tragflügel mit Doppelholmen werden genauso hergestellt, der Holmobergurt wird am besten zum Schluß eingesetzt. Sind auch Hilfsholme, Nasenbeplankungen und Deckstreifen anzubringen, gilt für sie die gleiche Reihenfolge wie bei Tragflügeln mit hohl gewölbter Unterseite.

Hat der Tragflügel einen zentralen, innenliegenden Holm, auf den die Rippen aufgeschoben werden müssen **(Skizze 28)**, wird damit begonnen und Holm und Rippen werden zusammen auf das Baubrett geheftet, nachdem eine passende Unterlegleiste für die Rippenenden befestigt wurde. Der Holm darf jedoch erst dann mit den Rippen verklebt werden, wenn Nasen- und Endleiste schon mit den Rippen verklebt sind, da sich nur so ein spannungsfreier Zusammenbau erreichen läßt. In diesem speziellen Fall ist es ausnahmsweise von Vorteil, wenn die Holmaussparungen etwas reichlich bemessen sind, da sich die Rippen dann leichter ausrichten lassen.

Eine weitere Möglichkeit wäre, die Rippen zunächst für sich zwischen Nasen- und Endleiste zu kleben und erst nach dem Abbinden des Hartklebers den Holm in die Rippen zu schieben und mit ihnen zu verkleben, doch ist dabei das saubere Ausrichten der Rippen meist etwas schwieriger.

Eine etwas ausgefallene Methode bietet sich an, wenn ein zentraler Holm mit seiner Unterkante genau so hoch liegt wie die Unterkanten von Nasen- und Endleiste. Bei rein symmetrischen Profilen ist das zwar selten, kommt jedoch bei halbsymmetrischen Profilen öfters vor. In diesen Fällen teilen Sie die Rippen längs der Linie Nasenleistenunterkante – Endleistenunterkante und bauen den Tragflügel auf den so gewonnenen geraden Rippenunterseiten auf **(Skizze 29)**. Erst wenn Sie alle von oben vorzunehmenden Arbeitsgänge erledigt haben, nehmen Sie den Tragflügel vom Baubrett und kleben die Rippenunterseiten an. Am genauesten geht das, wenn Sie gleich beim Zerteilen der Rippen die zusammengehörenden Teile entsprechend markiert haben.

Eine weitere Möglichkeit besteht darin, die Endleiste flach aufs Baubrett zu heften, den Hauptholm bzw. Holmuntergurt oder die Nasenleiste durch Unterlegklötze anzuheben und nötigenfalls festzuheften und dann die Rippen einzukleben **(Skizze**

26

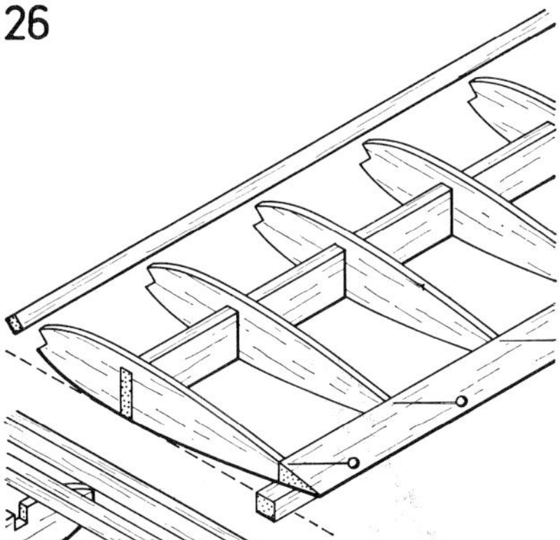

27

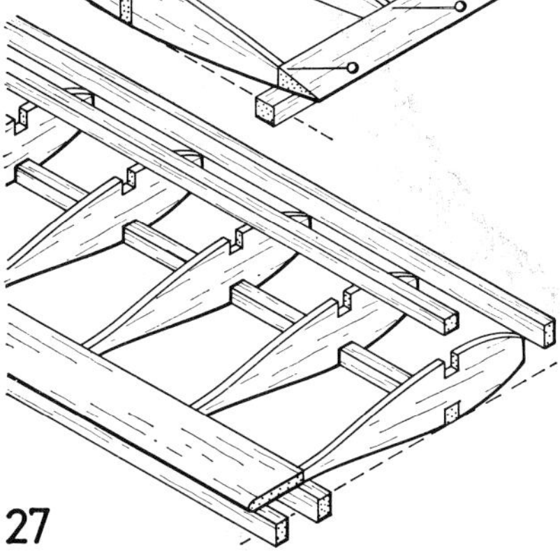

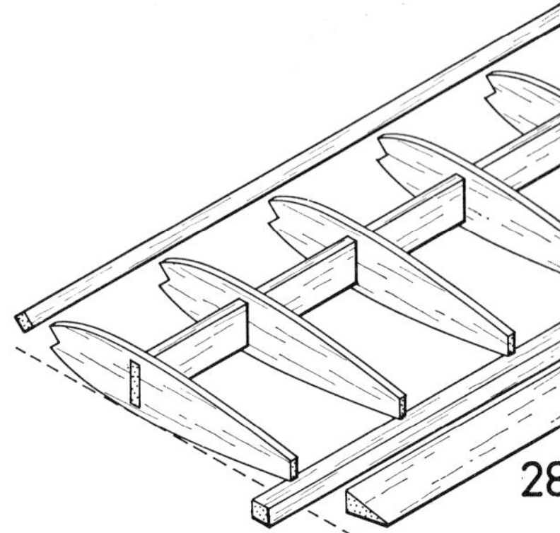

28

29

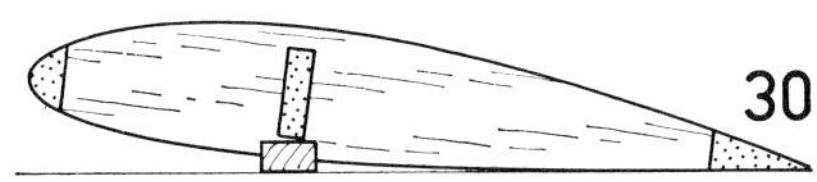

30

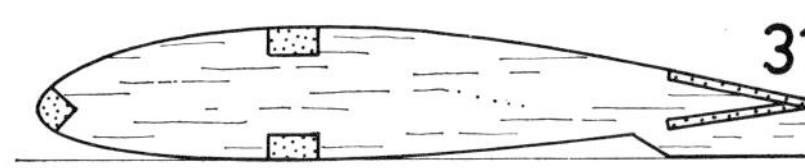

31

30). Für Flügel mit halbsymmetrischen Profilen eignet sich diese Methode recht gut, bei solchen mit dickeren symmetrischen Profilen werden die Unterlagen jedoch meist zu hoch.

Bei einigen besonders sorgfältig vorbereiteten Schnellbaukästen werden die Endleistenunterlagen mit den Rippen zusammenhängend gleich mitgeliefert **(Skizze 31)** und werden erst nach Fertigstellung des Rohbaus von diesen getrennt. Ich habe das zwar bisher nur für aus Ober- und Untergurt zusammengesetzten Endleisten gesehen, doch ist diese Methode selbstverständlich auch für einteilige, massive Endleisten möglich.

Die aus Ober- und Untergurt zusammengesetzten Endleisten eignen sich übrigens auch für Tragflügel mit gerader Unterseite, sofern deren Profile ausreichend dick sind. Ob dabei nur einer oder beide Endleistengurte hinten abgeschrägt werden, ist im Prinzip gleich. Falls die Flügelhinterkante jedoch so dick wie ein Endleistengurt bleiben soll, würde ich zur Arbeitsersparnis immer nur einen Gurt abschrägen.

Außer den auf den letzten zehn Seiten besprochenen Konstruktionen ganz oder teilweise bespannter Tragflügel sind natürlich noch zahlreiche weitere Bauformen möglich. Es würde jedoch zu weit führen, jede einzelne Möglichkeit zu beschreiben, denn mit Kenntnis der bis jetzt erklärten Baumethoden werden Sie mit Sicherheit imstande sein, alle dabei auftretenden Bauprobleme zu lösen.

Schalenbauweise

Eine alte Ingenieursregel besagt, daß eine technische Konstruktion dann vollkommen sei, wenn man kein Teil mehr von ihr wegnehmen kann. Ein Tragflügel in Schalenbauweise erfüllt diese Forderung in vollkommener Weise, denn er besteht lediglich aus Rippen, Beplankung, Nasenleiste und Randbogen, ist im Verhältnis zu seinem Gewicht sehr biege- und drehsteif und äußerst schnell und preiswert zu bauen.
Gegenüber möglicherweise in gleicher Zeit zu bauenden Styroporflügeln hat er die Vorteile geringeren Gewichtes und erheblich niedrigerer Kosten. Außerdem eignet er sich im Gegensatz zu diesen auch für dünnere Profile, und zu seiner Herstellung brauchen Sie lediglich Balsamesser, Lineal, Stecknadeln und Sandpapier.
Leider gibt es bisher kaum Baukastenmodelle mit Schalenflügeln, denn obwohl ein fertiger Schalenflügel nicht teurer als ein konventioneller bespannter Flügel ist, würden die im Baukasten enthaltenen Teile teurer als bei solchem sein und außerdem läßt sich die für einen Schalenflügel unvermeidliche Holzauswahl bei einer Baukastenproduktion nur unter erheblichem Aufwand durchführen.

DIE HOLZAUSWAHL

Da das Gewicht eines Schalenflügels fast ausschließlich und seine Festigkeit zu einem erheblichen Teil von dem verwendeten Holz abhängt, sollten Sie auf seine Auswahl besondere Sorgfalt verwenden. Sie brauchen gut biegsame Brettchen, die bei einer mittleren Flügeltiefe bis etwa 180 mm eine Stärke von 1,5 mm, bei größeren Flügeltiefen von 2 mm haben müssen. Das spezifische Gewicht der Brettchen sollte zwischen 0,1 und 0,12 liegen, im Normalformat 100 x 1000 mm dürften die 1.5 mm-Brettchen also 15 bis 18 g und die 2 mm-Brettchen 20 bis 24 g wiegen.
Scheint Ihnen das zu kompliziert, können Sie sich auch an die Faustregel halten, bei Spannweiten bis etwa 1100 mm möglichst leichtes 1.5 mm- und darüber möglichst leichtes 2 mm-Balsa zu verwenden.
Sollten Sie sich mit der Schalenbauweise anfreunden wollen, empfehle ich Ihnen, sich dazu geeignetes Holz nach und nach auf Vorrat zu kaufen und nicht erst dann beschaffen zu wollen, wenn Sie es dringend zur Verwirklichung Ihres nächsten Projekts benötigen. Gut geeignetes Holz ist nämlich verhältnismäßig rar und Sie können sich daher nicht darauf verlassen, in Ihrem Fachgeschäft immer einen genügenden Vorrat vorzufinden.

HERSTELLUNG DER BEPLANKUNG UND RIPPEN

Da Tragflügel durchweg breiter als handelsübliche Balsabrettchen sind, müssen Sie diese auf die benötigte Breite zusammenleimen. Auf die folgende Weise geht das schnell und einfach:
Sie heften die miteinander zu verklebenden Brettchen etwa 5 mm überlappend auf das Baubrett und schneiden entlang eines Lineals mitten durch diese Überlappung **(Skizzen 1 bis 3)**. Wie Sie aus den Skizzen sehen, spielt es dabei überhaupt keine Rolle, ob Sie das Balsamesser senkrecht oder nach einer Seite schräg halten, die Kanten der Brettchen werden in jedem Fall fugenlos aneinanderpassen.

1

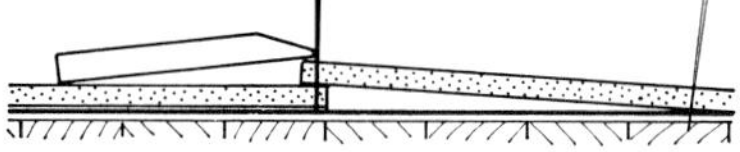

2

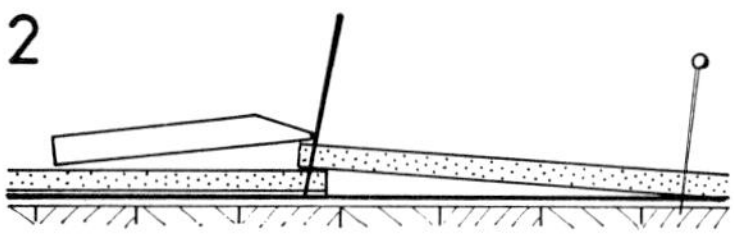

3

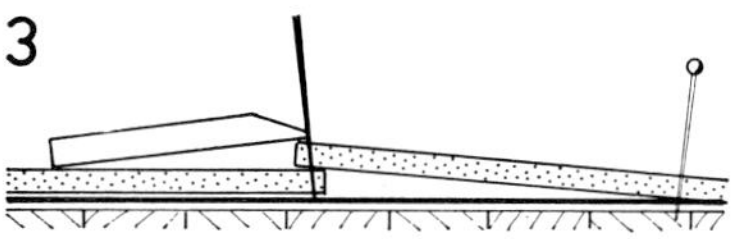

4

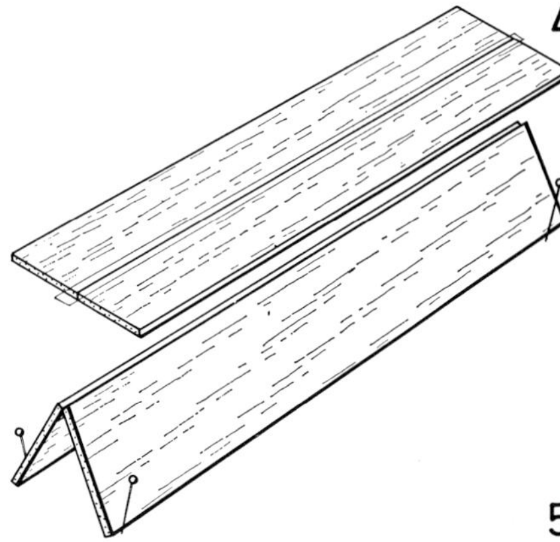

5

Unmittelbar nach diesem Schnitt entfernen Sie die beiden Abfallstreifen und heften die Brettchen mit einem über die gesamte Länge des Stoßes geklebten Streifen Tesafilm zusammen **(Skizze 4)**. Haben Sie alle benötigten Brettchen zusammengeheftet, falten Sie sie der Reihe nach halb zusammen, stellen sie zwischen vier oder sechs in das Baubrett gedrückte Stecknadeln **(Skizze 5)** und streichen reichlich Hartkleber in die geöffnete Fuge. Dann breiten Sie die Brettchen wieder auseinander, wischen den hervorquellenden überschüssigen Kleber sofort mit einem alten Lappen ab und legen die Brettchen zum Trocknen auf eine ebene Unterlage. Die weiteren Brettchen legen Sie so genau darüber, daß jedesmal der Tesafilm der oberen Brettchen über der Leimfuge der unteren liegt, so daß ein Zusammenkleben ausgeschlossen ist, selbst wenn nachträglich noch etwas Kleber aus einer Fuge quellen sollte. Lediglich die letzte Leimfuge überdecken Sie mit einem Streifen Papier und dann beschweren Sie die Brettchen bis zur weiteren Verwendung.
Nach etwa einer halben Stunde ist der Hartkleber genug getrocknet, um die Beplankungen der Flügelunterseiten auf ihre genaue Form schneiden und die Positionen der Rippen anzeichnen zu können. Dann hobeln oder schleifen Sie die Hinterkanten so ab, daß ihre Schrägen eine Fortsetzung des Verlaufs der Rippenoberkanten bilden **(Skizze 6)**. Sie sparen Zeit, wenn Sie jetzt auch gleich die Oberseitenbeplankung zuschneiden, die wegen der Profilwölbung bei Profilen mit gerader Unterseite etwa 3 mm, bei halbsymmetrischen Profilen etwa 1.5 mm breiter als die Unterseitenbeplankung sein muß. Ein genaueres Anpassen vor dem Verleimen lohnt sich nicht, denn es ist bestimmt zeitraubender als das spätere Verputzen vorstehender Beplankungskanten. Außerdem würde der genaueste Zuschnitt nichts nutzen, wenn Ihnen beim Aufkleben die Beplankung etwas verrutscht.

Haben Sie zum Herstellen der Beplankungen nicht die volle Länge der zusammengeleimten Balsabrettchen benötigt, schneiden Sie aus den Resten zuerst zwei quergefaserte 10 cm breite Streifen zu, deren Länge gleich der Tiefe (Breite) des fertigen Flügels sein muß, und legen sie zur späteren Verwendung als Randbogen beiseite. Aus dem Rest des Abfallholzes schneiden Sie Rippen nach der Ihnen am besten liegenden Methode zu. Sie können zu schmale Abfallstreifen auch ohne weiteres erneut gegeneinanderleimen, um die Reste so weit wie möglich aufzubrauchen, denn durch die Leimfuge werden die Rippen auf keinen Fall geschwächt, sondern höchstens steifer. Für die beiden Wurzelrippen kleben Sie je zwei Rippen aufeinander.

ZUSAMMENBAU

Zum Zusammenbau von Rippen und Beplankungen sollten Sie unbedingt Kontaktkleber verwenden, denn bei anderen Leimen oder Klebstoffen hätten Sie nicht die Gewähr, daß die Teile überall fest aufeinanderliegen. Nur zum Einkleben der Wurzelrippen können Sie Hartkleber verwenden und haben dadurch die Möglichkeit, sie gleich der späteren V-Form entsprechend etwas schräg nach außen geneigt einzusetzen.

Sie kleben zunächst die Rippen auf die Unterseitenbeplankungen, indem Sie zuerst alle Rippenunterseiten und dann alle Rippenpositionen auf den Beplankungen mit Kontaktkleber bestreichen. Fünf Minuten nach dem letzten Kleberauftrag können Sie am anderen Ende des Flügels beginnen, die Rippen aufzudrücken, was ohne Rücksicht auf die Form der Rippenunterseiten freihändig und ohne Festlegung der Beplankung geschehen kann.

Sind alle Rippen festgedrückt, überprüfen Sie die Passung zwischen Rippenenden und abgeschrägten Beplankungshinterkanten, damit es beim Aufkleben der Oberseitenbeplankung keine Schwierigkeiten gibt. Stehen Rippenenden über, ist der Fehler mit einigen Schleifklotzstrichen beseitigt, zu weit nach vorn aufgeklebte Rippen müssen jedoch durch aufgeklebte Balsastreifen auf die richtige Endenform gebracht werden.

Erst jetzt heften Sie die Beplankungen mit den Rippen durch schräg von außen durch die innersten und äußersten Rippen gesteckte Stecknadeln aufs Baubrett, wobei Sie bei Flügeln mit nach außen gewölbter Unterseite die Hinterkanten durch passende Unterlegleisten anheben **(Skizze 7)**.

Nach dem Anzeichnen der Rippenpositionen auf den Innenseiten der oberen Beplankungen bestreichen Sie diese und die Hinterkanten der Beplankungen sowie die Rippenoberseiten und die abgeschrägten Hinterkanten mit Kontaktkleber. Während er antrocknet, stecken Sie dicht bei den innersten und äußersten Rippen je eine Stecknadel genau hinter den Hinterkanten der unteren Beplankungen fest ins Baubrett **(Skizzen 6 und 7)**, die beim folgenden Auflegen der Oberseitenbeplankungen als Führung dienen.

Danach decken Sie bis auf je einen Quadratzentimeter vor jeder der eben erwähnten Stecknadeln die gesamten aufs Baubrett gehefteten Teile mit Wachspapier ab, führen die Hinterkanten der Oberseitenbeplankungen gegen die Stecknadeln, lassen sie leicht nach unten gleiten und heften sie durch leichten Druck vor den Stecknadeln fest. Hat das Auflegen nicht ganz geklappt, können Sie dank des Wachspapiers den Fehler noch beheben, denn so kleine und noch nicht fest zu-

6

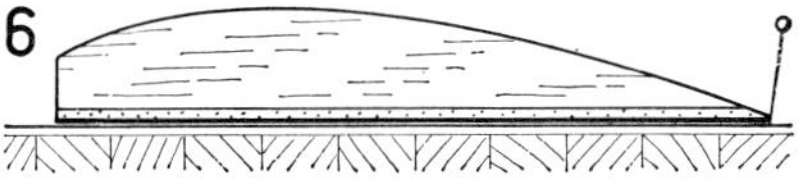

7

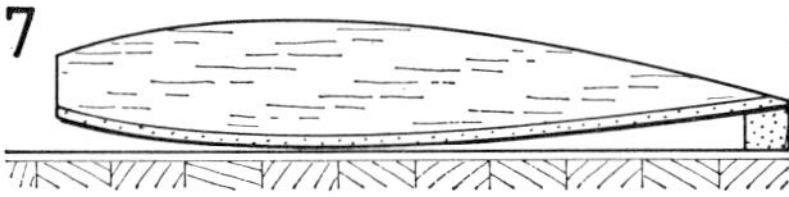

8

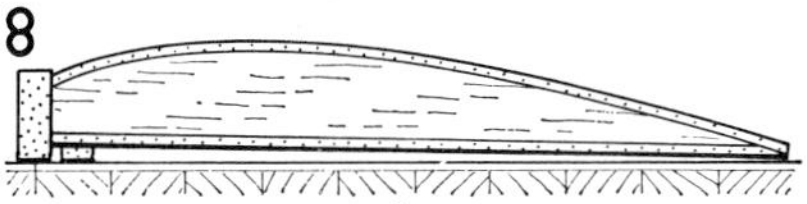

9

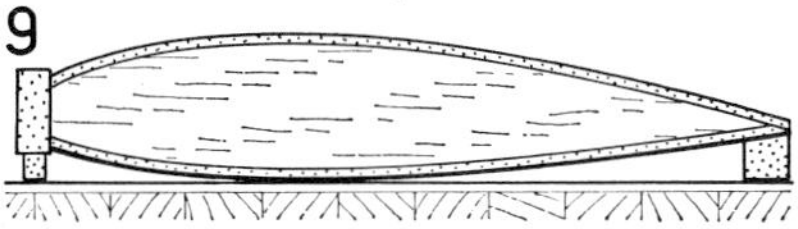

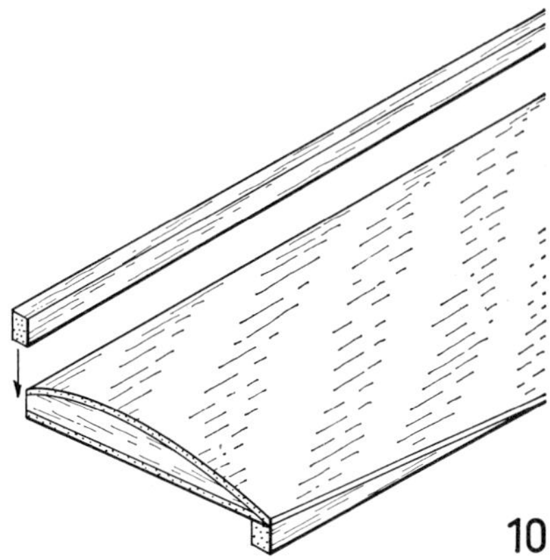

10

sammengedrückte Klebstellen bekommen Sie auch bei Kontaktkleber wieder auseinander. Liegt die Beplankung jedoch richtig, ziehen Sie das Wachspapier heraus, wonach Sie bei Flügeln mit gerader Unterseite die Beplankung von hinten nach vorn gut festdrücken.
Bei Tragflügeln mit nach außen gewölbter Unterseite könnten Sie durch zu kräftiges Drücken leicht die Rippenenden durchbrechen. Bei diesen sollten Sie daher die Beplankungen zunächst nur leicht andrücken, dann die Flügelhälften vom Baubrett nehmen und erst dann den zu einer guten Verklebung nötigen kräftigen Druck ausüben und dabei die Flügelhälften von hinten nach vorn über das Baubrett abwälzen.
Da Kontaktkleber keine weitere Trockenzeit erfordert, können Sie unmittelbar danach die Vorderkanten der Beplankungen mit den Rippennasen bündig schleifen und die Nasenleisten **mit Hartkleber** stumpf davorleimen. Bei Flügeln mit gerader Unterseite sollten Sie dazu deren Vorderkanten durch 1 mm dicke Balsastreifen etwas anheben **(Skizze 8)**, damit die Nasenleisten in jedem Fall etwas über die Beplankungen nach unten überstehen und dadurch fugen- und stufenlose Verklebung garantieren. Bei Flügeln mit nach außen gewölbten Unterseiten benötigen Sie entsprechend bemessene Unterlagen unter den Nasenleisten **(Skizze 9)**.
Da die vorgeleimten Nasenleisten die Flügelhälften zu drehsteifen Körpern schließen, sind sie zu dieser Leimung unbedingt verzugsfrei auf das Baubrett zu heften, denn spätere Korrekturen eventueller Verzüge sind nicht mehr möglich. Deshalb müssen Sie jetzt auch beabsichtigte Schränkungen durch entsprechende Unterlagen berücksichtigen **(Skizze 10)**.
Diese Klebungen sollten mindestens eine Stunde trocknen, ehe Sie die Nasenleisten mit Balsahobel und Schleifklotz auf den richtigen Querschnitt bringen.
Mit dieser Arbeit sind die Flügelhälften im wesentlichen fertig. Alles Wissenswerte über die Herstellung der Randbogen und Flügelknicke finden Sie auf den folgenden Seiten.

Randbogen

Haben Sie die einzelnen Flügelteile zusammengebaut, müssen Sie als äußeren Abschluß noch die Randbogen ansetzen. In den meisten Fällen geht das am einfachsten und vor allem ohne Erzeugung von Spannungen und Verzügen, solange die Flügelteile noch auf dem Baubrett festgeheftet sind.

BLOCKRANDBOGEN

Die einfachsten und festesten Randbogen bestehen aus massiven Balsaklötzen, die schnell zu verarbeiten sind. Ihr einziger Nachteil ist ihr großes Volumen, weshalb sie aus ausgesucht leichtem Balsa hergestellt werden sollten. Zu ihrer Anbringung schneiden Sie alle nach außen überstehenden Leisten mit den Endrippen bündig ab **(Skizze 1)**. Zur Verstärkung können Sie Balsaecken in alle an die Endrippen angrenzenden Winkel kleben.

Rechnen Sie mit extrem hohen Beanspruchungen, lassen Sie die überstehenden Leisten stehen und bringen im Randbogenklotz für sie entsprechende Aussparungen an **(Skizze 2)**. Verstärkungsecken sind dann nicht erforderlich und ehe sich eine solche Verbindung löst, ist vom restlichen Tragflügel bestimmt nicht mehr viel übrig.

Auf welchen Querschnitt die Randbogen zu verputzen sind, ist in den Bauplänen meist angegeben. Kritisch ist diese Form jedoch nicht, solange zu stumpfe oder zu scharfkantige Ausführungen vermieden werden, die beide ungünstig sind. Einige mögliche Querschnitte sind in **Skizze 3** gezeigt.

BRETTRANDBOGEN

Ebenfalls sehr beliebt sind aus Brettchen hergestellte Randbogen, die neben ihrer einfachen Herstellung auch noch den Vorteil niedrigen Gewichts haben. Die wohl am häufigsten vorkommende Art **(Skizze 4)** zeichnet sich dadurch aus, daß die äußere Form durch den Verlauf der Rippenoberseiten bestimmt wird. Die Tragflügeloberseiten sind dann durchweg nur in einer Ebene gewölbt und zusammen mit den Randbogen ohne Schwierigkeiten in einem Stück zu bespannen. Um die Einhaltung dieser gleichmäßigen Wölbung sicherzustellen, sollten Sie bei Selbstherstellung die Randbogenbrettchen zunächst nur rechteckig zuschneiden.

Um eine Durchbiegung quer zur Faser durch den Zug der gestrafften Bespannung weitmöglichst auszuschalten, sollten Nasen- und Endleisten grundsätzlich über die äußersten Rippen nach außen überstehen. Sie stützen dann nicht nur die Randbogen gegen den Bespannungszug ab, sondern erhöhen durch die zusätzliche Klebfläche auch noch die Festigkeit der Tragflügelenden und ergeben beim Verputzen bessere Übergänge zwischen Randbogen und übrigem Tragflügel.

Untenliegende Hauptholme werden auf ihren Unterseiten zur Aufnahme der Randbogen ausgespart und die Innenkanten der Randbogen so abgeschrägt, daß sie fugenlos an den Endrippen anliegen.

Sind die Klebungen durchgetrocknet, ermitteln Sie die Umrißform der Randbogen. Sie führen dazu eine zur Unterkante hin zugespitzte Leiste parallel zur Spannweite über die Tragflügeloberseiten und stoßen dabei ständig gegen die schrägstehenden Randbogenbrettchen, so daß sich in diesen deutlich sichtbare

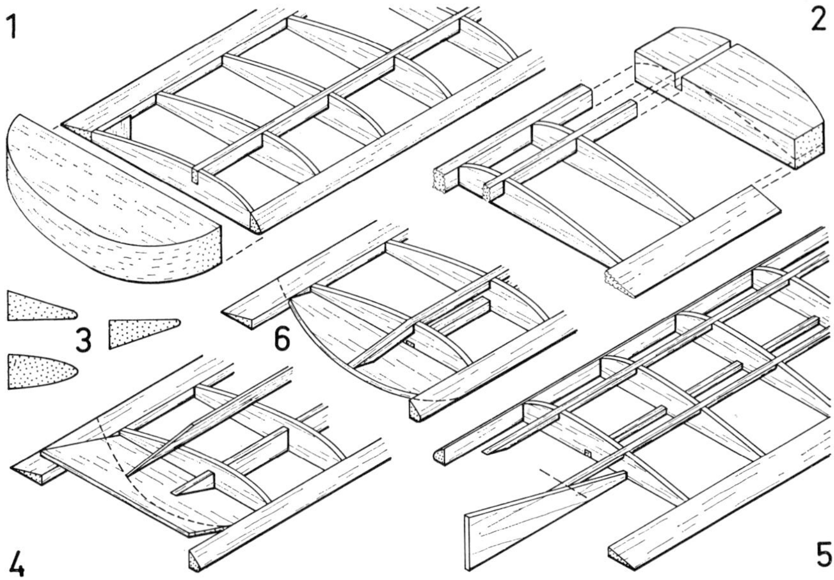

Eindrücke abzeichnen. Ein bis zwei Millimeter außerhalb dieser in einer stetigen Kurve verlaufenden Marken schneiden Sie dann den Randbogen aus und runden seine Außenkante gut ab.

Haben die Tragflügel Doppelholme oder mehrere Holme, schneiden Sie die untenliegenden bündig mit den Endrippen und schrägen die obenliegenden mit Hilfe einer Winkelschablone ab **(Skizze 5)**.

Diese Randbogenart läßt sich auch bei Tragflügeln mit nur schwach hohl gewölbter Unterseite anwenden, solange die Randbogenbrettchen etwas dicker sind als die größte Unterseitenwölbung. Diese Randbogen müssen Sie nach dem Abnehmen der Flügelhälften vom Baubrett auch noch auf den Unterseiten der Profilform entsprechend verputzen, wobei Sie leicht nach außen geschwungene Knicklinien zwischen Tragflügel- und Randbogenunterseiten erhalten werden.

Selbstverständlich können Sie diese Randbogenbauweise auch verwenden, wenn die Außenkanten der Randbogen nicht bis zur Höhe der Rippenoberkanten reichen sollen, was vor allem für die Tragflügel der meisten vorbildgetreuen Modelle zutrifft. Die äußere Form der Randbogen schneiden Sie dann schon vor dem Einbau aus. Die Zwischenräume zwischen den Randbogen und den oberen Holmen füllen Sie mit Füllklötzen aus, wenn Sie nicht die elegantere Lösung wählen, die Holme genau über den Endrippen nach unten zu knicken und ihre Enden an die Randbogen anzupassen **(Skizze 6)**.

Eine weitere Form von Brettrandbogen zeigt **Skizze 7**. Sie eignet sich besonders für Tragflügel mit symmetrischen Endrippen. Auch diese Randbogen können Sie schon vor dem Einleimen auf ihre endgültige Form zuschneiden. Bei einholmigen Flügeln schlitzen Sie die über die Endrippen vorstehenden Holmstücke zur Aufnahme der Randbogen, bei mehrholmigen Flügeln wenden Sie am besten das in **Skizze 6** gezeigte Rezept an und knicken die Holmenden über den Endrippen zum Randbogen hin ab.
Anders geformte Endrippen gestatten meist ebenfalls die Anwendung dieser Randbogenart. Bei Rippen mit geraden Unterseiten lassen Sie die Randbogen vom vordersten Profilpunkt zur Flügelhinterkante verlaufen, bei Endrippen mit hohl gewölbten Unterseiten schneiden Sie die Randbogen mit der Faserung in Holmrichtung und biegen sie so, daß sie etwa der Profilmittellinie folgen **(Skizze 8)**.
Die dem Sinn des Schalenflügels am besten entsprechende Randbogenform ist in **Skizze 9** gezeigt. Zur Anbringung dieser Brettrandbogen schleifen Sie mit einem möglichst langen und breiten Schleifklotz die Flügelenden schräg ab und kleben die Randbogen gegen Beplankungen und Nasenleisten. Diese Randbogenform eignet sich auch für Flügel mit halbsymmetrischen und symmetrischen Profilen. In diesen Fällen muß auch die untere Beplankung entsprechend weit über die Endrippen nach außen überstehen.

ZUSAMMENGESETZTE RANDBOGEN
Die gebräuchlichste Art stellen die aus mehreren Brettstücken zusammengesetzten Randbogen dar, die noch recht einfach zu bauen, jedoch besonders sorgfältig zu verkleben sind, da ihre Festigkeit im wesentlichen von der Güte der Klebstellen abhängt.
Der Aufbau dieser Randbogen geht aus **Skizze 10** hervor. Nasen- und Endleisten laufen so weit wie möglich nach außen durch, und die Dicke der einzelnen Formstücke sollten Sie von vorn nach hinten abstufen. Dadurch erreichen Sie nicht nur eine gute aerodynamische Form, sondern durch die größeren Klebflächen im vorderen Teil auch eine höhere Festigkeit. Sie sollten jedoch nie alle Stücke aus Brettchen von Endleistenstärke herstellen, denn diese Randbogen sind nicht nur zu schwach, sondern auch sehr verzugsempfindlich. Sie lassen sich jedoch durch das Aufleimen einer zweiten Schicht mit versetzten Fugen verbessern, die in **Skizze 10** mit gestrichelten Linien angedeutet sind.
Eine konstruktiv erheblich bessere Lösung ist die Anwendung lamellierter Nasen- und Endleisten **(Skizze 11)**, die wieder die Benutzung einfacher Klotzrandbogen gestattet. Bei der Herstellung teilen Sie die Nasen- und Endleisten schon vor dem Einbau durch senkrecht geführte Schnitte mit dem Balsamesser im Bereich der späteren Biegung in Lamellen auf. Dann kleben Sie sie jedoch erst in ihren geraden Teilen fest in das Flügelgerippe ein, ehe Sie Weißleim in die Fugen streichen und die Lamellen in die gewünschte Form biegen und festheften.

LAMELLIERTE RANDBOGEN
Bei elliptischen Flügelenden geringer Streckung, halbkreisförmig gebogenen Randbogen und ähnlichen Formen können Sie schließlich die ganzen Randbogen aus Lamellen herstellen. Die wichtigste Voraussetzung für das Gelingen dieser Bauweise ist die Auswahl des richtigen Holzes, denn nicht alle Balsabrettchen

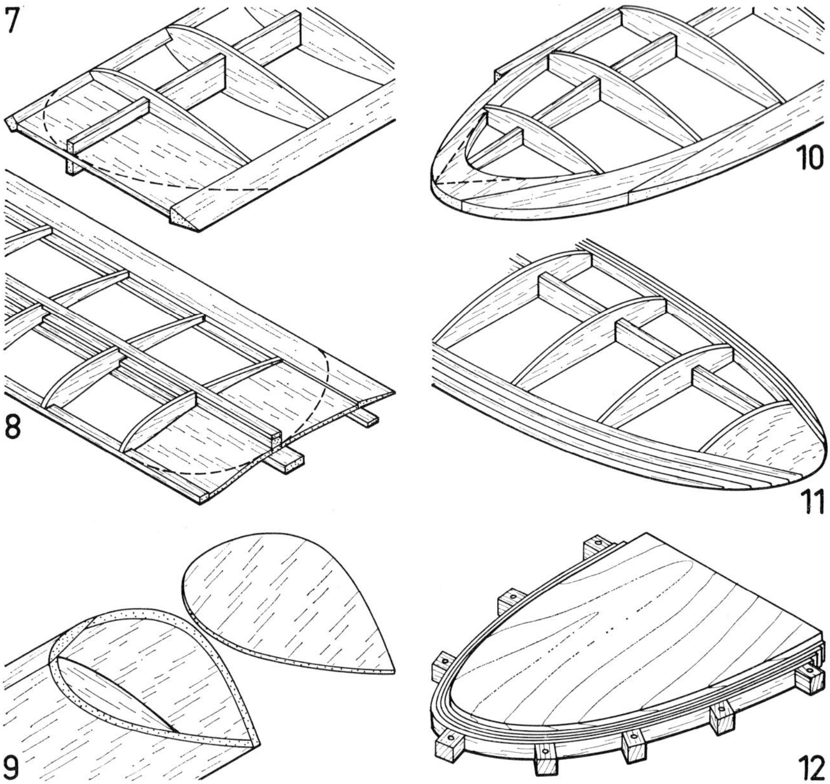

und Leisten lassen sich in Faserrichtung eng genug biegen, ohne zu brechen. Sie sollten sich daher von vornherein zu vielen dünnen Lamellen entschließen, ehe Sie einige zu dicke Leisten zu Abfall verarbeitet haben.

Lassen sich auch die dünnen Leisten nicht einwandfrei um die aus dickerem Holz oder Hartfaserplatte ausgeschnittenen Schablonen **(Skizze 12)** herumbiegen, weichen Sie sie einige Minuten in heißem Wasser ein, klemmen sie dann mit Nagelklötzen um die Schablone herum und lassen sie im Backofen bei schwacher Hitze trocknen.

Zum Verleimen eignet sich Weißleim am besten, denn mit ihm können Sie in Ruhe alle Lamellen zusammenleimen, ehe Sie sie zur endgültigen Trocknung wieder um die Schablonen herumspannen.

Sind die Randbogen gut durchgetrocknet, schleifen Sie die Unterseiten glatt und schäften sie so an Nasen- und Endleisten an, daß diese in die Randbogen hineinreichen.

Knicke

Bisher wurde ausschließlich der Zusammenbau gerader Tragflügelstücke besprochen, der die Grundlage jedes Tragflügelbaus ist. In der Praxis sind jedoch die meisten Tragflügel an einer oder mehreren Stellen geknickt. Besondere Sorgfalt erfordert die Herstellung von Knicken in der Tragflügelmitte, da dort die Biegebeanspruchung am größten ist.
Bei bespannten Tragflügeln werden die Biegekräfte überwiegend von den Holmen aufgenommen. Es kommt also darauf an, diese so miteinander zu verbinden, daß die Knickstellen auf keinen Fall schwächer als die Holme werden. Dafür gibt es verschiedene Möglichkeiten, von denen die Verbindung durch Knickverstärkungen am gebräuchlichsten ist.

VERBINDUNG DURCH KNICKVERSTÄRKUNGEN

Die passend abgeschrägten Holme stoßen dabei in der Flügelmitte stumpf aufeinander und werden durch der V-Form entsprechend geformte Sperrholzstreifen miteinander verbunden, die zusammen etwa halb so dick wie die Balsaholme sein sollten **(Skizze 1)**. Selbstverständlich ist auch die Verbindung mit nur einer und dafür doppelt so dicken Knickverstärkung möglich.
Da Leisten fast immer dort brechen, wo sich ihr Querschnitt verändert, ist die in Skizze 1 gezeigte Lösung ausgesprochen schlecht, und Sie sollten stets bemüht sein, solche krassen Querschnittsveränderungen zu vermeiden. Sie können dazu entweder die Knickverstärkungen nach den Enden zu dünner schleifen **(Skizze 2)**, was allerdings recht mühsam ist, oder vordere und hintere Knickverstärkung verschieden lang machen und dadurch statt einer großen zwei kleine Querschnittsveränderungen erhalten. Besser dürfte es sein, wenn Sie die beiden Methoden miteinander verbinden **(Skizze 3)**. Den gleichen Effekt wie mit dem in Skizze 2 gezeigten Verdünnen der Knickverstärkungen erreichen Sie übrigens mit weniger Arbeitsaufwand, wenn Sie die Verstärkungen in der Vorderansicht nach den Enden zu spitz auslaufen lassen, und aus diesem Grund halte ich die in **Skizze 4** gezeigte Ausführung für die beste und einfachste Lösung, sowohl für einfache wie für Doppelholme.
Damit die Knicke nicht nur fest, sondern auch genau werden und die Flügelhälften nicht etwa verschiedene Einstellwinkel erhalten, müssen Nasenleisten, Holme und Endleisten genau in der Flügelmitte fugenlos zusammenpassen. Zur problemlosen Erzielung dieser Passung schneiden Sie sich zunächst nach dem Bauplan eine Sperrholzschablone zu, die genau dem halben Knickwinkel entspricht. Dann heften Sie jede Flügelhälfte für sich aufs Baubrett, halten die Schablone mit ihrer Spitze genau auf der Knicklinie gegen den Holm **(Skizze 5)** und schneiden diesen mit der Schablone bündig ab. Genauso verfahren Sie mit Nasen- und Endleiste.
Zum Zusammenbau der Flügelhälften schneiden Sie sich zwei Brettchen zu, deren Länge mindestens gleich der Flügeltiefe ist und die so breit sind, wie die Unterkanten der Endrippen zur Erreichung der genauen V-Form angehoben werden müssen. Dann heften Sie eins dieser Brettchen senkrecht aufs Baubrett, heften die Endrippe auf seine Oberkante und heften schließlich die Enden von Nasenleiste, Holm und Endleiste direkt aufs Baubrett. Danach streichen Sie etwas Hart-

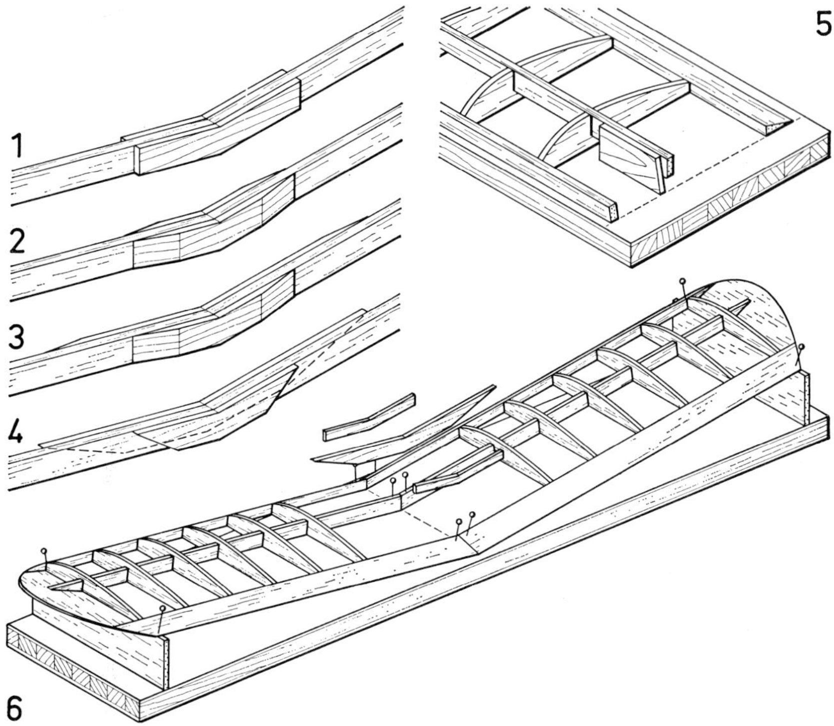

kleber auf die Leistenenden und heften, diesmal in der Mitte beginnend, die andere Flügelhälfte dagegen **(Skizze 6)**.
Während der Hartkleber trocknet, schneiden Sie die Knickverstärkungen zu und passen sie vorsichtig an. Vorkleben und endgültig ankleben dürfen Sie sie jedoch erst, wenn der Hartkleber zwischen den Leistenenden völlig getrocknet ist. Bringen Sie es nicht fertig, so lange zu warten, werden Sie mit großer Wahrscheinlichkeit erleben, daß sich spätestens beim Festpressen der Knickverstärkungen mit Federklammern die Tragflügelstücke etwas gegeneinander verschieben. Da die Knickverstärkungen beim Festpressen ohnehin gerne verrutschen, sollten Sie auf diese zusätzliche Komplikation lieber verzichten, deren Endergebnis meist Tragflügelhälften mit unterschiedlichen Einstellwinkeln sind.
Diese hochbeanspruchten Verbindungen lassen sich übrigens mit Weißleim besser als mit Hartkleber ausführen, da der Weißleim in jedem Fall tiefer ins Holz eindringt und Ihnen wesentlich mehr Zeit gibt, die Knickverstärkungen auszurichten und festzupressen.

Nasenleisten- und Holmverstärkungen lassen sich in fast allen Fällen mit den schon erwähnten Federklammern einwandfrei pressen, bei den Endleistenverstärkungen bleibt jedoch meist nichts anderes übrig, als sie mit einigen ins Baubrett geschlagenen Nägeln und dazwischengeschobenen Keilen anzudrücken.
Erst wenn diese Leimungen getrocknet sind, können Sie die im Knick noch fehlenden Rippen einsetzen, von denen zumindest die genau im Knick sitzende Rippe besonders kräftig sein sollte, da sie später durch den Zug der gestrafften Bespannung erheblich auf Biegung beansprucht wird.
Die äußeren Knicke bei Flügeln mit doppelter und dreifacher V-Form führen Sie im Prinzip auf die gleiche Weise aus, doch heften Sie in diesen Fällen das bzw. die Mittelstücke flach aufs Baubrett und heben lediglich die Flügelohren durch entsprechende Unterlagen unter den Endrippen an. Bei der dreifachen V-Form sparen Sie Zeit, wenn Sie mit den beiden äußeren Knicken beginnen.

VERBINDUNG DURCH ÜBERLAPPUNG

Diese einfache und elegante Methode bietet vor allem beim Bau vielholmiger Tragflügel Vorteile, denn bei ihr werden lediglich Nasen- und Endleisten mit Aufleimern verbunden. Die Holme lassen Sie einfach über die Knicklinie überstehen und einander überlappen **(Skizzen 7 und 8)**. Bei vielholmigen Flügeln mit entsprechend dünnen Holmen werden die einzelnen Holmenden dazu lediglich etwas nach vorn bzw. nach hinten gebogen **(Skizze 9)**, bei Flügeln mit starken Holmen müssen Sie dagegen die Überlappung schon beim Ausschneiden aller Rippen für die Flügelohren berücksichtigen und die Aussparungen entweder eine Holmdicke nach vorn oder nach hinten verlegen, damit beim Verleimen der Flügelteile keinerlei Spannungen entstehen.
Die bei der Überlappung nach unten vorstehenden Holmenden können bei obenliegenden Holmen stehenbleiben, bei untenliegenden Holmen sind die über die Knicklinie hinausreichenden Enden schon vor dem Zusammenbau abzuschrägen. Vergessen können Sie das nie, da sich die Flügelteile ohne diese Abschrägung nicht zusammenpassen lassen.

VERBINDUNG DURCH STUMPFE VERLEIMUNG

Bei Tragflügeln in Schalenbauweise werden alle Kräfte von den Beplankungen aufgenommen, und daher sind lediglich diese so fest wie möglich miteinander zu verbinden. Dazu schleifen Sie zunächst wie bei Vollbalsatragflügeln die Flügelwurzeln der V-Form entsprechend zu **(Skizze 10)** und kleben die Flügelhälften stumpf gegeneinander, worauf Sie die Beplankungen durch Verstärkungen aus Stoff, GFK oder Agoplast miteinander verbinden **(Skizze 11)**.
Bei Stoff- und GFK-Verstärkungen verwenden Sie zweckmäßigerweise zwei Lagen, von denen die zweite etwa doppelt so breit wie die erste sein sollte. Sie erhalten dadurch eine festere Verbindung und vermeiden zu krasse Querschnittsänderung in der Beplankung.
Die benötigten Stoff- oder Glasgewebestreifen schneiden Sie stets mit diagonalem Fadenlauf zu, damit alle Fäden über den Knick hinweglaufen. Sie erhalten dadurch bei gleichem Gewicht die doppelte Festigkeit gegenüber einem Fadenlauf in Flug- und Spannweitenrichtung, bei dem nur die letzteren Fäden die Beplankungen verbinden würden.

7

8

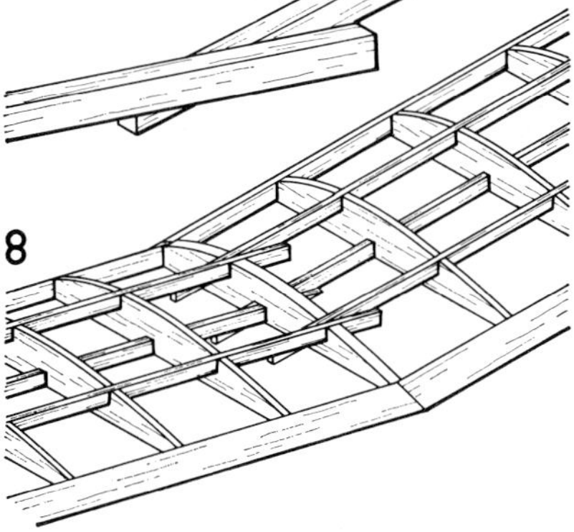

9

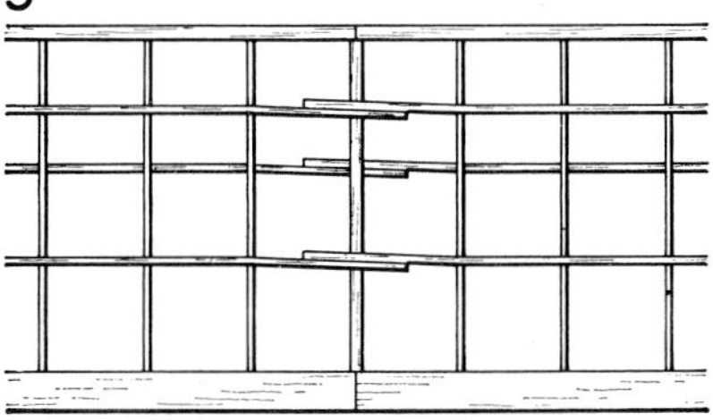

10

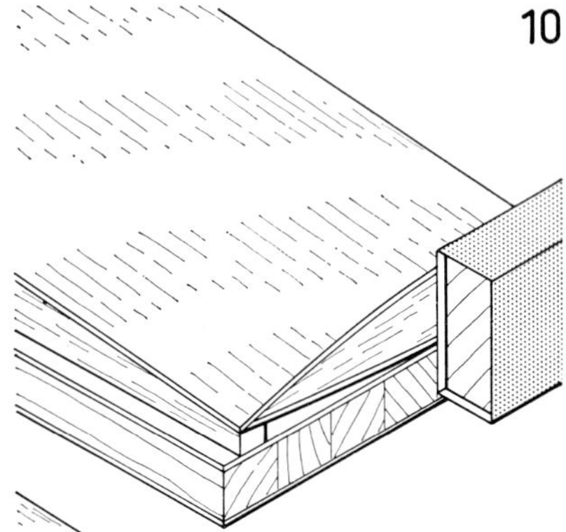

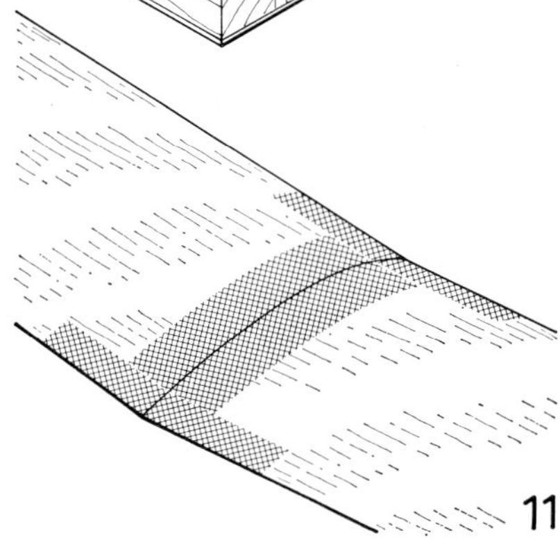

11

Agoplast wird bereits mit diagonal zu den Schnittkanten verlaufenden Fäden geliefert. Auf Grund seiner Festigkeit genügt in allen Fällen eine einfache Verstärkung, die zur Verringerung der Knickgefahr möglichst auf beiden Seiten über einer Rippe enden sollte.

SONSTIGE VERBINDUNGEN

Sehr genau und einfach lassen sich Tragflügel auf V-förmig miteinander verbundenen Baubrettern zusammensetzen. Da dazu jedoch ein besonders kräftiges Grundbrett und je ein weiteres Baubrett für jedes Flügelteil benötigt werden, wird diese Methode allein aus Kostengründen immer weniger verwendet und hat heute kaum noch eine Bedeutung, da sich Tragflügel in Balsabauweise auch auf die bisher beschriebenen Methoden einwandfrei zusammenbauen lassen.

Auch die Verwendung fertig geknickter Holme, über denen dann der Reihe nach die einzelnen Tragflügelteile zusammengebaut werden, nimmt immer mehr ab, da die Bauzeit länger ist und schon geringe Abweichungen in den Knicken der Leisten Spannungen und damit Verzüge hervorrufen.

Befestigungen

Erfahrungsgemäß treten die stärksten Beanspruchungen bei allen Arten von Flugmodellen nicht im Flug sondern bei der Landung auf. Die dabei am stärksten gefährdete Stelle ist normalerweise die Befestigung des Tragflügels am Rumpf, und deshalb hängt von ihrer zweckmäßigen Gestaltung die Lebensdauer der Modelle sehr erheblich ab.
Generationen von Modellfliegern haben sich um die beste Lösung dieses Problems bemüht, und die älteste und wegen ihrer Einfachheit auch heute noch beliebteste Methode ist die Befestigung der Tragflügel mit Gummiringen.

GUMMIRINGE
Diese Befestigung eignet sich für alle einteiligen Tragflügel und ist auf verschiedene Art möglich. Ursprünglich klebte man den Tragflügel auf ein Befestigungsbrett, dessen vorn und hinten überstehende Enden durch quer darübergespannte Gummiringe auf dem Rumpf befestigt wurden. Oft waren jedoch die Gummiringe stärker als die Klebung und damit im Grunde überflüssig. Man ging daher bald zu der in **Skizze 1** gezeigten Lösung über, bei der durch die zusätzlich über Nasen- und Endleiste geklebten Brettchen die Lösung des Tragflügels vom Befestigungsbrett annähernd ausgeschlossen wurde.
Bei der in **Skizze 2** gezeigten Methode wird auf alle zusätzlichen Teile verzichtet und der Tragflügel direkt auf dem Rumpf befestigt. Bei ihr werden durch die Spannung der Gummiringe vor allem Nasen- und Endleiste beansprucht, und Sie sollten diese stets durch Verstärkungen aus Stoff, Sperrholz, Blech oder Draht schützen, auch wenn das im Bauplan nicht angegeben ist.
Annähernd ideal ist die in **Skizze 3** gezeigte Befestigung, da bei ihr schon bei sehr geringen Beanspruchungen die Gummiringe durch den Tragflügel von den vorderen Knebeln geschoben werden.
Die in den **Skizzen 2 und 3** gezeigten Befestigungen haben gemeinsam den Nachteil, daß bei ihnen die Lage des Tragflügels auf dem Rumpf nicht fixiert ist und er sich genauso gut oder leichter seitlich verschoben oder verdreht als genau in der Mitte und rechtwinklig auf dem Rumpf befestigen läßt. Sie sollten daher mindestens die in den Skizzen gezeigten Markierungen auf Rumpf und Tragflügel anbringen, nach denen Sie vor jedem Start den Tragflügel ausrichten können. Gegen Vergeßlichkeit sind allerdings weder Anfänger noch Experten gefeit, und sicherer ist es auf jeden Fall, die in **Skizze 4** gezeigten Anschlagklötze aus gespaltenem oder abgeschliffenem Rundholz unmittelbar neben den Rumpfseiten unter Nasen- und Endleiste zu kleben.
Für alle Befestigungsarten mit Gummiringen gilt die Regel, daß es besser ist, viele mäßig als wenige straff gespannte Gummiringe zu verwenden. Mäßig gespannte Gummis können sich nämlich bei auftretenden Belastungen bis zum Reißen und der damit erfolgenden Freigabe des Tragflügels noch sehr weit dehnen. Sie vernichten damit also mehr Energie und geben den Tragflügel mit geringerer Geschwindigkeit frei, als zu straff gespannte Gummiringe, die schon bei geringer Verschiebung des Tragflügels reißen und diesen dabei schlagartig sehr hoch beanspruchen.

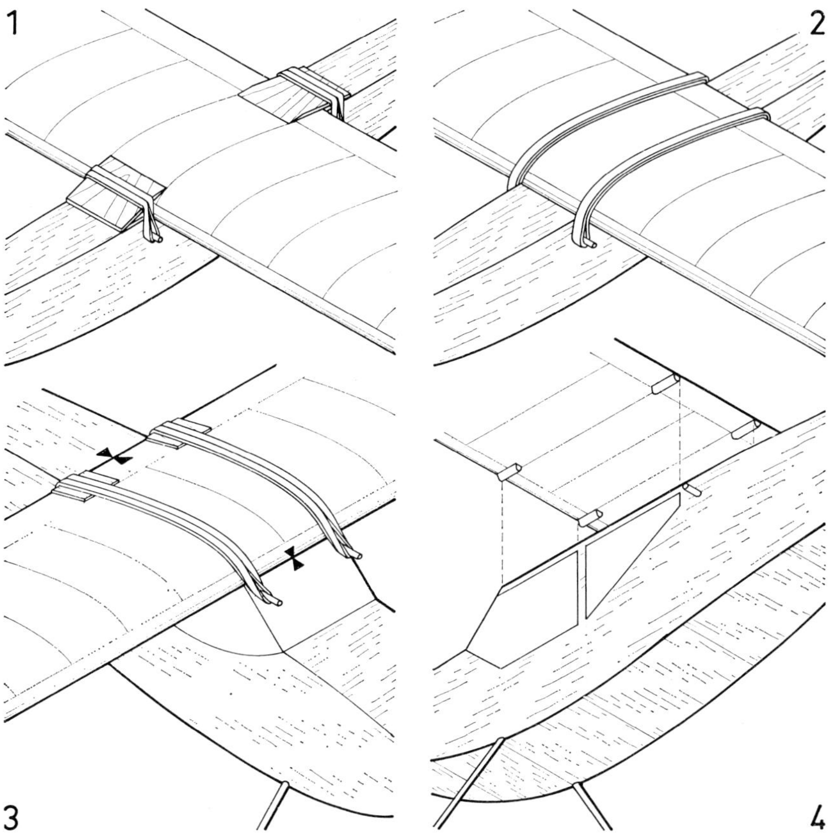

So einfach und zuverlässig die Gummiringbefestigungen auch sein mögen, erzeugen sie durch die im freien Luftstrom liegenden Knebelenden und Gummiringe doch zahlreiche Wirbel und damit schädlichen Widerstand, der die Flugleistungen beeinträchtigt. Da sie außerdem nicht gerade eine Augenweide sind, sollten Sie zumindest bei vorbildgetreuen und Hochleistungs-Modellen versuchen, ohne sie auszukommen.

Die gebräuchlichste Art, Tragflügel aerodynamisch einwandfrei und trotzdem bruchsicher zu befestigen, stellen die verschiedenen Tragflügelzungen dar, die allerdings die Verwendung in der Mitte geteilter Tragflügel voraussetzen.

STAHLDRAHTZUNGEN

Die wohl am schnellsten und einfachsten herzustellende Zungenart ist die Stahldrahtzunge **(Skizze 5)**, die sich auch im dünnsten Tragflügel noch unterbringen läßt.

Zur Führung der Zungen im Rumpf und den Tragflügelhälften dienen Messingröhrchen, die Sie mit Zweikomponentenkleber mit den Befestigungsrippen und dem Rumpf verkleben sollten.

Die Löcher in den Befestigungsrippen zur Aufnahme der Führungsröhrchen können Sie in einem Arbeitsgang bohren, nachdem Sie sämtliche Befestigungsrippen zusammengeheftet und fertig verputzt haben. Selbst wenn die Bohrungen nicht genau senkrecht durch den Rippenblock gehen, hat das auf die spätere Passung keinen Einfluß, sofern Sie die beim Bohren vorhandene Reihenfolge der Rippen auch beim Einbau einhalten.

Um ein verschieden weites Hineinreichen der Zungen in die Tragflügelhälften auszuschließen, können Sie die Enden der Führungsröhrchen zulöten, zukleben oder einfach mit einer Zange zusammendrücken.

Gerade Zungen können Sie zum Transport des Modells entfernen, V-förmige müssen Sie dagegen fest in den Rumpf einkleben, da schon eine geringe seitliche Verschiebung eine Einstellwinkeldifferenz zwischen den Tragflügelhälften hervorrufen kann.

Viele Modellflieger lehnen diese Zungen ab, weil sie auch bei höchsten Beanspruchungen lediglich durchfedern, aber die Tragflügel nie abspringen lassen. Da ich in 22 Jahren nicht einen einzigen dadurch hervorgerufenen Tragflügelbruch erlebte, dürfte diese Ablehnung jedoch mehr auf Vorurteilen als auf eigenen Erfahrungen beruhen.

STAHLBANDZUNGEN

Eine weitere Metallzungenart stellt die in **Skizze 6** dargestellte hochkantstehende Stahlbandzunge dar. Sie eignet sich auf Grund ihrer großen Biegesteifigkeit nach oben und unten vor allem für schwerere Motorflugmodelle und Fernlenkmodelle aller Art, während sie für Segelflugmodelle mit dünnen Profilen kaum in Frage kommt.

Diese Zungen sind zusammen mit genau dazu passenden Führungsröhrchen unter dem Namen „Wingfix" im Fachhandel erhältlich.

Die zusätzlich im hinteren Tragflügelteil angebrachte kurze Stahldrahtzunge hat keine Biegekräfte aufzunehmen und soll die Flügelhälften lediglich gegen Verdrehung sichern.

SPERRHOLZ- UND DURALZUNGEN

Sperrholzzungen wurden zuerst Mitte der dreißiger Jahre verwendet, als die Wettbewerbsbestimmungen „unsichtbare" Tragflügelbefestigungen verlangten. Wie **Skizze 7** zeigt, nehmen sie verhältnismäßig viel Platz in Anspruch.

Duralzungen sind im Prinzip gleich. Sie kamen in den ersten Nachkriegsjahren auf, als auf Grund neuester aerodynamischer Erkenntnisse dünnere Tragflügelprofile als zuvor eingeführt wurden, die für die dicken Sperrholzzungen keinen Platz mehr boten.

Sollen beide Zungenarten eine einwandfreie Lösung der Tragflügelhälften ermög-

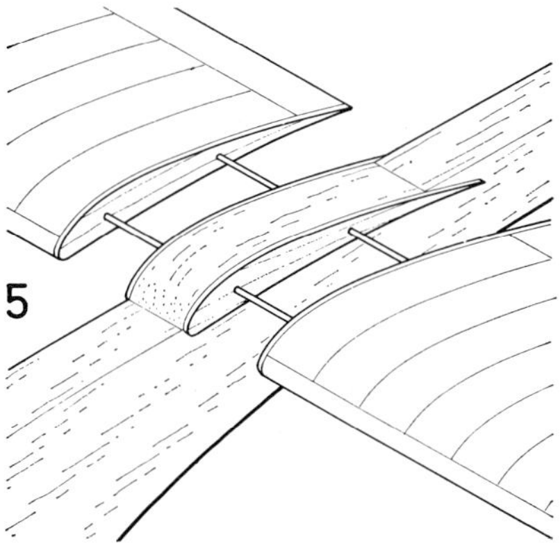

5

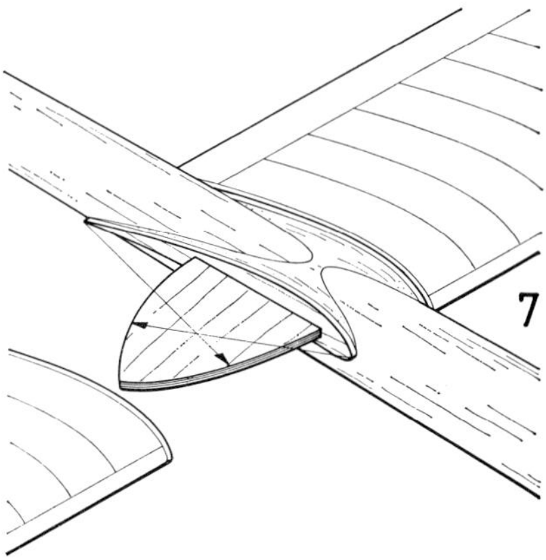

7

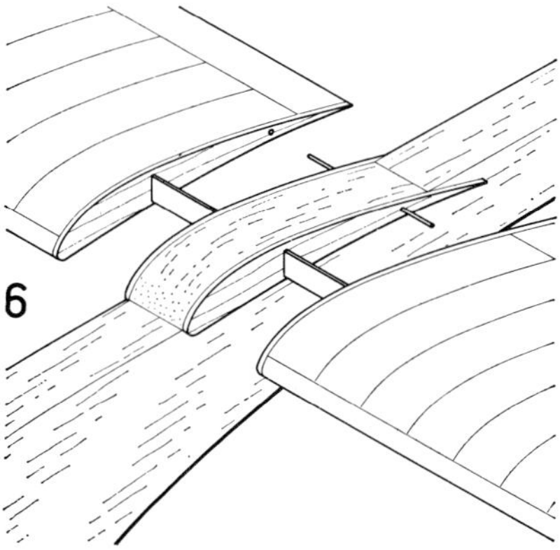

6

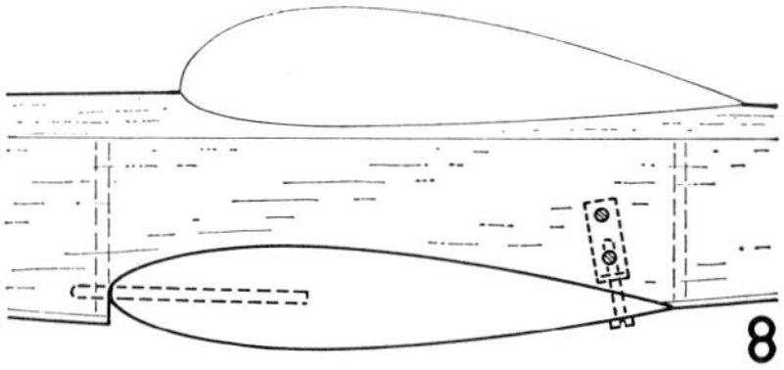

8

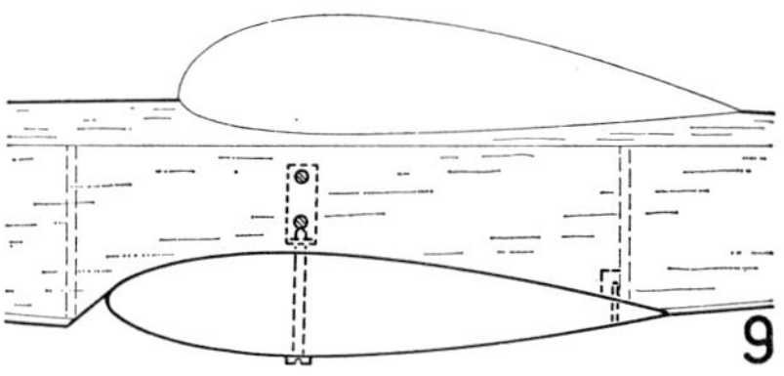

9

lichen, müssen ihre Vorder- und Hinterkanten die Form von Kreisbögen haben, deren Mittelpunkte am hintersten bzw. vordersten Punkt der Wurzelrippen liegen.

SCHNELLVERSCHLÜSSE UND VERSCHRAUBUNGEN

Die modernste Befestigungsart stellen Schnellverschlüsse (Camlocs) und Nylonschrauben dar, die eine weitgehend starre Verbindung zwischen Tragflügel und Rumpf herstellen und sich daher nur für Mehrkanal-Fernlenkmodelle erfahrener Piloten eignen. Bisher wurden sie fast ausschließlich in Verbindung mit einem oder zwei aus der Flügelnase in einen entsprechend vorgebohrten Spant reichenden Dübeln verwendet **(Skizze 8)**.

Da die Hauptkräfte jedoch am Tragflügelholm angreifen, halte ich den in **Skizze 9** gezeigten Einbau für richtiger, bei dem alle Kräfte über die Schnellverschlüsse bzw. Nylonschrauben am Holm geleitet werden. Anschlagklötze an der Endleiste (ähnlich Skizze 4) sichern lediglich einen stets gleichmäßigen Flügelsitz.

LEITWERKSBAU

Rohbau

Nach dem Tragflügel ist das Leitwerk das wichtigste Bauteil jedes Flugmodells, denn von ihm hängen Längs- und Richtungsstabilität und damit ein sehr wesentlicher Teil der Flugeigenschaften ab. Ausschlaggebend dafür sind jedoch nicht nur Form und Größe, die bei Bauplan- und Baukastenmodellen ohnehin gegeben sind, sondern auch die Bauausführung. Da das Leitwerk sehr weit vom Schwerpunkt entfernt ist, wirken sich sowohl Bauungenauigkeiten und Verzüge wie auch übermäßiges Gewicht äußerst ungünstig aus.

BRETTLEITWERKE

Die einfachste und für kleinere Modelle wohl auch beste Leitwerksform stellen die Brettleitwerke dar **(Skizze 1)**, und für Seitenleitwerke gibt es wohl kaum eine in jeder Hinsicht überlegene Lösung.

Falls Sie jedoch nicht gerade aus „quarter-grain" geschnittene Leitwerke erwischt haben, müssen Sie mit der Gefahr späterer Verzüge rechnen. Um diese von vornherein auszuschließen, wird oft empfohlen, in Flugrichtung gefaserte Versteifungsleisten einzukleben **(Skizze 1a)** und dabei völlig übersehen, daß dazu mindestens die Hälfte der Fasern im Leitwerk durchschnitten und dieses dadurch übermäßig geschwächt wird.

Viel besser ist es, wenn Sie das Leitwerk mit in Flugrichtung gefaserten Randstreifen abschließen **(Skizze 1b)** oder bei gerundeteren Leitwerksformen zwei sich überlappende Randstreifen verwenden **(Skizze 1c)**. Genügend Abfallholz dazu ist in den meisten Baukästen vorhanden.

Wird das Leitwerk mit darübergespannten Gummiringen befestigt, bieten in Vorder- und Hinterkante eingeleimte Rundholzstücke **(Skizze 1d)** den besten Schutz gegen den Zug der Gummiringe.

Sind die Leitwerksbrettchen zu schwer ausgefallen, gibt es zwei Möglichkeiten zur Verringerung ihres Gewichts. Einmal können Sie die Leitwerke dünner hobeln oder schleifen, ohne dadurch eine unzulässige Schwächung derselben befürchten zu müssen, denn da die Festigkeit direkt vom Gewicht abhängig ist, kann ein normal schweres Leitwerk nie zu schwach sein. Die zweite Möglichkeit erfordert mehr Arbeit, ermöglicht jedoch Gewichtseinsparungen von fast der Hälfte des ursprünglichen Gewichts. Sie bringen dazu Aussparungen im Leitwerk **(Skizze 2)** an und versteifen den verbliebenen Rahmen durch Diagonalen und Randstreifen.

RAHMENLEITWERKE

Sind bei größeren Modellen dickere Leitwerke nötig, würden massive Brettchen auch bei sorgfältigster Holzauswahl zu schwer. Man verwendet dann Rahmenleitwerke **(Skizzen 3 und 4)**, die erheblich weniger Holz enthalten und entsprechend leichter sind.

Da bei Leitwerken genau wie bei Tragflügeln die Beanspruchung in der Mitte

1

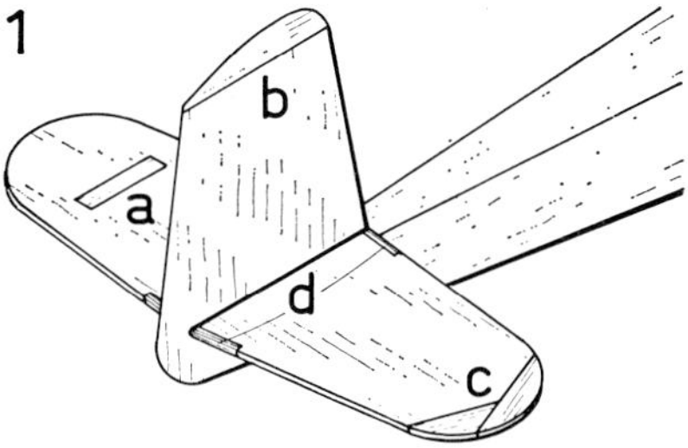

3a

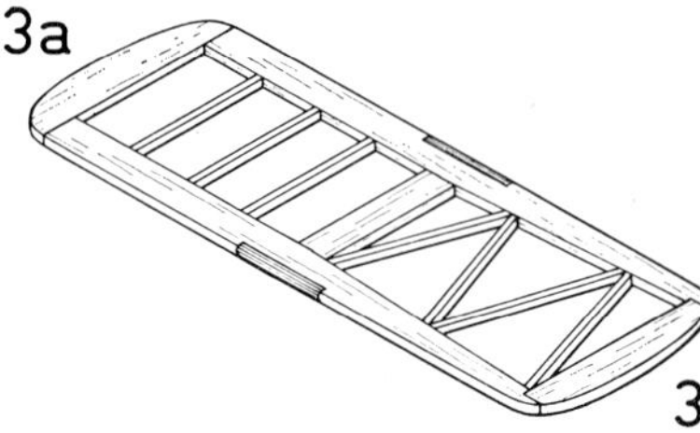

3b

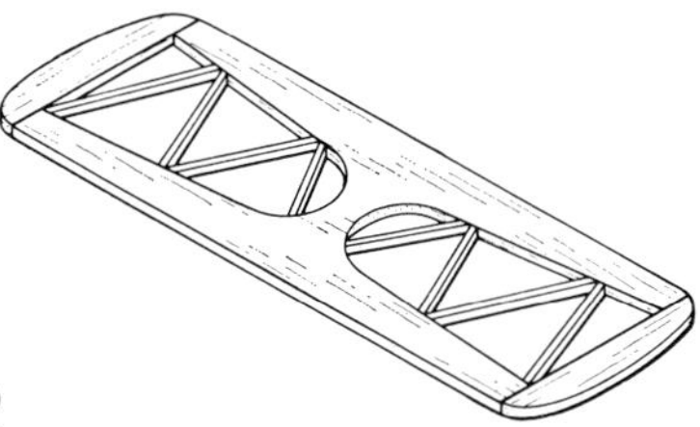

2

4a

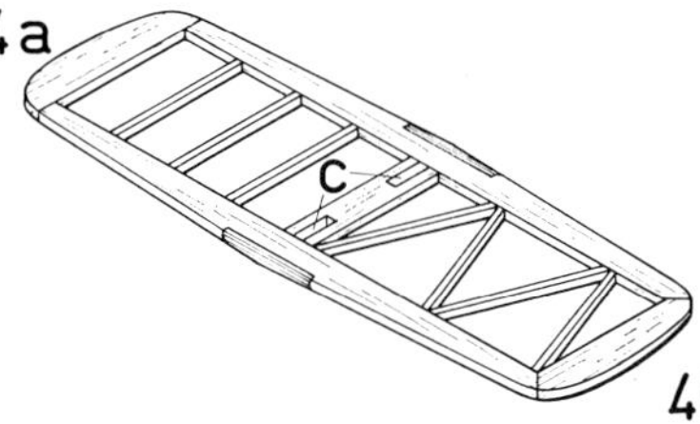

4b

am größten ist, sind Nasen- und Endleisten durchgehend gleicher Breite **(Skizze 3a)** außen viel zu fest und damit auch unnötig schwer. In solchen Fällen sollten Sie Nasen- und Endleisten nach außen zu bis auf die Hälfte der Breite verjüngen **(Skizze 3b)** und entsprechend etwas längere Rippen einpassen. Sie können die Verjüngung auch von außen vornehmen und erhalten dann ein leicht trapezförmiges Leitwerk **(Skizze 4)**, das in vielen Fällen besser als ein rechteckiges aussieht. Um den dabei entstandenen Verlust an Leitwerksfläche auszugleichen, müssen Sie gleichzeitig die Rippen um die Hälfte der gesamten Verjüngung verlängern.
Sind die Rippen in Flugrichtung angeordnet **(Skizzen 3a und 4a)**, ist das Leitwerk verhältnismäßig verzugsempfindlich. Sie können eine erheblich bessere Torsionssteifigkeit erhalten, indem Sie die Rippen diagonal anordnen **(Skizzen 3b und 4b)**.
Von außen gegen Nasen- und Endleiste geklebte Randbogen **(Skizzen 3a und 4a)** sind recht bruchempfindlich und in den Ecken bilden sich leicht Falten in der Bespannung, wenn diese die Leisten etwas nach innen zieht. Beide Mängel werden vermieden, wenn Sie die Randbogen zwischen die Leisten leimen und diese dazu etwas ausklinken **(Skizze 3b)**. Die beste Lösung dürften auf Gehrung eingesetzte Randbogen sein **(Skizze 4b)**.
Soll das Seitenleitwerk auf das Höhenleitwerk aufgeklebt werden, erhalten Sie eine besonders feste Verbindung, wenn Sie die breite Mittelrippe mit Schlitzen **(Skizze 4c)** und die Unterkante des Seitenleitwerks mit entsprechenden Zapfen versehen.
Bei mit Gummiringen befestigten Leitwerken sollten Sie Vorder- und Hinterkanten in der Mitte wieder durch Rundholzstücke verstärken.

Einen Kompromiß zwischen Brett- und Rahmenleitwerk stellt das beplankte Rahmenleitwerk dar, bei dem ein innerer Rahmen von mindestens der halben Leitwerksdicke oben und unten mit in Richtung der Spannweite gefaserten Brettchen beplankt wird **(Skizze 5)**. Wenn Sie für alle Teile ausgesucht leichtes Holz verwenden, erhalten Sie ein sehr festes und steifes Leitwerk von überraschend geringem Gewicht.

Zur Vermeidung schädlicher Wirbel und dadurch verringerter Längsstabilität sollten auch bei Brett- und Rahmenleitwerken Vorder- und Hinterkanten eine aerodynamisch möglichst einwandfreie Form erhalten. Bei Leitwerken bis zu 3 mm Dicke reicht dazu eine halbkreisförmige Abrundung aus **(Skizze 6)**, bei dickeren Leitwerken läßt sich der Widerstand durch eine schlanke halbelliptische Gestaltung der Vorderkante und einen nicht zu kurzen keilförmigen Auslauf der Hinterkante verringern **(Skizze 7)**, da auf diese Weise der Leitwerksquerschnitt der besonders widerstandsarmen vollsymmetrischen Profilform angenähert wird.

PROFILIERTE UND SCHALENLEITWERKE

Diese beiden Leitwerksarten unterscheiden sich in ihrem Aufbau lediglich durch die Verwendung dünnerer Teile aus leichterem Holz von den Tragflügeln der gleichen Bauweisen.

Bespannte profilierte Leitwerke müssen auf jeden Fall in der Mitte beidseitig beplankt werden, da sonst keine sichere Befestigung auf dem Rumpf möglich ist. Diese Beplankungen sollten möglichst auf die um die Beplankungsstärke dünner gehaltenen Mittelrippen aufgeklebt werden. Nur wenn die Dicke des Leitwerks dazu zu gering ist, sind zwischen die Rippen eingesetzte Beplankungsstücke vertretbar, da deren Verklebung sich nicht kontrollieren läßt.

Mit Rücksicht auf die Erhaltung der Profilform ist bei beiden Leitwerksarten eine Verstärkung der Vorderkante durch Rundhölzer nicht immer und eine der Hinterkante wohl nie möglich. Einen sehr guten Schutz gegen den Zug der Befestigungsgummis erhalten Sie statt dessen durch in Nasen- und Endleisten eingelassene und durch übergeklebte Stoff- oder Bespannpapierstreifen gesicherte Stahldrahtstücke von etwa 1 mm Stärke.

FERNLENKMODELL-LEITWERKE

Ihr Aufbau entspricht im Prinzip dem von Freiflugmodellen. Bei den meisten Konstruktionen ist das Höhenruder in der Mitte unterbrochen **(Skizze 8)**. Die Verbindung der Ruderhälften mit einem Stahldrahtbügel **(Skizze 9a)** mit darübergeklebten Stoffstreifen ist wenig starr, sehr vibrationsempfindlich und lockert sich recht häufig. Wenn schon Stahldraht verwendet werden soll, ist es besser, diesen so zu biegen, wie in **Skizze 9b** gestrichelt gezeigt ist und die nach hinten abgewinkelten Enden in die Ruder einzulassen. Diese Verbindung ist um so starrer, je kürzer der in den Rudervorderkanten liegende Teil ist.

Für die beste und einfachste zur Zeit bekannte Verbindung halte ich jedoch ein Stück Rundstab oder eine Hartholzleiste passender Dicke **(Skizze 10)**, da sie wesentlich torsionssteifer ist und Verklebungen von Holzteilen untereinander viel zuverlässiger als solche von Stahldraht auf Holz sind.

Bei allen diesen Verbindungen ist eine ausreichend große Aussparung in der Vor-

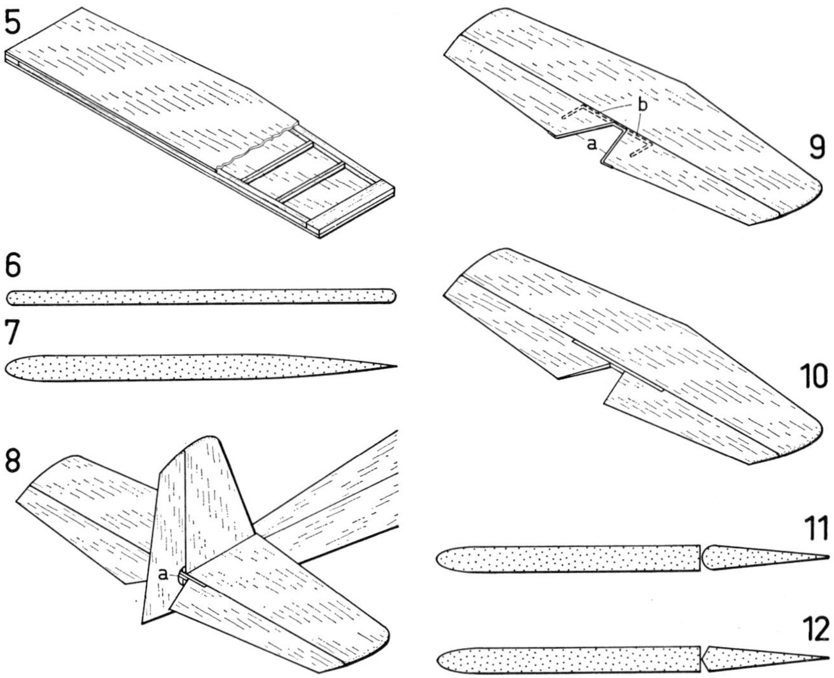

derkante des Seitenruders vorzusehen **(Skizze 8a)**, die nach dem Platzbedarf der Verbindung bei voll ausgeschlagenem Höhen- **und** Seitenruder zu bemessen ist. Damit sich die Ruder frei bewegen können, sind sie je nach der Art des verwendeten Scharniers an ihrer Vorderkante abzurunden **(Skizze 11)** oder stumpf keilförmig zuzuschleifen **(Skizze 12)**. In beiden Fällen sollten zur Vermeidung unnötiger Wirbel die dadurch entstehenden Spalte zwischen Flosse und Ruder nicht breiter als unbedingt nötig sein. Die oft zu sehende Abrundung von Flossenhinterkanten ist allein schon aus diesem Grund abzulehnen. Außerdem ist sie völlig sinnlos, da sie die Gängigkeit der Ruder in keiner Weise beeinflußt.

ALLGEMEINE EMPFEHLUNGEN

Bei allen bespannten Leitwerken können Sie die Verzugsgefahr durch sparsame Verwendung von Hartkleber und Spannlack und die Wahl eines dünnen Bespannmaterials verringern.

Der Sitz mit Gummiringen befestigter Leitwerke ist **immer** durch Anschlagklötze zu sichern, da nur so stets gleichmäßige Flüge gewährleistet sind. Das gilt ganz besonders, wenn das Seitenleitwerk fest mit dem Höhenleitwerk verbunden ist.

Ruderscharniere

Soll Ihr Fernlenkmodell sauber und genau fliegen, müssen Sie dafür sorgen, daß alle Verbindungen von der Rudermaschine bis zum Ruderscharnier möglichst **leichtgängig und spielfrei** sind, damit die Ruder eine präzise Neutralstellung erhalten und nicht herumwackeln können. Die Erfüllung dieser beiden Forderungen ist nur durch äußerste Genauigkeit bei der Herstellung aller Verbindungsteile zu erreichen.

STOFFSCHARNIERE

Diese von den Fesselfliegern übernommene Scharnierart **(Skizze 1)** ist mit einem entscheidenden Nachteil behaftet. Werden Flosse und Ruder vor dem Lackieren miteinander verbunden, werden die Scharniere beim Lackieren leicht vom Lack verklebt. Bringt man sie dagegen erst nach dem Lackieren an, sehen sie ausgesprochen häßlich aus.

Die Herstellung sollte in jedem Fall so erfolgen, daß zunächst alle Stoffstreifen bzw. Bänder auf Flossenober- und Unterseite und bis zur Hälfte auch auf die Flossenhinterkante geklebt werden **(Skizze 1a)**. Dann wird das vorn stumpf keilförmig geschliffene Ruder in genauer Neutralstellung fest gegen die Flosse gepreßt und die freien Bandenden werden straff auf die entsprechende Hälfte der Vorderkante und die Ruderoberfläche geklebt **(Skizze 1b)**. Nur bei dieser Arbeitsweise werden Sie absolut spielfreie Scharniere erhalten.

GENÄHTE SCHARNIERE

Schnell, einfach, billig, leichtgängig und spielfrei können Sie Flossen und Ruder mit **gewirkter** Perlon-Angelschnur vernähen **(Skizze 2)** und die freiliegenden Schnurstücke verkleben oder mit Lack sichern, nachdem beide Teile bereits fertig lackiert sind.

Um die Scharniere absolut gleichmäßig ausführen zu können, habe ich mir die in **Skizze 2a** in natürlicher Größe gezeichnete Blechschablone hergestellt, mit deren Hilfe ich alle benötigten Löcher mit einer dicken Stopfnadel vorsteche.

FOLIENSCHARNIERE

Eine allen Ansprüchen genügende und dazu fast unsichtbare Verbindung stellen Scharniere aus Nylon- oder ähnlicher Kunststoff-Folie dar **(Skizze 3)**. Zu ihrer Anbringung werden Flossen und Ruder genau in der Mitte mit dem Balsamesser geschlitzt und die Scharniere bis zur Hälfte in die Flosse geschoben. Da Klebstoff auf ihnen nicht hält, werden sie durch kleine Holzschrauben, abgekniffene Stecknadeln, oder, nach Vorbohren, mit dünnen Rundholzstäbchen gesichert. Anschließend werden die Ruder aufgeschoben und in gleicher Weise gesichert. Dann werden Stecknadel- und Drahtstiftstücke durch je einen Tropfen Hartkleber vorm Herausrutschen geschützt.

DRAHTSCHARNIERE

Leichtgängig und bei richtiger Auswahl von Rohr und Draht spielfrei sind die in **Skizze 4** gezeigten Drahtscharniere. Sie eignen sich jedoch nur für die Anbrin-

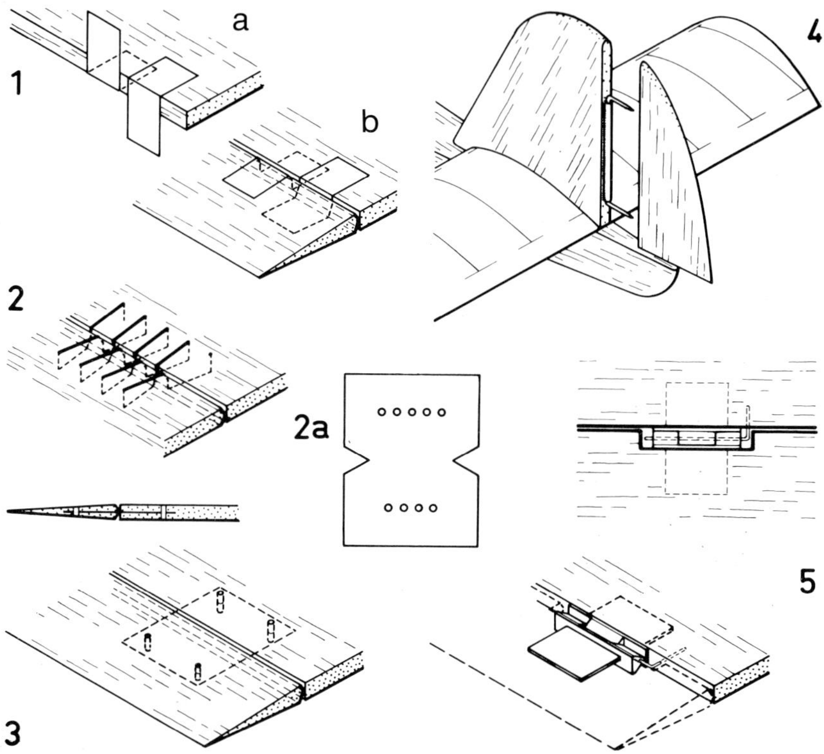

gung von Seitenrudern, und die Klebungen von Metall auf Holz sind wegen der kleinen Klebflächen so problematisch, daß ich diese Scharniere nur bei Segelflugmodellen und Motorflugmodellen mit maximal 2.5-ccm-Motoren verwenden würde.

KUNSTSTOFFSCHARNIERE

Von den zahlreichen Scharnieren dieser Art ist in **Skizze 5** die leichtgängigste und als einzige sicher mit Alleskleber klebbare (aber leider auch teuerste) Art gezeigt.

Zu ihrer Anbringung werden wieder Flossen und Ruder geschlitzt, die Schlitze mit Sandpapier etwas erweitert und die Klebfahnen der Scharniere aufgerauht. Dann werden die Scharniere zusammengebaut und die eine auf beiden Seiten mit Alleskleber bestrichene Fahne zusammen mit dem auf einer Seite abgewinkelten Scharnierdraht in den Schlitz der Flosse gedrückt. Sind alle Scharniere an den Flossen befestigt, werden die gemäß der Draufsicht an ihren Vorderkanten ausgesparten Ruder auf die hinteren Fahnen geklebt.

Ruderhörner und Verbindungselemente

RUDERHÖRNER

Heutzutage werden fast ausschließlich Ruderhörner aus Nylon verwendet, die in zahlreichen Ausführungen erhältlich sind. Sie werden mit den Rudern verschraubt, wobei als Widerlager auf der anderen Seite entweder Unterlegscheiben oder eine Nylon-Gegenplatte verwendet werden. Um auch bei weichen Rudern einen sicheren Sitz zu erhalten, verwende ich nur Ruderhörner, deren Auflagefläche in Flugrichtung mindestens halb so groß wie ihre Höhe ist und zu deren Anbringung die Ruder nicht geschlitzt werden müssen **(Skizzen 1 und 2)**. Achten Sie beim Einkauf darauf, daß die Befestigungsschrauben für das betreffende Ruder lang genug sind.

Selbst angefertigte Ruderhörner aus Alublech **(Skizze 3)** sind mindestens genau so gut und billiger. Fliegen Sie eine knackimpulsempfindliche Proportionalanlage, verwenden Sie sie nur in Verbindung mit Ruderanschlüssen mit Nylonkopf **(Skizze 4).**

Sollen Ruder nach beiden Seiten gleich weit ausschlagen, wie das bei Seitenrudern immer der Fall ist, muß die Verbindung zwischen Stoßstange und Ruderhorn genau in Höhe des Ruderscharniers liegen **(Skizze 5)**. Ist das mit dem zur Verfügung stehenden Ruderhorn nicht ohne weiteres möglich, bringen Sie es durch einen zwischen Auflagefläche und Ruder geschobenen Keil **(Skizze 6)** in die erforderliche Stellung.

Soll dagegen ein Ruder nach einer Seite mehr als nach der anderen ausschlagen, wie das bei Höhenrudern häufig der Fall ist, so merken Sie sich, daß ein hinter der Drehachse liegendes Ruderhorn immer einen größeren Ausschlag nach der ihm gegenüberliegenden Seite bewirkt.

STOSS-STANGEN

Zur Verbindung zwischen Rudermaschinen und Ruderhörnern werden vorwiegend Stoßstangen verwendet. Diese sollen bei möglichst geringem Gewicht so steif sein, daß sie sich weder durch den Ruderdruck noch durch im Kunstflug auftretende Zentrifugalkräfte durchbiegen lassen, da jede Biegung eine Verkürzung und damit einen ungewollten Ruderausschlag bewirkt. In dieser Hinsicht besonders gefährdet sind Stoßstangen, die zur Ausführung aus dem Rumpf gekröpft sind **(Skizze 7)**.

Bei Längen bis zu etwa 40 cm verwende ich der Einfachheit halber Stoßstangen aus 1.5 mm Stahldraht, die ich stets ungekröpft verwende und mit denen ich noch nie Ärger gehabt habe. Am Rudermaschinenende winkle ich sie rechtwinklig ab und wickle mit Bindedraht eine Sicherungsfeder aus 0.8 mm Stahldraht an. Am Ruderhornende ist dagegen ein verstellbarer Ruderanschluß (Gabelanschluß) empfehlenswert, um die Ruderstellung jederzeit verändern zu können. Dazu nehme ich ausschließlich Fabrikate, deren Draht so lang ist, daß ich die Verbindung mit der Stoßstange in den Rumpf verlegen kann. Die Bindedrahtwicklung habe ich früher verlötet, heute verklebe ich sie mit Zweikomponentenkleber **(Skizze 8)**.

Bei längeren Stoßstangen sollten Sie unbedingt eine steifere Ausführung verwenden. Am besten haben sich Stoßstangen aus Hartbalsa bewährt, die bei großen Kunstflugmodellen einen Querschnitt von 10 x 10 mm haben. Am Rudermaschinen-

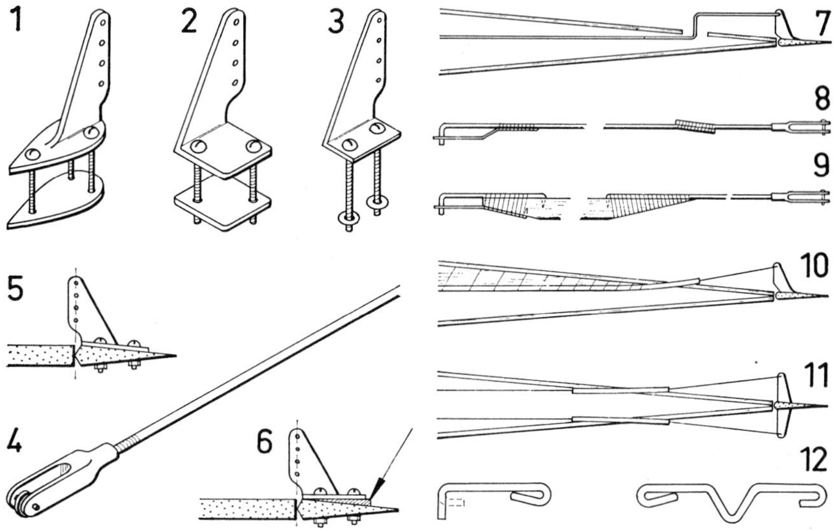

ende dieser Stoßstangen empfiehlt sich die Verwendung eines selbstgefertigten Hakens mit Sicherungsfeder, den ich nach **Skizze 9** ausführe, um mit einer Wicklung auszukommen. Am Ruderhornende befestige ich wie zuvor einen gekauften Gabelanschluß. Beachten Sie, daß an beiden Enden der Stoßstange die Drähte mit ihren abgewinkelten Enden ins Holz gedrückt sind und führen Sie die Wicklungen mit Stopftwist aus, den Sie mit Hartkleber verkleben, da Bindedraht zu tief ins Holz einschneiden würde.

BOWDENZÜGE

Ist das Rumpfende zur Unterbringung von Stoßstangen zu eng, verwenden Sie an ihrer Stelle Bowdenzüge. Um ein Ausknicken des Führungsrohrs zu verhindern, wickeln Sie es an einen passenden Balsakeil **(Skizze 10)** und kleben es damit bereits während des Rumpfbaus an die Rumpfwand.
Auch wenn Sie Bowdenzüge zur Betätigung von Motordrossel oder lenkbarem Bugfahrwerk verwenden, sollten Sie sich nicht auf die Lagerung im Kopf- und erstem Rumpfspant verlassen, sondern die Führungsrohre entweder direkt oder mit Hilfe von Füllklötzen fest mit einer Rumpfwand verkleben.

SEILZÜGE

Eine von mir bei Segelflugmodellen gern verwendete Übertragungsart ist der Seilzug **(Skizze 11)**. Ich verwende dazu **gewirkte** Perlon-Angelschnur von 5 kg Tragkraft, die ich bis zum Reißen vorrecke. Durch die Rumpfwände führe ich sie in an den Enden leicht aufgebördelten Aluröhrchen, und an den Enden bringe ich die in **Skizze 12** in natürlicher Größe gezeigten Haken aus 1 mm Messingdraht an. Die U-förmige Biegung ermöglicht eine mehr als ausreichende Veränderung der Ruderstellung.

Kurvensteuerungen

Automatische Kurvensteuerungen werden vorwiegend an Freiflug-Segelmodellen verwendet und nur von diesen soll hier die Rede sein. Sie haben einmal die Aufgabe, das Seitenruder während des Hochstarts in Neutralstellung zu halten und dadurch einen geraden Start unter voller Ausnutzung der Schnurlänge bis über den Kopf des Piloten zu ermöglichen; zweitens sollen sie sofort nach dem Abfallen der Hochstartschnur das Seitenruder auf den gewünschten Ausschlag stellen, um ein gleichmäßiges Kreisen des Modells und damit die bestmögliche Ausnutzung vorhandener Aufwinde zu sichern. Außerdem erspart Ihnen ein gleichmäßig kreisendes Modell im Laufe eines Flugtages einige Kilometer Lauferei, wie nachstehende Rechnungen zeigen, die von folgenden Durchschnittswerten ausgehen:

Fluggeschwindigkeit = 7.5 Meter pro Sekunde
Windgeschwindigkeit = 2.5 Meter pro Sekunde
Flugdauer = 100 Sekunden

1. **Geradeausflug gegen den Wind:**	Flugstrecke = (7.5 – 2.5) × 100 =	500 m
2. **Geradeausflug bei Windstille:**	Flugstrecke = 7.5 × 100 =	750 m
3. **Geradeausflug mit Rückenwind:**	Flugstrecke = (7.5 + 2.5) × 100 =	1000 m
4. **Kreisflug bei Wind:**	Flugstrecke = 2.5 × 100 =	250 m
5. **Kreisflug bei Windstille:**	Flugstrecke = 0 × 100 =	0 m

Wenn Sie dabei noch berücksichtigen, daß Sie zum Zurückholen des Modells jede der errechneten Strecken doppelt laufen müssen, werden Sie verstehen, warum ich im Kapitel „Modellauswahl" von Modellen ohne Kurvensteuerung abriet.
Sollten Sie daraus schließen, ich sei zu faul zum Laufen, so irren Sie sich. Ich liebe nämlich lange Spaziergänge, allerdings mit meiner Frau und nicht mit meinen Modellen – die baue ich in erster Linie zum Fliegen.

BAUAUSFÜHRUNG

Wie bei vielen anderen Modellflugproblemen gehen die Ansichten der Experten über die beste Konstruktion weit auseinander und ich will daher nur zwei Ausführungen beschreiben, bei denen mit geringstem Aufwand eine einwandfreie und zuverlässige Funktion erreicht wird und die sich bei jedem Modell auch noch nachträglich anbringen lassen.
Bei beiden Methoden wird das Seitenruder im Flug durch einen zwischen Ruderhorn und einem festen Punkt an Rumpf oder Seitenflosse gespannten Gummifaden ausgeschlagen. Auf der anderen Seite des Ruders ist an einem weiteren Horn eine nicht dehnbare Schnur befestigt, die während des Hochstarts das Ruder gegen den Zug des Gummifadens in Neutralstellung hält. Bei der in **Skizze 1** gezeigten Methode wird dieser Faden mit dem an seinem Ende angebundenen Drahtring **a** über den fest am Rumpf angebrachten Stift **b** gehängt und hält dort den vor ihm aufgeschobenen Ring **c** fest, der durch eine kurze Schnur mit dem eigentlichen Hochstartring verbunden ist. Fällt nun die Hochstartschnur vom Modell ab, zieht

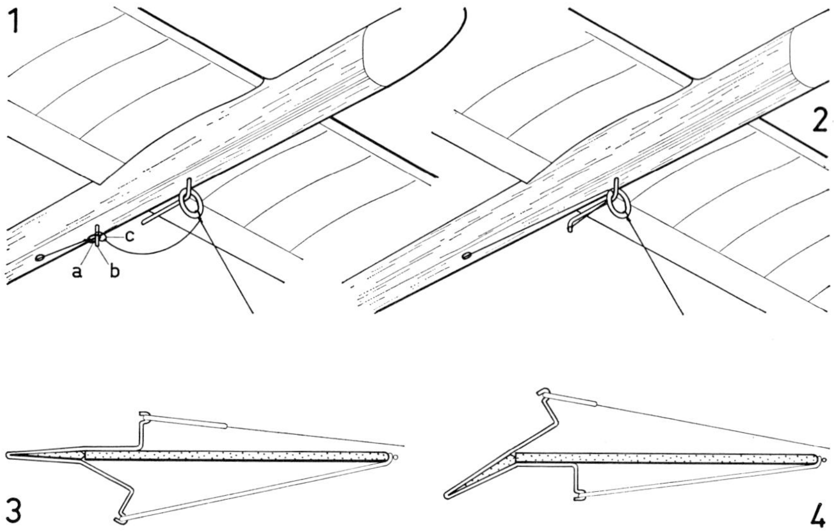

Ring **c** den Ring **a** vom Stift **b** ab und der Gummifaden zieht das Seitenruder in Kurvenstellung.

Die Methode nach **Skizze 2** ist noch einfacher, denn bei ihr ist die das Ruder in Neutralstellung ziehende Schnur fest mit dem hinteren unteren Ende des Hochstarthakens verbunden und wird erst bei Beginn des Hochstarts durch den Zug der Hochstartschnur völlig gestrafft. Sobald dieser Zug beim Abfallen des Hochstartrings wegfällt, tritt wieder der Gummifaden am Seitenruder in Aktion und das Modell beginnt zu kreisen.

Von den vielen möglichen Ausführungen der eigentlichen Ruderbetätigung halte ich die in den **Skizzen 3 und 4** in Draufsicht gezeigte Lösung als einzige für ideal, da sie bei geringstem Aufwand wenig Widerstand erzeugt und jede für die Einstellung des Hochstarts oder Kreisflugs erforderliche Korrektur der Ruderstellung ohne Werkzeug in wenigen Sekunden durch Verbiegen des Messingdrahtes unmittelbar neben der Rudervorderkante ermöglicht.

Wichtig für eine einwandfreie Funktion ist die genaue Länge der die Neutralstellung bewirkenden Schnur, die Bemessung des Gummizugs, der, wie bei allen anderen Ausführungen, nicht stärker als nötig sein sollte und die Zwirnbindung, die den V-förmigen Teil des Messingdrahtes auch nach einer eventuellen Lösung der Verklebung fest an beiden Seiten des Ruders hält.

Mit der Neutralstellung nach Skizze 2 und dieser Ruderbetätigung habe ich die denkbar besten Erfahrungen gemacht und nie einen Reinfall erlebt. Unter anderem haben Sie mir geholfen, drei erste Plätze auf deutschen Meisterschaften und einen zweiten Platz auf einer Weltmeisterschaft zu gewinnen.

Thermikbremsen

Als Mitte der dreißiger Jahre zum erstenmal eins meiner Segelflugmodelle Thermikanschluß bekam, allmählich immer höher stieg und schließlich im blauen Sommerhimmel auf Nimmerwiedersehen verschwand, war ich einer der glücklichsten Menschen der Welt und außerordentlich stolz auf diesen langen Flug. Thermikflüge waren damals nämlich reiner Zufall und außerordentlich selten.
Mit fortschreitender Entwicklung wurden die Modelle jedoch rasch besser und wir lernten auch bald, wann und wo wir Thermik finden konnten. Damit nahm zwangsläufig die Zahl der Thermikflüge und der entflogenen Modelle so stark zu, daß bessere Modellflieger mit dem Bauen kaum noch nachkamen. Sie sahen sich plötzlich vor die Aufgabe gestellt, den Flug ihrer Modelle zu einem vorher bestimmten Zeitpunkt zu beenden.
Nach zahllosen Experimenten mit zum Teil recht abenteuerlichen Vorrichtungen setzte sich schließlich Anfang der fünfziger Jahre mit dem Klappleitwerk eine Lösung durch, mit der man alle Modellarten zuverlässig und vor allem unbeschädigt wieder auf die Erde zurückbekam.

DIE GLIMMSCHNUR

Bei allen diesen Versuchen wurde als erstes Problem die Auslösung zum vorherbestimmten Zeitpunkt durch die Verwendung von Glimmschnüren gelöst, die die Gummiringe durchschmorten, mit denen die Bremsvorrichtungen während des Fluges in ihrer Ruhelage festgehalten wurden. Sie sind auch heute noch der zuverlässigste, leichteste und billigste Auslöser aller Thermikbremsen und in allen Modellbaugeschäften fertig erhältlich.
Das Anzünden der Glimmschnur unmittelbar vor dem Start kann bei stärkerem Wind problematisch werden, wenn es bei Wettbewerben auf jede Sekunde ankommt, um den günstigsten Startzeitpunkt abzupassen. Streichhölzer werden zu leicht ausgeblasen und deshalb von Experten kaum benutzt. Sie schwören entweder auf Sturmfeuerzeuge, auf in die Enden der Glimmschnüre geleimte Streichholzköpfe oder auf Zigaretten (jeder Start ist dann eine gute Entschuldigung dafür, sich mal wieder eine ins Gesicht zu stecken). Motormodellflieger gehen den Schwierigkeiten des Anzündens im Luftschraubenstrahl meist dadurch aus dem Weg, daß sie die länger als für den Flug nötig bemessene Glimmschnur schon vor dem Anlassen des Motors anzünden. Unmittelbar vor dem Start ziehen sie dann das glimmende Ende bis auf die richtige Entfernung an den Gummiring heran.
Diese Gummiringe sollten immer recht klein sein, damit sie mit möglichst wenigen Windungen straff zwischen die dafür vorgesehenen Haken gespannt werden können. Klemmt man dann die Glimmschnur nur unter den äußersten Gummifaden, so wird er selbst unter ungünstigen Bedingungen sicher durchschmoren und abfallen.

THERMIKZEITSCHALTER

Obwohl sich schon zu Beginn der Thermikbremsen-Entwicklung die Glimmschnur durchzusetzen begann, gab es immer wieder Modellflieger, die mit Zeitschaltern

experimentierten. Ihre Hauptprobleme waren Größe, Gewicht und Zuverlässigkeit der Uhrwerke und sie wurden erst endgültig gelöst, als vor rund 15 Jahren aus Japan die ersten speziell für den Modellflug entwickelten und industriell hergestellten Zeitschalter importiert wurden, die unter den verschiedensten Namen erhältlich, im Prinzip aber alle gleich sind. Sie passen mit ihrer Größe von 15 x 30 x 40 mm in die meisten Modelle und ihr Gewicht von rund 15 g läßt sich zumindest bei Segelflugmodellen beinahe vollständig am Trimmblei einsparen, wenn man sie nahe der Rumpfspitze einbaut.
Da den meisten dieser Zeitschalter eine genaue Gebrauchsanweisung beiliegt, brauche ich hier nicht näher auf sie einzugehen.

WIE WIRD GEBREMST?
Daß ein hinten angehobenes Höhenleitwerk als Höhenruder wirkt und bei einem zu stark angestellten Tragflügel oder Höhenleitwerk die Strömung abreißt, ist Ihnen sicherlich bekannt. Beide Erscheinungen treten auch auf, wenn beim Auslösen der Thermikbremse das Höhenleitwerk hinten hochklappt. Einen Augenblick lang wirkt es nämlich als Höhenruder, wodurch sich das Modell kurz aufbäumt. Anschließend reißt beim Tragflügel wegen zu großer positiver und beim um etwa 45 Grad ausgeschlagenen Höhenleitwerk wegen zu großer negativer Anstellung die Strömung ab.
Gleichzeitig verliert das Modell durch das starke Überziehen seine Vorwärtsgeschwindigkeit und geht in eine annähernd senkrechte Fallbewegung über. Dabei wird es durch den Widerstand des nun genau von unten angeblasenen Tragflügels und Höhenleitwerks zunächst in seine normale horizontale Lage gedreht und während des weiteren „Falls" so stark abgebremst, daß die Sinkgeschwindigkeit etwa zwischen 3 und 5 m/sec. liegt. Sie reicht aus, um das Modell aus den meisten Aufwindgebieten „herausfallen" zu lassen und ist andererseits gering genug, um beim Aufsetzen auf den Boden Beschädigungen auszuschließen.
Je nach den Erfordernissen der Wetterlage kann die Sinkgeschwindigkeit durch Verändern des Höhenleitwerkausschlags reguliert werden. Vergrößert man den Ausschlag, nimmt der Widerstand des Höhenleitwerks ab und die Sinkgeschwindigkeit zu, das Rumpfende hängt dabei leicht nach unten. Im Extremfall kann das Modell in eine flache Trudelbewegung übergehen, die meist durch Wackeln des ausgeschlagenen Höhenleitwerks ausgelöst wird.
Die gleiche Erscheinung kann übrigens auch bei ausgesprochenen Hochleistungsseglern auftreten, deren Höhenleitwerk eine bestimmte Größe, die bei etwa 15 Prozent des Tragflügelinhalts liegt, unterschreitet. Dieses Trudeln läßt sich nicht beseitigen und das damit verbundene Bruchrisiko ist der Preis für die (hoffentlich) durch die Leitwerksverkleinerung erzielte Leistungssteigerung.
Im umgekehrten Fall nimmt die Sinkgeschwindigkeit durch erhöhten Leitwerkswiderstand ab, wenn man dessen Ausschlag verringert. Dabei wird gleichzeitig aus der senkrechten eine leicht nach vorn gerichtete Fallbewegung. Wird der Ausschlag schließlich zu klein und die Fallrichtung dadurch immer mehr nach vorn abgelenkt, kann die Strömung am Tragflügel plötzlich wieder zum Anliegen kommen. Durch die trotzdem noch immer viel zu große Einstellwinkeldifferenz wird das Modell dann pausenlos Loopings fliegen und in diesem durchaus stabilen

Flugzustand lustig weitersteigen und davonfliegen. Es kann jedoch auch in extrem starkes Pumpen übergehen, und die Wahrscheinlichkeit ist sehr gering, daß es gerade im tiefsten Punkt einer solchen Pumpbewegung in Normalfluglage unbeschädigt den Boden berührt; meist wird es aus diesem Zustand steil in den Boden stürzen.
Beginnen Sie deshalb bei einem neuen Modell stets mit dem in jedem Fall sicheren Ausschlag von 45 Grad und weichen Sie auch bei späteren Experimenten nicht mehr als 15 Grad von diesem Wert ab. So vermeiden Sie Bruch oder gar den Verlust Ihres Modells.

AUSSCHLAGBEGRENZUNG

Je nach Konstruktion der Höhenleitwerksbefestigung gibt es verschiedene Möglichkeiten, den Ausschlag des Höhenleitwerks zu begrenzen und zu verstellen. Die **Skizze 1** zeigt eine besonders einfache Lösung, die sich vor allem für kleinere Anfängermodelle eignet. Das Höhenleitwerk ist hier auf einem in der Draufsicht V-förmigen Stahldraht befestigt, der vorn an beiden Enden und hinten in der Mitte zu Haken geformt ist. Zwischen den beiden vorderen Haken wird der Befestigungsgummi unter dem Rumpf hindurchgespannt. Er muß bei ausgeschlagenem Höhenleitwerk so straff sein, daß er das Leitwerk fest und sicher auf dem Rumpf hält. Der hintere Gummiring hält das Leitwerk in der Fluglage fest – wird er durchgeschmort, zieht sich der vordere Gummi zusammen und klappt dadurch das Leitwerk nach oben. Eine Änderung des Ausschlags ist durch einfaches Verbiegen der vorderen Haken in der gewünschten Richtung zu erreichen.
Die **Skizze 2** stellt eine Ausführung dar, deren man sich besonders gern für Hochleistungsmodelle bedient, weil das Gewicht der zusätzlichen Teile äußerst gering ist. Der vordere Gummi ist wieder unter dem Rumpf hindurch gespannt und hängt in einem auf der etwas stärkeren Mittelrippe angebrachten Drahthaken. Selbstverständlich können auf dem Leitwerk vorn auch zwei Haken verwendet werden, wenn der Abstand der beiden innersten Rippen etwa der Rumpfbreite entspricht. Die Größe des Ausschlags wird bei dieser Ausführung durch einen zwischen den beiden hinteren Haken befestigten dünnen Draht bestimmt. Am besten nimmt man dafür verzinnten Bindedraht, der sich gut biegen und durch mehrfaches Herumwickeln ohne Knoten sicher an den Haken befestigen und entsprechend schnell in der Länge verändern oder auswechseln läßt. Zwirn, Schnur oder Perlondraht könnten gelegentlich mal von der Glimmschnur durchgeschmort werden und sind daher für diesen Zweck ungeeignet. Das Höhenleitwerk würde dann bei Auslösung der Bremse nach vorn umklappen und vom Modell abfallen. Sie bekämen es zwar garantiert unbeschädigt wieder – vom „Rest" des Modells wäre das jedoch sehr unwahrscheinlich.
Die **Skizze 3** veranschaulicht eine zwar selten benutzte, jedoch äußerst sichere Art, den Ausschlag zu begrenzen. Man kann ihn auch jederzeit durch einen zusätzlichen Draht verringern, zu seiner Vergrößerung müßte allerdings die Hinterkante des Seitenleitwerks entsprechend weggeschnitten werden.
Die **Skizze 4** schließlich zeigt eine Möglichkeit, die Leitwerke der meisten Motor-Sportmodelle zu Thermikbremsen umzubauen. Dabei wird der vordere Gummi über die Enden des oft schon im Rumpf vorhandenen Knebels und durch ein in der Seitenflosse anzubringendes Loch gespannt. Steht die Seitenflosse nach vorn

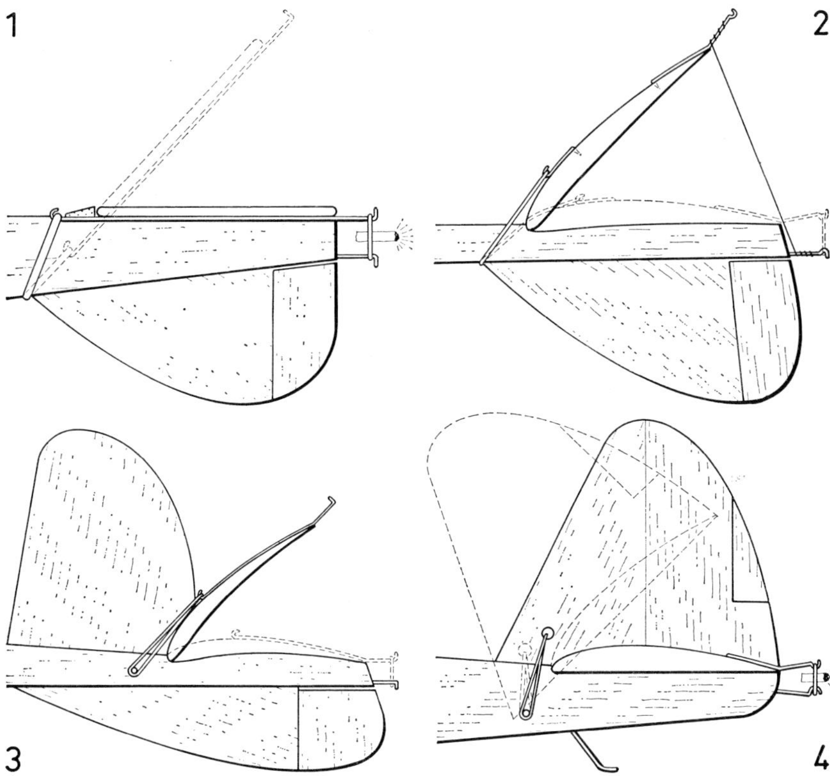

über die Nasenleiste des Höhenleitwerks vor, muß sie entweder durch einen Schlitz in der Rumpfoberseite im Rumpfinnern verschwinden können oder im Winkel von 45 Grad entlang der punktierten Linie weggeschnitten werden. In manchen Fällen genügt die so entstandene „Nase" als Ausschlagsbegrenzung, doch sicherer ist es, dafür wie in Skizze 2 ein Stück Bindedraht zu verwenden.

Die für die Betätigung der Klappleitwerke erforderlichen Haken werden im allgemeinen aus 1 mm starkem Stahldraht gebogen, nach der Bespannung und Lackierung von Rumpf und Leitwerk ins Holz gedrückt und dann mehrmals mit Hartkleber überstrichen. Um ganz sicher zu gehen, können Sie auch schmale Streifen von Seide, Perlon oder Gaze über die Haken kleben.

Machen Sie es sich zum Grundsatz, die Thermikbremse bei jedem Flug zu benutzen, auch wenn es nur ein Probestart mit kurzer Schnur ist. Schließlich ist Glimmschnur billig und fertig erhältlich, während ein neues Modell nicht nur Geld sondern auch Zeit kostet. Aufwind kann es immer geben, auch wenn alle Anzeichen (und Experten) dagegen sprechen.

RUMPFBAU

Stab- und Keulenrümpfe

Die einfachste überhaupt denkbare Rumpfform ist der lediglich aus einer massiven Kiefern- oder Hartbalsaleiste bestehende Stabrumpf **(Skizze 1a und 1b)**. Solche Rümpfe werden vorwiegend für Anfängermodelle verwendet, sind jedoch durchaus auch für Hochleistungsmodelle geeignet. So hatten auf der Segelflugmodell-Weltmeisterschaft 1952 drei von vier österreichischen Modellen fast 2 m lange und etwa 10 mm dicke Kiefernrundstäbe als Rümpfe, und eins davon errang sogar den fünften Platz.

Für diesen Zweck eignen sich nur besonders leichte und elastische Kiefernleisten; und wenn Sie gelegentlich mal aus Zeitmangel einen solchen Rumpfstab verwenden wollen, sollten Sie zumindest Geduld auf die Auswahl einer besonders feinjährigen Leiste aus bestem, absolut harzfreiem Splintholz verwenden. Daß solche Stabrümpfe zur Vermeidung von übermäßig viel Trimmblei nach hinten zu stark verjüngt werden müssen, dürfte sich wohl von selbst verstehen.

Normalerweise werden Rumpfstäbe heute aus mehreren Teilen zusammengesetzt, um bei geringem Gewicht eine möglichst große Steifigkeit zu erreichen. Die einfachste dieser Konstruktionen ist der in **Skizze 1c** gezeigte Stab, der aus zwei Kiefernleisten mit beiderseits aufgeleimten Balsabrettchen besteht, die an den Ecken gut abgerundet sind.

Nur aus Balsabrettchen sind die in den **Skizzen 1d und 1e** gezeigten Stäbe zusammengesetzt. Die Besonderheit dieser Bauweisen besteht darin, daß die fertig zugeschnittenen Leisten lediglich mit Stecknadeln zusammengeheftet und die Fugen dann, mit ausreichenden Trockenpausen dazwischen, so oft mit Hartkleber ausgestrichen werden, bis sie gut gefüllt sind.

Am aufwendigsten in der Herstellung sind die runden Stäbe der **Skizzen 1f und 1g**, die aus je vier Kiefern- und Balsaleisten zusammengesetzt werden. Bei der Konstruktion **f** werden die Kiefernleisten recht dünn gewählt und so gelegt, daß beim Verschleifen des Stabes ihre äußersten Kanten gerade sichtbar werden, während bei Bauart **g** die Kiefern-Dreiecksleisten stärker bemessen sind und beim Verputzen verhältnismäßig weit angeschliffen werden.

Als Nasenklotz dient bei allen aufgebauten Stäben in der Regel ein Klotz aus härterem Holz, doch sind seit Einführung der Zweikomponenten-Metallkleber auch schon Nasenklötze aus Metall mit gutem Erfolg verwendet worden, die gleichzeitig als Trimmgewicht dienen. Zweckmäßigerweise werden sie mit Übergewicht eingebaut und dann so lange abgefeilt, bis der Schwerpunkt an der richtigen Stelle liegt.

Um bei den Querschnitten **c, f** und **g** die Kiefernleisten genau bündig auf die Balsaleisten leimen zu können, sollten Sie eine kräftige Hellingleiste auf das Baubrett heften **(Skizze 2)**, gegen die Sie zunächst als Schutz gegen hervorquellenden Klebstoff einen Streifen Papier legen, dann die Balsaleiste fest dagegenheften und schließlich die Kiefernleiste in die so entstandene Ecke kleben.

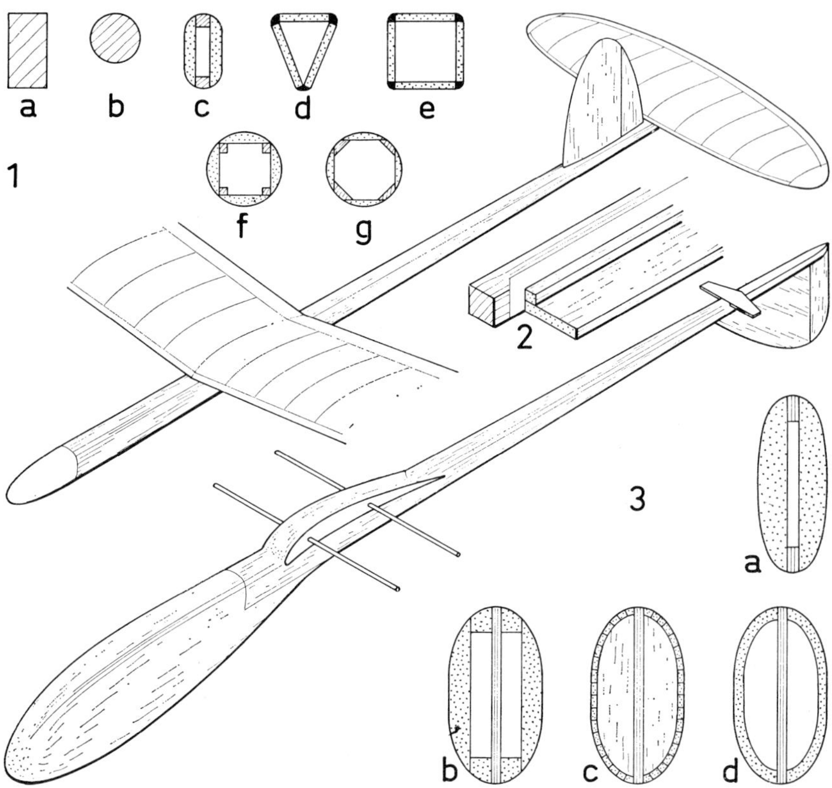

Bei den Keulenrümpfen sind die Leitwerksträger genau wie die eben beschriebenen Stabrümpfe aufgebaut, während für die Keulen vorwiegend die in den **Skizzen 3a bis 3d** gezeigten Querschnitte verwendet werden. Das Mittelstück besteht fast immer aus einem innen stark ausgesparten Sperrholzbrett, das auf den Seiten häufig mit einem **(a)** oder mehreren **(b)** Balsabrettchen verkleidet ist. Ist ein größerer Querschnitt erwünscht, wird dieser entweder durch mit Leisten beplankte Halbspanten **(c)** oder durch innen ausgehöhlte Balsaklötze **(d)** hergestellt.

Bei allen Keulenbauweisen befindet sich im vordersten Teil der Keule als in sich geschlossener Raum die Bleikammer, die eher zu reichlich als zu knapp bemessen werden sollte. Machen Sie die Öffnung der Bleikammer nicht größer, als zum Einfüllen des üblicherweise zum Trimmen verwendeten Bleischrots nötig ist und verwenden Sie als Verschluß lediglich ein Stück Tesafilm, der weder Arbeit noch Geld kostet und aerodynamisch besser als jeder aufwendigere Verschluß ist.

Rohrrümpfe

Vom technischen Standpunkt aus sind Rohrrümpfe annähernd ideal, denn sie verbinden geringstes Gewicht mit hoher Festigkeit und aerodynamisch günstiger Form. Zuerst für Gummimotormodelle verwendet, fanden sie bald auch Liebhaber unter Motor- und Segelflugmodell-Freifliegern, und auf Wettbewerben wurden mit Rohrrumpf-Modellen zahlreiche Erfolge errungen. Vom Standpunkt des an Wettbewerben nicht interessierten Modellfliegers aus haben sie allerdings beachtliche Nachteile, die einer weiten Verbreitung im Weg stehen. Sie setzen nämlich wegen der erforderlichen extremen Biegsamkeit quer zur Faser eine noch wesentlich sorgfältigere Holzauswahl als Schalenflügel voraus und sind ohne einen, möglichst aus Metall bestehenden, Kern nicht herstellbar. Das sind auch die Gründe, aus denen noch nie ein Rohrrumpf-Modell als Baukasten herausgebracht wurde. Da die Herstellung der Rohrrümpfe jedoch sehr interessant ist und die dabei angewendeten Techniken sich teilweise auch bei der Anfertigung runder Rumpfrücken und ganzer Schalenrümpfe verwenden lassen, kann es nichts schaden, wenn Sie auch darüber in groben Zügen Bescheid wissen.
Im einfachsten Fall **(Skizze 1)** können Sie einen Rohrrumpf oder Rohrleitwerksträger herstellen, indem Sie ein passend zugeschnittenes Balsabrettchen gründlich wässern, dann mit Hilfe eines Tuches oder einiger Bogen Zeitungspapier eng um den Kern wickeln und gründlich trocknen lassen. Von der Wicklung befreit, wird das absolut trockene Brettchen nur wenig aufspringen und sich ohne Schwierigkeiten mit seinen Kanten stumpf zusammenkleben lassen. Ob das besser auf dem mit einer Lage Papier umwickelten Kern oder ohne den Kern geschieht, ist Ansichts- und Erfahrungssache, auf jeden Fall sollte der Kern gelockert werden, ehe Leim oder Hartkleber abgebunden haben, denn seine spätere Entfernung könnte sonst Schwierigkeiten bereiten.
Trauen Sie der stumpfen Verklebung der Kanten nicht, können Sie das Brettchen auch mit Übermaß zuschneiden, eine Kante vor dem Wässern von außen abschrägen, zum Abschluß die Kanten übereinanderkleben **(Skizze 2)** und die vorstehende Kante bündig verschleifen, was alles nur mit eingelegtem Kern möglich ist.
Sehr viel Geschicklichkeit erfordert die in **Skizze 3** gezeigte Bauart, bei der das Rohr aus zwei sehr dünnen (unter 1 mm) Brettchen normaler Breite gegenläufig spiralförmig um den Kern herumgewickelt wird. Solche Rohre haben das günstigste Verhältnis vom Gewicht zur Festigkeit und sind auch extrem knicksteif, doch haben sich bisher nur wenige Experten an ihre Herstellung gewagt.
Bei der in **Skizze 4** gezeigten Bauweise ist das Rohr aus einzelnen Leisten mit konisch zugeschliffenen Kanten zusammengeklebt. Solch ein Rohr läßt sich nötigenfalls auch ohne Kern in zwei Hälften über auf das Baubrett geklebten Halbspanten herstellen, die nach gründlicher Trocknung stumpf gegeneinander geklebt werden. Diese Herstellungsart erfordert nur wenig Geschicklichkeit, dafür jedoch verhältnismäßig viel Geduld und Hartkleber. Bei den Bauweisen 1 und 2 läßt sich die Festigkeit durch vor dem Wässern mit Spannlack auf die Innenseite der Brettchen geklebtes Bespannpapier erhöhen, das gleichzeitig auch die Gefahr des Platzens längs der Faser beim Aufwickeln auf den Kern verringert.
Außen werden alle Rohrrümpfe mit Papier, Seide oder dünnem Nylon bespannt,

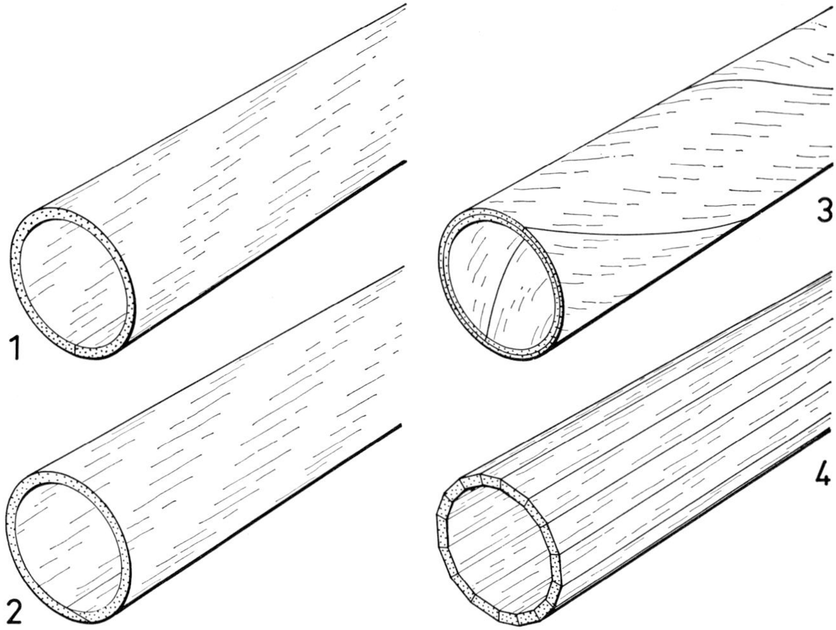

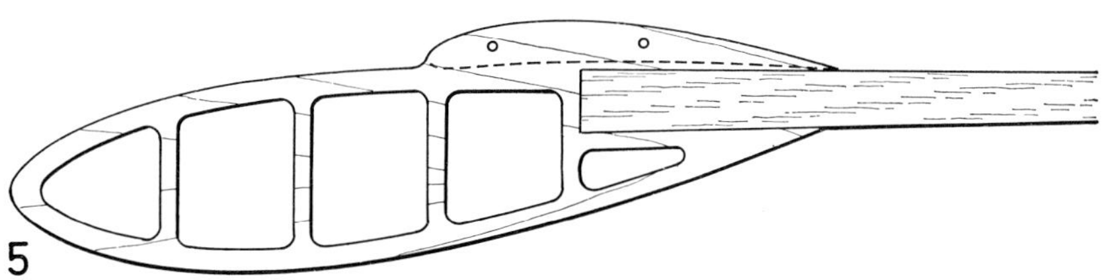

wobei diese häufig in spiralig gewickelten und sich überlappenden Streifen aufgeklebt werden.

Bei der Verwendung als Leitwerksträger von Segelflugmodellen ist es am besten, die Rohre in ein entsprechend ausgespartes Keulenmittelstück einzukleben **(Skizze 5)** und erst dann die Keule nach einer der im vorigen Abschnitt beschriebenen Methoden zu vervollständigen.

Kastenrümpfe

Die zur Zeit bei den meisten Freiflug- und fast allen Fernlenkmodellen verwendete Rumpfbauart ist der Kastenrumpf in reiner oder abgewandelter Form. Diese Bauart ist durch selbsttragende Rumpfwände aus Balsaholzbrettchen und fast ausschließlich der Formgebung dienende Leisten gekennzeichnet. Zur Erhöhung der Festigkeit und zur besseren Formgebung werden im Rumpfvorderteil meist die Rumpfseiten verstärkt und entsprechende Klötze eingeklebt. In den **Skizzen 1 und 2** sind typische Kastenrümpfe dargestellt, die gestrichelten Linien an den Rumpfseiten geben dabei die Hinterkanten der Seitenverstärkungen an.
Die große Verbreitung der Kastenrümpfe ist vor allem auf die kurze Bauzeit, ihre große Festigkeit bei verhältnismäßig geringem Gewicht, den großen zum Einbau von Fernsteuerungen zur Verfügung stehenden Innenraum und in vielen Fällen auch auf ihre Ähnlichkeit mit den Rümpfen großer Flugzeuge zurückzuführen.
Gegenüber bespannten Rümpfen sind bei Kastenrümpfen erheblich weniger Spanten erforderlich. Sie bestehen in der Regel aus Balsa und nur dort aus Sperrholz, wo sie als Kopfspant oder durch die Befestigung von Motor, Fahrwerk oder Tragflügel besonders beansprucht werden.
Im einfachsten Fall haben Spanten die in **Skizze 3** gezeigte rein rechteckige Form, die zwar sehr schnell herzustellen ist, aber den Nachteil hat, sich auch neben der für sie vorgesehenen Stelle einbauen zu lassen. Bei Baukastenmodellen sind sie daher häufig mit Zapfen versehen **(Skizze 4)**, die in entsprechende Aussparungen der Rumpfwände passen und so den genauen Zusammenbau wesentlich erleichtern. In beiden Ausführungen sollten die Spanten möglichst quer gefasert sein, da sie vom Beginn des Zusammenbaus bis zur Handhabung des Modells beim Fliegen in dieser Richtung stärker beansprucht werden und Zapfen bei senkrechter Faserung oft schon vor oder während des Zusammenbaus abbrechen würden.
Am leichtesten und festesten sind aus vier Leisten zusammengeklebte Spanten **(Skizze 5)**, so daß sich die wenige für das Zusammenbauen benötigte Zeit durchaus lohnt. Sie bieten außerdem ohne Festigkeitsverlust den größtmöglichen Durchlaß für Rudergestänge und andere Einbauten, während Brettspanten durch jede Aussparung mehr oder weniger geschwächt werden.
Bei der einfachsten Konstruktion **(Skizze 6)** besteht der Rumpf im wesentlichen aus den vier Wänden und den Spanten und ist daher in kürzester Zeit zusammenzubauen.
Ist wegen des besseren Aussehens ein an den Ecken abgerundeter Querschnitt erwünscht, ist dieser durch die Verwendung von Eckleisten leicht zu erreichen **(Skizze 7)**. Da sie nur der Formgebung dienen, können sie ohne weiteres aus leichtem Holz geringer Festigkeit bestehen. Stärkere Abrundungen ohne zusätzliches Gewicht lassen sich durch dreieckige Eckleisten **(Skizze 8)** ohne Schwierigkeiten ausführen. Um den Aufbau auch dabei einfach zu halten, sollten alle Rumpfwände wie bei Querschnitt 6 in voller Breite und Höhe ausgeschnitten und zusammengesetzt und erst danach auf den gewünschten Querschnitt abgerundet werden.
Soll die Rumpfoberseite einen halbkreisförmigen oder halbelliptischen Querschnitt

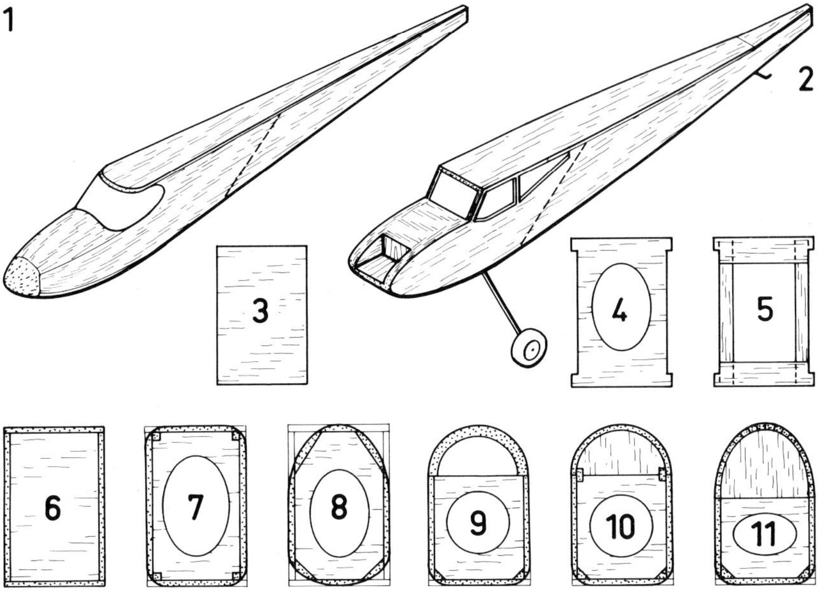

erhalten, wie das bei vorbildähnlichen Modellen häufiger der Fall ist, kann dieser durch einen innen ausgehöhlten Klotz aus leichtestem Balsa erreicht werden **(Skizze 9)**. Allerdings ist das dazu benötigte dicke Balsa sehr teuer, vor allem, wenn man bedenkt, daß es zum größten Teil in Form von Spänen weggeworfen wird. Außerdem ist die Vollholz-Schnitzerei recht zeitraubend und nicht jedermanns Sache, ich selbst vermeide sie, wo ich nur kann.
Billiger ist es, solche Rumpfoberseiten über entsprechend geformten Spanten zu beplanken **(Skizze 10)**. Wenn, wie in den meisten Fällen, die Trennlinie zwischen senkrechten Rumpfseiten und rundem Rücken geradlinig verläuft, läßt sich das Rumpfunterteil am besten umgedreht auf dieser Ebene aufbauen. Die halbrunden Spantteile können dann erst nach der Fertigstellung des Unterteils aufgeklebt werden. Die Beplankung kann häufig aus einem einzigen Balsabrett bestehen, das wie bei der Rohrrumpfherstellung zunächst gewässert, dann mit Tesakreppstreifen naß über die Spanten geheftet und erst nach gründlicher Trocknung aufgeklebt wird.
Ist die benötigte Beplankung breiter als handelsübliche Brettchen, kann sie aus mehreren Stücken zusammengeklebt werden, läßt sich dann aber meist nicht mehr gleichmäßig biegen. In diesen Fällen ist es daher besser, sie aus vielen konisch zugeschnittenen Leisten zusammenzusetzen **(Skizze 11)**, die an den Rumpfseiten beginnend abwechselnd auf beiden Seiten aufgeklebt werden.

Wenn Sie schon einige Modelle gebaut haben, werden Sie wissen, daß es viel einfacher ist, einen krummen als einen geraden Rumpf zu bauen. Bei der Anwendung der verbreitetsten, weil angeblich schnellsten und einfachsten Methode, bei der zunächst die beiden breitesten Spanten zwischen die Rumpfseiten geklebt, dann die Rumpfseitenenden zusammen- und der vorderste Spant eingeklebt und schließlich die restlichen Spanten eingesetzt werden, habe ich bisher auch mehr krumme als gerade Rümpfe fabriziert. Manchmal berücksichtigen die Konstrukteure von Baukastenmodellen diese Schwierigkeit und lassen sich zu ihrer Vermeidung etwas einfallen. Die beste dieser Methode dürfte die sein, bei der Rumpfoberteil und Unterteil für sich direkt auf dem Bauplan zusammengebaut und dann miteinander verklebt werden.
Bei meinen Modellen mit Kastenrümpfen ziehe ich die in **Skizze 1** gezeigte Methode vor, bei der ich die Rümpfe auf der Seite liegend zusammenbaue. Dazu schneide ich mir für jeden schmaleren Spant einen Rahmen aus billigem Sperrholz, der genau so breit wie der größte Rumpfquerschnitt **a** ist und in dem innen genau der Spant nebst den beiden Seitenwänden Platz findet **(b und c)**. Einen weiteren Rahmen schneide ich für das Rumpfende zu **(d)**, spare ihn in der Mitte so weit aus, daß gerade die beiden Enden der Rumpfseiten hineinpassen und bringe zusätzlich an den beiden Längskanten in genau gleicher Höhe je eine Aussparung für ein Rumpfseitenende an.
Dann hefte ich eine Rumpfseite mit ihrem geraden Teil aufs Baubrett, klebe die gleichbreiten Spanten des Rumpfvorderteils genau senkrecht auf und hefte den Rahmen **d** über das Ende der Rumpfseite. An Hand der aufgeklebten Spanten und des jetzt obenliegenden Ausschnitts im Rahmen **d** kann ich nun die zweite Rumpfseite haargenau über der ersten auf die vorderen Spanten kleben und diesen Rumpfteil mit einem Stück Brett und Büchern beschweren. Danach entferne ich den Rahmen am Rumpfende, setze der Reihe nach die kleinen Spanten ein und presse sie mit den über die Enden der Rumpfseiten geschobenen Rahmen in der richtigen Lage fest. Schließlich verklebe ich die Rumpfseitenenden miteinander und presse sie im mittleren Schlitz des Rahmens **d** zusammen, wonach ich bis zur Trocknung aller Klebstellen auch die Rahmen beschwere.
Ist alles gut getrocknet, entferne ich sämtliche Beschwerungen und beginne von der Rumpfnase her, die Rumpfunterseite mit quer gefaserten Balsabrettchen zu beplanken, wobei ich nacheinander die Rahmen nach hinten schiebe, sobald sie beim Beplanken im Weg stehen. Zum Schluß sind alle Rahmen gegen den letzten am Rumpfende geschoben und die Unterseite ist bis auf dieses kurze Stück fertig beplankt, so daß sich der Rumpf bei den weiteren Arbeiten zu seiner Fertigstellung nicht mehr verziehen kann.
Selbstverständlich läßt sich diese Methode auch für nach vorn schmaler werdende Rümpfe anwenden, indem für die vorderen Spanten ebenfalls entsprechende Rahmen zugeschnitten werden.
Eleganter und wirklich universell verwendbar ist die in **Skizze 3** gezeigte Methode, die ich vor Jahren im englischen „Aeromodeller“ beschrieben fand. Die dazu benötigten genau rechtwinkligen Anschläge habe ich mir 10 x 15 cm groß aus 10 mm Abachi zugeschnitten und auf quergefaserte 3 cm breite Streifen aus 2 mm Sperrholz geleimt, die ich mit je zwei Schlitzen für Befestigungsschrauben versehen habe **(Skizze 2)**.

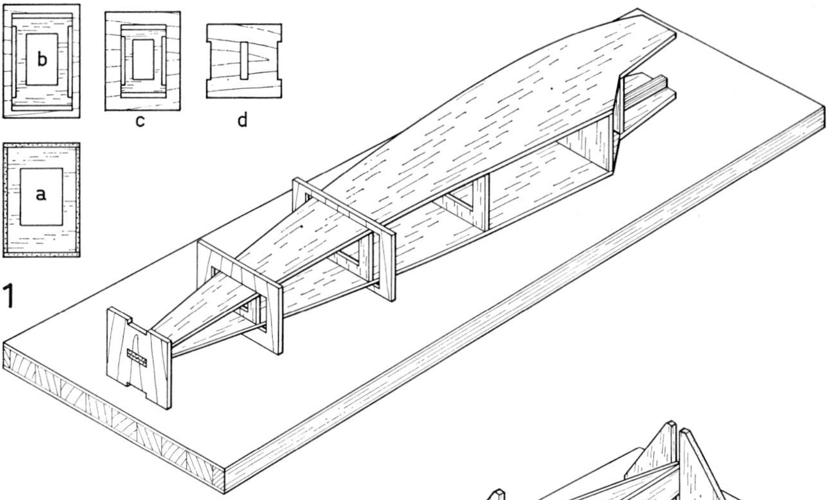

1

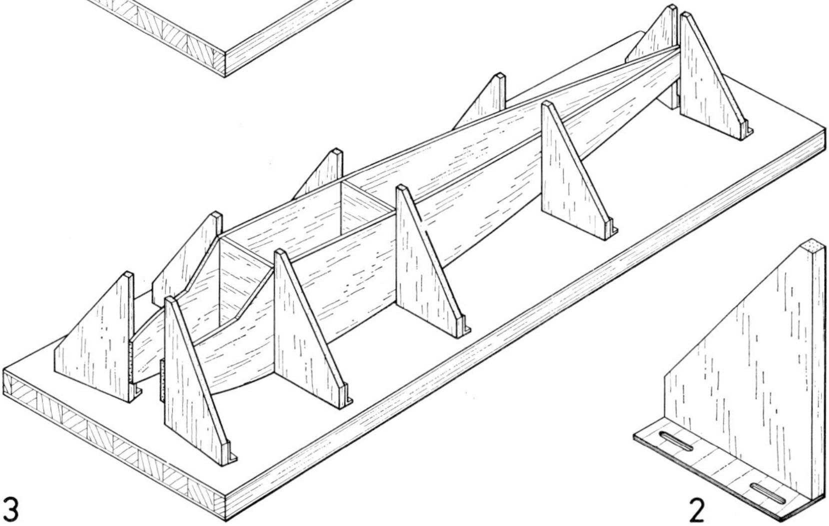

3

2

Die Anwendung dieser Anschläge ist aus der **Skizze 3** klar ersichtlich und sofern beim Übertragen der Rumpfdraufsicht auf das Baubrett und beim Aufschrauben der Anschläge nicht gepfuscht wird, muß jeder in dieser Vorrichtung gebaute Rumpf zwangsläufig genau gerade werden. Zum Aufschrauben der Anschläge eignen sich übrigens auf Grund ihres gröberen Gewindes Blechtreibschrauben besser als Holzschrauben.

Beim Erscheinen dieses Buches dürften fertige Anschläge, wahrscheinlich aus Metall, bereits im Fachhandel erhältlich sein, so daß Sie diese Baumethode auch ohne zusätzliche Arbeit anwenden können.

Schalenrümpfe

Die Schalenrumpfbauweise eignet sich vor allem zur Herstellung vorbildgetreuer Rümpfe mit komplizierten runden oder eckigen Querschnitten, die sich auf andere Art entweder garnicht oder nur unter erheblichen Schwierigkeiten herstellen lassen. Grundsätzlich erfolgt die Herstellung in zwei Teilen bzw. Hälften direkt auf der Zeichnung. Zur Gewährleistung absoluter Geradheit sollte immer eine horizontale Unterteilung und damit der Zusammenbau von Ober- und Unterteil auf der Draufsichtszeichnung angestrebt werden **(Skizze 1)**. Nur wenn, wie bei manchen vieleckigen Rümpfen, keine gerade durchlaufende Kante vorhanden ist, sollte auf die senkrechte Teilung in rechte und linke Rumpfhälfte zurückgegriffen werden **(Skizze 2)**. Beim Bau eines horizontal geteilten Schalenrumpfes wird zunächst die Rumpfdraufsicht auf das Baubrett gelegt und die Spantteile werden, eventuell unter Zuhilfenahme kleiner Balsawinkel, genau senkrecht darauf festgeheftet. Ich schneide dazu aus der Zeichnung in der Mitte jedes Spants ein Loch heraus und hefte dort die Spanten mit einem Tropfen Hartkleber direkt auf das Baubrett. Die fertigen Schalen schneide ich später mit einem langen Messer ab.

Zur Beplankung eignen sich am besten nicht zu breite Leisten aus gut biegsamem mittleren Balsa, die eher zu dick als zu dünn sein sollten, damit später beim Verputzen ohne Gefahr für die Festigkeit genügend Holz weggeschliffen werden kann. Mit 3 x 5 mm-Leisten, die ich nur für enge Rundungen an den Schmalseiten abschrägte, habe ich bisher die besten Erfahrungen gemacht.

Mit dem Beplanken wird grundsätzlich an der breitesten Stelle, also direkt auf dem Baubrett, begonnen und dann wird abwechselnd auf beiden Seiten weitergearbeitet, bis die Beplankungsbahnen am Rumpfende zusammenstoßen. Von da an müssen die Enden der weiteren Leisten der vorhandenen Lücke entsprechend abgeschrägt werden, so daß sich an der höchsten Stelle der Schale ein Bild ähnlich **Skizze 1a** ergibt.

Eine weitere Möglichkeit besteht darin, alle Beplankungsleisten in ihrer Breite dem Schalenumfang anzupassen und nach vorn und vor allem nach hinten schmaler zu hobeln, so daß jede einzelne Leiste von vorn bis hinten durchläuft **(Skizze 1b)**. Diese Methode erfordert jedoch viel Sorgfalt und Zeit und läßt sich nur dadurch etwas vereinfachen, daß auf ein Einpassen der letzten Leisten verzichtet, die Oberkante der Beplankungsbahnen eben geschliffen und mit einer breiten Leiste gemäß **Skizze 1c** abgedeckt wird.

Bei der Herstellung vieleckiger Rümpfe wird ähnlich verfahren, nur wird dazu die Rumpfseitenansicht aufs Baubrett gelegt und an Stelle vieler Leisten werden nur wenige Brettchen zur Beplankung verwendet, die jeweils von Kante zu Kante reichen. Falls diese Brettchen nicht schon fertig zugeschnitten im Baukasten liegen, sind sie recht schwierig anzupassen, da ihre Form unregelmäßig ist und sie meist auch noch in sich verdreht sind. Von dem naheliegenden Zuschnitt mit Übermaß und allmählichem Anpassen halte ich nichts, da bei dieser Schnippelei leicht einmal zu viel weggeschnitten wird. Ich finde es einfacher und genauer, zunächst mit auf die Spanten gehefteten 2 x 5 mm-Leisten aus Abfallholz die Kanten der einzelnen Beplankungen festzulegen und dann diese Leisten mit kurzen Leistenstücken auszukreuzen. Nach dem Trocknen nehme ich diese Gitterrahmen ab und benutze

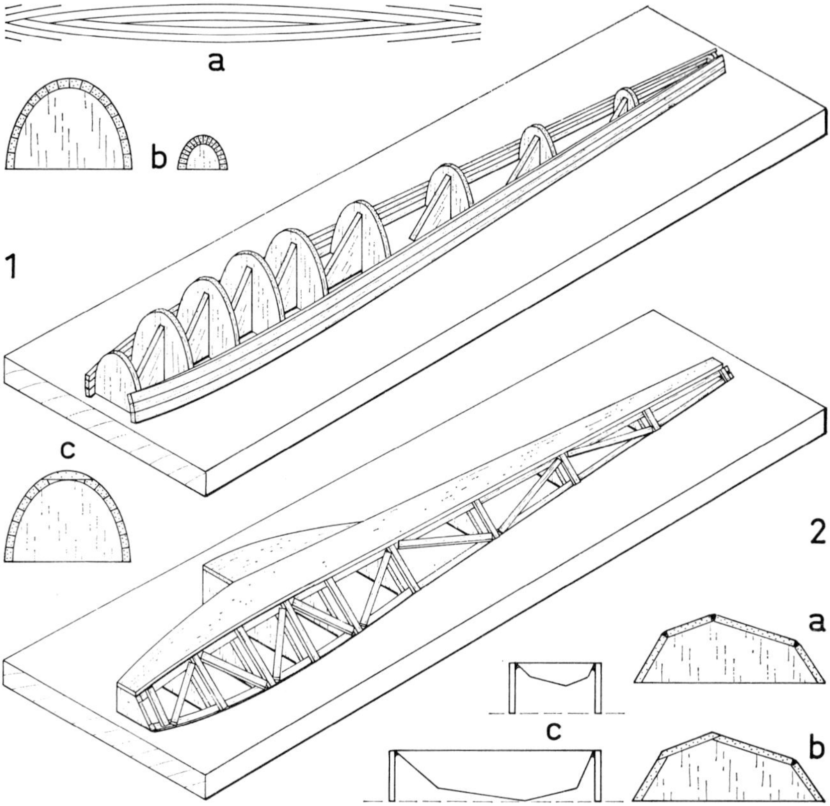

sie als Schablonen für den Zuschnitt der einzelnen Beplankungen, die dann zwangsläufig haargenau passen, so daß sich Rumpfquerschnitte ähnlich **Skizze 2a** ergeben.

Bei manchen Rumpfquerschnitten kann auf das Einpassen der letzten Beplankungsbahn verzichtet und diese flach auf die Kanten der angrenzenden Bahnen geklebt werden, nachdem diese bündig mit den Spanten geschliffen wurden **(Skizze 2b)**.

Beim Zusammenleimen der beiden Rumpfhälften ist auf unbedingt geraden und ebenen Verlauf der Trennfuge zu achten, der sich absolut zuverlässig durch die Anheftung von etwa zehn gleichhohen Stützen an eine Rumpfhälfte vor deren Abnahme vom Baubrett erreichen läßt **(Skizze 2c)**.

Stegrümpfe

Eine noch aus der Steinzeit des Modellflugs stammende Rumpfart ist der Stegrumpf, der in seiner reinsten Form mit Ausnahme von Nasenklotz oder Kopfspant nur aus Balsaleisten besteht. Sein Bau erfordert dadurch verhältnismäßig viel Zeit und seine Verwendung scheint im Zeitalter der Schnellbaukästen ein Anachronismus zu sein. Da sich bei Selbstherstellung der Leisten jedoch aus einem einzigen Balsabrettchen ein ganzer Rumpf für ein Modell mittlerer Größe herstellen läßt, kann auf Grund der rapide steigenden Balsapreise dieser Bauweise durchaus eine neue Blüte bevorstehen.

Die Herstellung eines solchen Rumpfes beginnt immer mit dem Zusammensetzen der beiden Rumpfseiten, die im Interesse absoluter Gleichheit aufeinanderliegend zusammengeklebt werden **(Skizze 1)**, wobei grundsätzlich alle Stege an ihren Enden vorgeklebt werden sollten. Nach gründlicher Trocknung werden die noch zusammenklebenden Rumpfseiten vom Baubrett genommen, ihre Außenkanten genau rechtwinklig verputzt und dann werden sie mit einer möglichst dikken und steifen Rasierklinge vorsichtig auseinandergetrennt. Danach werden sie mit einem möglichst breiten Schleifklotz auf beiden Seiten völlig eben geschliffen und sind damit fertig zum Zusammenbau.

Werden bei der Konstruktion rechteckige, und damit in sich verschiebbare, Felder vermieden bzw. durch Diagonalen in nicht mehr verschiebbare dreieckige Felder aufgeteilt, dann sind so hergestellte Rumpfseiten genau so formbeständig wie aus Brettchen geschnittene Seiten von Kastenrümpfen und dazu in der Querrichtung wesentlich steifer.

Der Zusammenbau der Seiten erfolgt wieder auf dem Baubrett über der Draufsichtszeichnung, wobei die längste gerade verlaufende Kante auf dem Baubrett liegen sollte **(Skizze 2)**. Zur Erreichung eines genau rechtwinkligen Querschnitts und absoluter Geradheit empfiehlt es sich, etwas vor und hinter der breitesten Rumpfstelle je einen genau rechtwinkligen Hilfsspant und an Rumpfnase und Rumpfende je zwei Balsawinkel fest auf das Baubrett zu kleben.

Nach dem Einlegen und Festheften der Rumpfseiten in diese einfache Vorrichtung werden zunächst alle genau übereinanderliegenden Querstege paarweise zugeschnitten, an ihren Enden vorgeklebt, dann zwischen die Seiten geklebt und auf dem Baubrett bzw. zwischen den obenliegenden Gurten mit Stecknadeln festgeheftet. Ein mit den Längsgurten genau bündiger Sitz der obenliegenden Querstege läßt sich durch eine übergelegte etwas längere Leiste kontrollieren und durch festes Zusammenpressen beider nötigenfalls korrigieren. Anschließend werden die noch fehlenden Querstege zugeschnitten, eingepaßt und eingeklebt und auch alle vorgesehenen Verstärkungsecken eingesetzt, so daß der Rumpf vor seiner Herausnahme aus der Vorrichtung so weit wie irgend möglich fertiggestellt ist **(Skizze 3)**. An besonders beanspruchten Stellen kann der Rumpf durch zusätzlich innen eingeklebte Stege verstärkt werden **(Skizze 4a)**, eine Verstärkung des gesamten Rumpfvorderteils läßt sich durch innen eingeklebte Hilfsgurte erreichen **(Skizze 4b)**.

Durch auf die Grundform außen zusätzlich aufgeklebte Hilfsgurte, eventuell unter Verwendung von Hilfsspanten, lassen sich zahlreiche Querschnitte her-

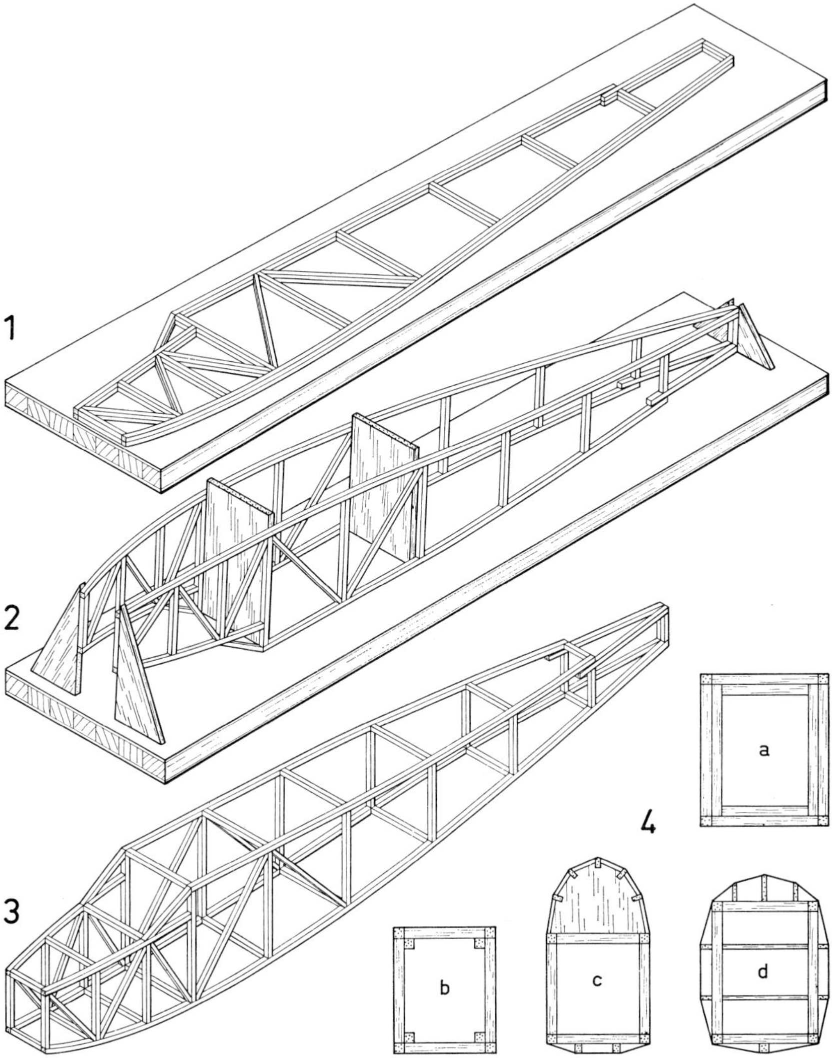

stellen, von denen zwei in den **Skizzen 4c und 4d** gezeigt sind. Um ein Durchbiegen der senkrechten Stege unter dem Zug der Bespannung auszuschließen, sind in vielen Fällen die in **Skizze 4d** eingezeichneten zusätzlichen Querstege empfehlenswert.

Kabinen

Daß Kabinen mit glasklaren Scheiben und glasklare Kabinenhauben gut aussehen, dürfte wohl von keinem Modellflieger bestritten werden. Trotzdem halte ich bei Hochdeckermodellen verglaste Kabinen für unzweckmäßig, da sie den Rumpf gerade dort schwächen, wo er bei härteren Landungen durch Motor, Fahrwerk, Tragflügel und bei Fernlenkmodellen durch Akkus und Empfänger am meisten beansprucht wird. Bei solchen Modellen ziehe ich es vor, auf dem durchgehend beplankten Rumpf die Kabinenverglasung lediglich durch Farbe, farbiges Bespannpapier, Schiebe- oder Bespannfolie anzudeuten.
Da glasklare Kunststoff-Folien und fertig geformte Kabinenhauben aus verschiedenen Kunststoffen hergestellt werden, sollten Sie vor dem Aufkleben an einigen Abfallstücken probieren, mit welcher Klebstoffart sich der betreffende Kunststoff am besten auf Balsaholz kleben läßt.
Ich probiere der Reihe nach mit Alleskleber, Hartkleber, Polystyrolkleber, Zweikomponentenkleber und verwende in letzter Not Kontaktkleber, obwohl ich weiß, daß dieser nicht ewig halten wird.
Haben Sie den besten Kleber gefunden, sollten Sie ihn sparsam verwenden und darauf achten, daß er tatsächlich nur auf die zu verklebenden Stellen kommt. Je besser der Klebstoff den Kunststoff nämlich klebt, desto sicherer sind Klebstoffspuren an falschen Stellen nicht mehr zu entfernen. Aus diesem Grund beklebe ich sofort nach dem Anpassen die Scheiben oder Kabinenhauben bis auf einen 2–3 mm breiten Rand auf der gesamten Außenfläche mit Tesakrepp, den ich erst nach dem letzten Lackanstrich wieder abziehe.
Die wenigsten Probleme bereitet eine Kabine mit durchweg ebenen Scheiben **(Skizze 1)**, während bei gewölbten Scheiben die genaue Anpassung der Verglasung Geduld und Sorgfalt erfordert. Am schnellsten kommen Sie dabei zum Ziel, wenn Sie zunächst eine Schablone aus Transparentpapier zuschneiden und anpassen und nach ihr die Verglasung zuschneiden **(Skizze 2)**.
Tropfenkabinen auf Tiefdeckerrümpfen **(Skizze 3)** müssen meist auf einen gerundeten Rumpfrücken aufgepaßt werden. Dazu schneiden Sie die Ränder zunächst mit der Schere mit etwas Übermaß zu, legen dann einen Bogen feines Sandpapier über den Rumpfrücken und schieben die Kabinenhaube so lange hin und her, bis ihr Rand an allen Stellen genau passend geschliffen ist. Falls Tropfenkabinen mit Hart- oder Zweikomponentenkleber klebbar sind, verkleben Sie sie am besten nur von außen, so daß der Kleber einen guten Übergang vom Holz auf den von Tesakrepp freigebliebenen Rand bildet.
Ist für Ihr Modell keine passende Tropfenkabine erhältlich, können Sie sich mit Hilfe von zwei Sperrholzrahmen und drei nur in einer Ebene gewölbten Folienstücken nach **Skizze 4** eine in der Form angenäherte Kabine selbst herstellen. Stören Sie dabei die Sperrholzrahmen, schneiden Sie an ihrer Stelle nur zwei Kartonrahmen, heften sie auf und passen zunächst wieder aus Transparentpapier drei Verglasungsteile an. Nach diesen schneiden Sie dann eine einteilige Verglasung zu, die etwa wie in **Skizze 5** gezeigt aussehen wird, biegen sie über die Kartonrahmen, heften die Ränder der Stöße mit Tesakrepp zusammen und verkleben die Stöße mit Hartkleber. Nach dem Trocknen nehmen Sie die Kartonrahmen

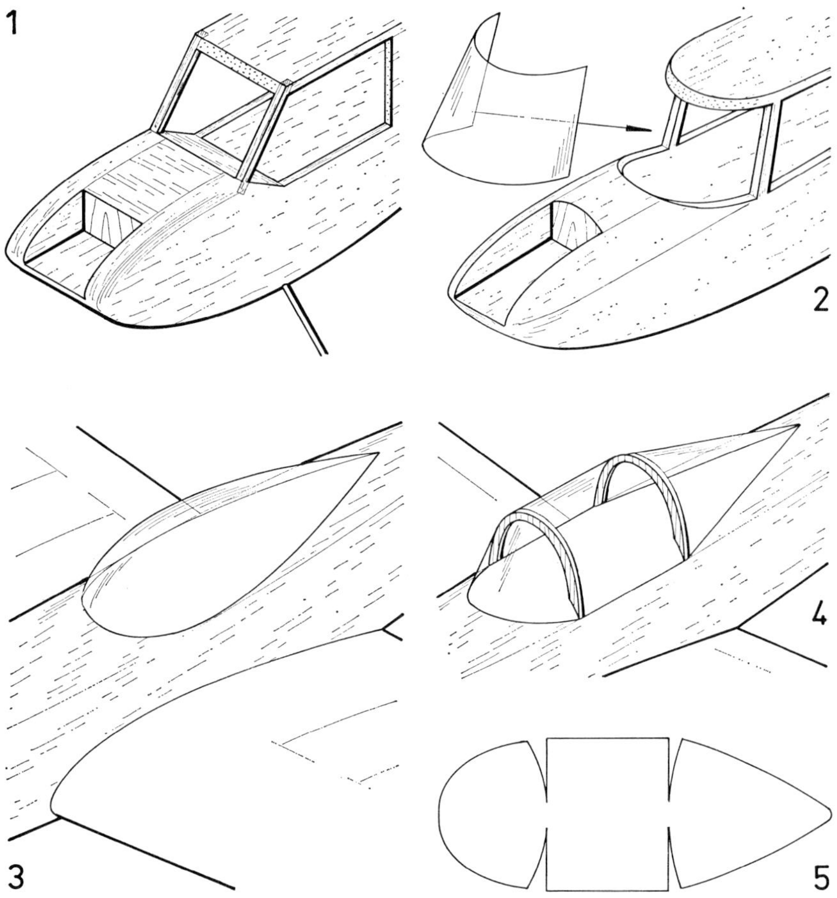

vom Rumpf, arbeiten die Ränder der so gewonnenen Kabinenhaube nötigenfalls noch etwas nach und kleben sie dann wie eine fertig gekaufte Haube auf.

Vor dem Verglasen von Kabinen bzw. dem Aufkleben tiefgezogener Kabinenhauben sollten Sie die darunterliegenden Holzteile matt hellgrau oder pastellgrün streichen, damit wenigstens bei flüchtigem Hinsehen der Eindruck einer richtigen Kabine entsteht.

Eine gute Pilotenfigur unter der Kabinenhaube kann das Aussehen eines Modells beträchtlich verbessern, wenn sie im Maßstab zum Modell paßt. Können Sie keine Figur in passender Größe bekommen, verzichten Sie besser ganz darauf.

Fahrwerke

Solange Sie Ihre Motormodelle aus der Hand starten und, wie bei Freiflugmodellen zwangsläufig, auf Wiesen und Rübenäckern oder bei Fernlenkmodellen mangels einer Startbahn im hohen Gras landen lassen, ist der Wert eines Fahrwerks zweifelhaft. Es kann zwar den Landestoß abfangen, verursacht danach aber häufig einen Überschlag und hat somit eigentlich seinen Zweck verfehlt. Bei Starts und Landungen von Fernlenkmodellen auf Hart- oder glatten Graspisten ist ein ordentliches Fahrwerk jedoch eine wichtige Voraussetzung für einen störungsfreien Flugbetrieb und sollte entsprechend sorgfältig ausgeführt sein.

Grundsätzlich sollten Sie alle an Spanten befestigte Stahldrahtfahrwerke mit festem Bindedraht anwickeln und Wicklungen und Stahldraht mit reichlich Zweikomponentenkleber verkleben, denn alle anderen Befestigungsarten sind bei weitem nicht so dauerhaft.

Die in **Skizze 1** gezeigte Ausführung ist wie alle anderen ungefederten Fahrwerke nur für langsame Freiflugmodelle vertretbar, und bei allen Fernlenkmodellen sollten Bug- und Hauptfahrwerk stets auf irgendeine Art gefedert sein. **Skizze 2** zeigt die wohl einfachste Lösung der Federung durch zwei über einen Dübel gespannte Gummiringe und eignet sich für Modelle bis etwa 80 cm Spannweite.

Die **Skizzen 3 und 4** zeigen Ausführungen, die mit über zwei Dübel gespannten Gummiringen unter dem an dieser Stelle verstärkten Rumpfboden befestigt werden. Die fertig käuflichen Duralfahrwerke **(Skizze 4)** sehen besonders bei vorbildähnlichen Modellen gut aus, sind aber nur in wenigen Größen erhältlich und die Selbstaussägerei aus Dural ist nicht jedermanns Sache. Weniger elegant sind die aus Stahldraht selbstgebauten Fahrwerke nach **Skizze 3**, deren Herstellung einige Mühe beim Drahtbiegen bereitet. Sie sind jedoch annähernd unzerstörbar und ein solches Fahrwerk hat bei mir schon fünf Modelle überlebt. Voraussetzung für die Haltbarkeit sind sorgfältige Wicklungen mit Bindedraht, die ordentlich verlötet oder mit Zweikomponentenkleber verklebt sind.

Eine elegante Lösung zeigt **Skizze 5**, bei der die Torsionsfederung der quer unter dem Rumpfboden liegenden Fahrwerksteile ausgenutzt wird. Diese Teile liegen in einer passend genuteten Hartholzleiste **(Skizze 5a)** und werden in ihr mit zwei aufgeschraubten Blechstreifen gehalten. Die nach oben stehenden Fahrwerksenden stecken lose in gegen die Rumpfseiten geklebten Nutleisten oder Rohren **(Skizze 5b)**.

Schwanzsporne sind problemlose Bauteile, Spornräder sollten dagegen zumindest genau spuren oder noch besser zusammen mit dem Seitenruder lenkbar sein. Eine einfache Konstruktion ist in **Skizze 6** gezeigt.

Bugfahrwerke müssen wegen ihrer hohen Beanspruchung besonders sorgfältig befestigt werden. Damit sie sich nicht verdrehen können, sind bei der einfachen Ausführung **(Skizze 7)** mindestens drei, bei der doppelten Ausführung **(Skizze 8)** mindestens fünf Wicklungen erforderlich. Ich verwende gern die in **Skizze 9** gezeigte Lösung, bei der ich zunächst nur ein Messingrohr am Kopfspant befestige, in das ich erst nach dem letzten Lackanstrich das Bugfahrwerk mit Zweikomponentenkleber einklebe.

Bei lenkbaren Bugfahrwerken **(Skizze 10)** werden die beiden Lager mit dem Kopf-

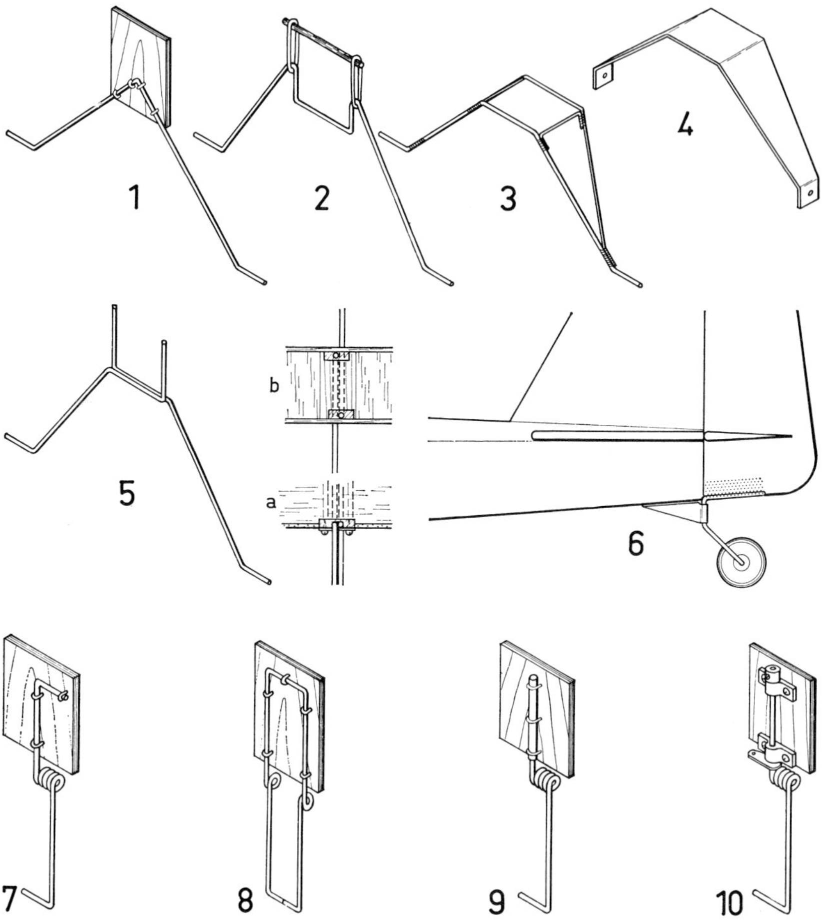

spant verschraubt. Um sie nötigenfalls auswechseln zu können, sollten die hinter dem Kopfspant im Rumpfinnern liegenden Muttern zumindest mit reichlich Zweikomponentenkleber an den Spant geklebt sein. Noch besser ist es, sie auf schmale Blechstreifen zu löten und diese mit Holzschrauben am Spant zu befestigen.

Ob Sie teure Ballon- oder billige Moosgummiräder verwenden, beeinflußt die Federwirkung kaum. Am haltbarsten sind Räder mit einteiligen Leichtmetall- oder Nylonfelgen; zweiteilige Felgen sollten mit einer kräftigen Messing- oder Stahlnabe verpreßt sein.

MOTOREN

Leistungsbedarf

Bei Bauplan- und Baukastenmodellen ist stets die geeignete Motorengröße angegeben, doch gleicht die so präzis aussehende Angabe „für Motoren von 1 bis 1.5 ccm“ unter Umständen mehr dem Spruch des delphischen Orakels als einer technischen Angabe, denn in diesem Größenbereich gibt es Motoren von ca. 0.06 bis 0.27 PS. Richtiger wäre es, die für das betreffende Modell benötigte Motorleistung anzugeben, doch muß ich gestehen, daß auch ich das bisher bei keinem meiner Modelle getan habe, weil ich mir erst beim Schreiben dieser Zeilen darüber klar geworden bin. Lassen Sie uns daher diese Unklarheit dadurch beseitigen, daß wir pro Kubikzentimeter Hubraum eine Leistung von 0.1 PS annehmen, was dem Leistungsvermögen normaler und preiswerter Gebrauchsmotoren recht genau entspricht.

Daß ein Modell mit der eben zitierten Motorgrößenangabe mit einem Motor von 0.1 PS langsamer und zahmer fliegt als mit einem um 50 % stärkeren Triebwerk, versteht sich von selbst. Haben Sie noch keine oder nur wenig Erfahrung, wählen Sie immer die kleinste angegebene Motorengröße und erwägen Sie erst als Fortgeschrittener und angehender Experte den Einsatz des größten empfohlenen Motors.

Sollten Sie sich trotzdem mal über die benötigte Motorleistung im unklaren sein, kann Ihnen die folgende Aufstellung darüber Auskunft geben, in der die erforderliche Motorleistung pro Kilogramm Fluggewicht angegeben ist:

Motorsegler	0.10 PS/kg
Freiflug- und Fernlenk-Sportmodelle	0.20 PS/kg
Fernlenk-Kunstflugtrainer	0.25 PS/kg
Fernlenk-Kunstflugmodelle	0.30 PS/kg
Freiflug-Wettbewerbsmodelle	0.50 PS/kg

HOCHLEISTUNGS- ODER GEBRAUCHSMOTOREN

Wie bei Auto- und Flugmotoren gibt es auch bei Modellmotoren erhebliche Leistungsunterschiede in den einzelnen Größenklassen, und in allen Fällen sind die hochgezüchteten und extrem leistungsfähigen Typen erheblich teurer als normale Gebrauchsmotoren. Neben dem Preis haben sie auch noch andere Starallüren, denn sie brauchen sorgfältigere Pflege, sind kritischer in der Bedienung, verbrauchen mehr Kraftstoff und Glühkerzen und haben auf Grund ihrer höheren Drehzahlen meist eine kürzere Lebensdauer.

Beim normalen Frei- und Fernlenkflug kommt es jedoch lediglich darauf an, den durch die Art, die Größe und das Gewicht des Modells gegebenen Leistungsbedarf zu decken, und es ist vom Flugerfolg her gesehen völlig belanglos, ob diese Leistung mit einem kleinen Hochleistungs- oder einem größeren Gebrauchsmotor erreicht wird. Wir Normalverbraucher sollten uns daher grundsätzlich auf die Verwendung von Gebrauchsmotoren beschränken und dadurch Portemonnaie und Nerven schonen.

DIESEL- ODER GLÜHZÜNDERMOTOREN?

Zunächst einmal möchte ich mit dem weitverbreiteten Märchen aufräumen, daß Glühzündermotoren leichter als Dieselmotoren anspringen, denn dieses Vorurteil geht noch auf die Zeit zurück, in der die Diesel noch am Anfang ihrer Entwicklung waren, während aus den USA bereits ausgereifte Glühzünder importiert wurden. Heute ist es so, daß ein Modellmotor, gleich welcher Art, so gut anspringt, wie Sie ihn kennen; oder anders ausgedrückt, er springt um so besser an, je richtiger Sie ihn bedienen.

Trotzdem sind der Auswahl zwischen den beiden Motorenarten Grenzen gesetzt, denn während zur Zeit Glühzünder von 0.3 bis 10 ccm Hubraum erhältlich sind, werden Diesel nur von 0.8 bis 3.5 ccm hergestellt.

Dieselmotoren haben den Vorzug der Genügsamkeit, denn zu ihrem Betrieb ist lediglich Kraftstoff erforderlich, der dazu noch keinen der im Flugmodellbau verwendeten Lacke angreift. Ihre Schwäche liegt im etwas höheren Gewicht und härteren Lauf, wobei das Gewicht bei den in Frage kommenden Modellgrößen praktisch bedeutungslos ist und der härtere Lauf sich allenfalls bei sehr alten (und heute nur noch gebraucht erhältlichen) Fernsteuerungsempfängern nachteilig auswirken kann, aber durchaus nicht auswirken muß.

Demgegenüber haben die Glühzünder den Vorteil geringeren Gewichts und ruhigeren Laufs und die Nachteile der zum Anlassen erforderlichen Batterie, der von Zeit zu Zeit zu ersetzenden Glühkerze und des aggressiveren Kraftstoffs, der die Verwendung teurerer Lacke erzwingt.

Im Grunde genommen ist es also weitgehend Geschmackssache, zu welcher Motorenart man sich entschließt, denn bei dem geringen Kraftstoffverbrauch dieser Motorengrößen hebt der niedrige Preis des Glühzünderkraftstoffs die Mehrkosten für Batterie, Glühkerzenklemme und Ersatzglühkerze bestenfalls auf.

LUFTSCHRAUBENAUSWAHL

Da die für den Antrieb zur Verfügung stehende Leistung gleich dem Produkt aus Motorleistung mal Luftschraubenwirkungsgrad ist, ist der beste Motor zur Mittelmäßigkeit verdammt, wenn er mit einer Luftschraube niedrigen Wirkungsgrads betrieben wird. Auf Grund des ständig reichhaltiger werdenden Angebots wäre eine direkte Empfehlung eines bestimmten Fabrikats wahrscheinlich schon nach kurzer Zeit überholt, und es bleibt Ihnen daher nichts weiter übrig, als die verschiedenen Sorten praktisch an Ihren Modellen zu erproben und dann bei dem nach Ihrer Erfahrung besten Fabrikat zu bleiben.

Sie verschwenden damit durchaus kein Geld, denn durch die Verwendung von Luftschrauben verschiedenen Wirkungsgrads können Sie die Flugeigenschaften späterer Modelle in beträchtlichen Grenzen verändern und Ihren Wünschen anpassen. Die unbefriedigende Horizontal- oder Steiggeschwindigkeit läßt sich durch die Verwendung einer hochwertigeren Luftschraube steigern, und umgekehrt können Sie ein zu rasantes Modell durch die Verwendung einer schlechteren Luftschraube zähmen.

Die Entscheidung darüber, ob die Verwendung von Holz- oder Nylonluftschrauben zweckmäßiger ist, fällt eindeutig zugunsten der Nylonluftschrauben aus. Sie sind um ein Vielfaches haltbarer und damit bei weitem billiger als Holzluftschrauben

und erleichtern auf Grund ihres höheren Gewichts und der damit größeren Schwungmasse das Anwerfen der Motoren.
Der einzige Vorteil der Holzluftschrauben liegt dagegen in dem durch ihre größere Starrheit bedingten etwas höheren Wirkungsgrad. Ihr Einsatz ist nur dann nötig, wenn in ein zu schwer geratenes Modell aus Platz- oder Geldmangel kein stärkerer Motor eingebaut werden kann. In solche Zwangslage geraten, sollten Sie trotzdem noch überlegen, ob ein neuer Motor auf die Dauer nicht billiger kommt, als der ständige Kauf von Holzluftschrauben, die eine härtere Landung meist nicht überleben.
Leider nutzt auch die beste Luftschraube nur wenig, wenn ihre Größe nicht zu Motor und Modell paßt. Wenn Sie sich nach der folgenden Tabelle richten, sind Sie zumindest vor gröberen Fehlern geschützt. Die für eine bestimmte Modell-Motoren-Kombination am besten geeignete Luftschraube können Sie jedoch wieder nur durch eigene Versuche innerhalb der angegebenen Grenzen finden:

Motortyp	**geeignete Luftschraubengrößen**
0.8 ccm Diesel	6 x 3 bis 7 x 4″ = 15 x 8 bis 18 x 10 cm
1.0 ccm Diesel	6 x 4 bis 8 x 4″ = 15 x 10 bis 20 x 10 cm
1.5 ccm Diesel	7 x 4 bis 8 x 4″ = 18 x 10 bis 20 x 10 cm
2.5 ccm Diesel	8 x 4 bis 9 x 4″ = 20 x 10 bis 23 x 10 cm
3.5 ccm Diesel	9 x 4 bis 10 x 4″ = 23 x 10 bis 25 x 10 cm
0.8 ccm Glühzünder	5 x 3 bis 6 x 4″ = 13 x 8 bis 15 x 10 cm
1.5 ccm Glühzünder	6 x 4 bis 8 x 4″ = 15 x 10 bis 20 x 10 cm
2.5 ccm Glühzünder	7 x 4 bis 9 x 4″ = 18 x 10 bis 23 x 10 cm
3.5 ccm Glühzünder	9 x 4 bis 9 x 6″ = 23 x 10 bis 23 x 15 cm
5.0 ccm Glühzünder	9 x 6 bis 10 x 6″ = 23 x 15 bis 25 x 15 cm
6.0 ccm Glühzünder	10 x 4 bis 11 x 6″ = 25 x 10 bis 28 x 15 cm
8.0 ccm Glühzünder	11 x 4 bis 12 x 4″ = 28 x 10 bis 30 x 10 cm
10.0 ccm Glühzünder	11 x 8 bis 12 x 6″ = 28 x 20 bis 30 x 15 cm

Dabei gibt die erste Zahl stets den Durchmesser und die zweite Zahl die Steigung der Luftschrauben an, das heißt den Weg, den Sie bei verlustlosem Arbeiten bei einer Umdrehung zurücklegen würden.

ZOLLMASSE

Wie Sie in obenstehender Tabelle gesehen haben, sind die Luftschraubengrößen sowohl in Zoll wie in Zentimetern angegeben. Das ist nötig, weil ein erheblicher Teil der bei uns erhältlichen Luftschrauben aus den USA und England importiert wird und bei diesen die Abmessungen nur in Zoll angegeben sind. Die Umrechnung ist einfach, wenn Sie wissen, daß ein Zoll gleich 2.54 cm ist.
Noch öfters ist es bei Motoren nötig, auf Zoll beruhende Größenangaben in Kubikzentimeter umzurechnen. Dazu müssen Sie wissen, daß ein Kubikzoll gleich 16.5 ccm ist und daß bei den Kubikzoll-Angaben die Null vor dem Komma und das Komma selbst meist weggelassen werden. Ein Motor mit der Größenangabe „049“ hat also 0.049 Kubikzoll gleich ca. 0.8 ccm und einer mit der Angabe „60“ 0.6 Kubikzoll gleich ca. 10 ccm Hubraum.

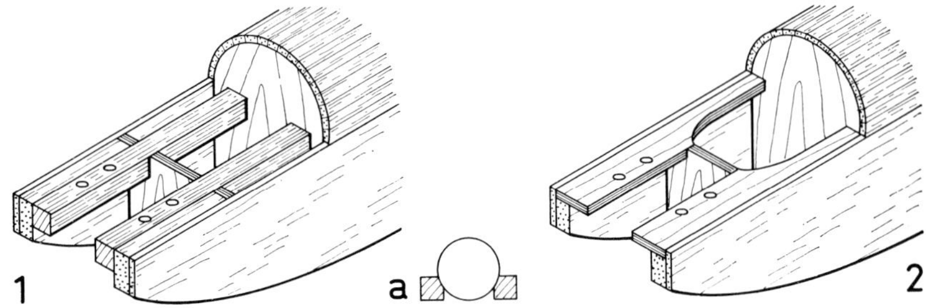

MOTORENEINBAU

Bei fast allen Modellen muß die Motorlängsachse etwas nach vorn unten geneigt (Motorsturz) und nach vorn rechts verdreht sein (Seitenzug), wobei der Sturz meist zwischen 2 und 5° und der Seitenzug 1 bis 3° beträgt. Da die genauen Werte von Einstellwinkel, Einstellwinkeldifferenz, Schwerpunktlage, Motorstärke, Motordrehzahl und Luftschraube abhängig sind, können sie erst beim Einfliegen endgültig ermittelt werden. Die Befestigung des Motors am Modell muß daher so erfolgen, daß Sturz und Seitenzug in diesen Grenzen verändert werden können.

Bei Motoren mit Rückenbefestigung bzw. bei Verwendung von mit dem Kopfspant verschraubten Metall-Motorträgern sind diese Veränderungsmöglichkeiten von vornherein gegeben, denn es brauchen lediglich auf einer Seite einige Unterlegscheiben zwischen Kopfspant und Rückenflansch bzw. Motorträger gelegt zu werden, um die Motorzugrichtung nach der entgegengesetzten Seite zu neigen. Genau so einfach wird bei Motoren mit Seitenbefestigung der Sturz geändert, während die Möglichkeit zur Veränderung des Seitenzugs schon beim Bau berücksichtigt werden muß. Am einfachsten ist es, den inneren Abstand der Motorträger **(Skizzen 1–3)** bzw. die Aussparung in der Befestigungsplatte **(Skizzen 4–6)** ein bis zwei Millimeter breiter als das Motorgehäuse zu halten und die Motorbefestigungsschrauben dünner zu wählen, als die Bohrungen in den Seitenflanschen zulassen würden. Dadurch entsteht genug Spiel, um den Motor in den erforderlichen Grenzen seitlich drehen zu können. Bei den meisten Modellen werden Motorträger aus Hartholzleisten verwendet **(Skizzen 1, 3, 5 und 6)**, die normalerweise bis in den zweiten Spant reichen und mit den Rumpfseiten fest verleimt sind. Diese Verleimungen sollten Sie stets mit Weißleim vornehmen, da dieser die beste Verbindung zwischen Hartholz und Balsaholz ergibt und dazu noch ausreichend kraftstoffbeständig ist.

Die Ausführung nach **Skizze 1** eignet sich nur für Freiflugmodelle, da zwischen den Motorträgern nicht genügend Platz zum Einbau von RC-Tanks vorhanden ist. Selbst zum Einbau von Freiflugtanks müssen die Motorträger manchmal nach **Skizze 1a** ausgespart bzw. abgeschrägt werden. Bei Fernlenkmodellen werden daher häufig aus Hartholzbrettchen oder Sperrholz ausgesägte Motorträger verwendet **(Skizze 2)**, bei deren Form sowohl der Seitenzug wie der Platz für den Tank von vornherein berücksichtigt sind.

Bei kleineren Fernlenkmodellen mit Motoren bis etwa 3.5 ccm können der Einfachheit halber die Motorträger aus flachliegenden Hartholzleisten **(Skizze 3)** oder Sperrholz **(Skizze 4)** auch schon an der Hinterkante des Kopfspants enden. Die ausreichend feste Verbindung mit den Rumpfseiten wird in diesen Fällen durch die in **Skizze 3a** gezeigten vier Füllklötze erreicht, die besonders sorgfältig einzupassen und einzuleimen sind.
Beabsichtigen Sie, verschiedene Motoren im gleichen Modell zu verwenden, empfiehlt sich die Benutzung der in den **Skizzen 5 und 6** gezeigten Befestigungen. Bei ihnen werden die Motoren zunächst auf Befestigungsplatten aus Sperrholz oder Dural befestigt, und diese Platten werden dann mit vier weiteren Schrauben auf die mit den Rumpfwänden fest verleimten Motorträger geschraubt. Bei der Ausführung nach **Skizze 5** ist zwischen den Motorträgern ausreichend Platz für die Motorbefestigungsschrauben vorhanden, bei dem engen Rumpfvorderteil der **Skizze 6** dagegen müssen die Motoren mit von unten eingesetzten Senkkopfschrauben auf die Befestigungsplatten geschraubt werden.
Die **Skizzen 7 und 8** zeigen, wie Motoren mit Seitenbefestigung am Kopfspant befestigt werden können. Die in **Skizze 7** gezeigten Motorträger aus Dural sollten zur Vermeidung starker Vibration aus möglichst dickem Blech bestehen. Der in **Skizze 8** gezeigte Rückenflansch ist nur bei Motoren verwendbar, bei denen der Gehäusedeckel mit vier Schrauben am Kurbelgehäuse befestigt ist.
Im übrigen sollte jeder Motor so starr wie möglich eingebaut werden, und eine federnde Lagerung in Gummipuffern wie bei Auto- und Flugmotoren ist bei Modellmotoren absoluter Unfug. Dabei würde nämlich ein Teil der erzeugten Leistung nur zum Vibrieren des Motors benutzt und ginge für den Antrieb des Modells verloren.
Andererseits sollte ein Motor nicht so fest im Modell sitzen, daß er sich bei einem harten Sturz nicht von den Motorträgern lösen kann. Zum Schutz meiner Motoren und zur Vermeidung unnötiger Reparaturen verwende ich deshalb grundsätzlich dünnere als die üblichen 3 mm-Befestigungsschrauben. Für Motoren bis zu 2.5 ccm reichen 2 mm- und für Motoren von 5 ccm 2.3 mm-Schrauben aus. Auch bei 10 ccm-Motoren sind 2.6 mm-Schrauben mehr als fest genug.
Um Motoren jederzeit aus- und einbauen zu können, sollten Sie die unter den Motorträgern befindlichen Muttern der Befestigungsschrauben entweder mit Zweikomponentenkleber festkleben oder auf mit kleinen Holzschrauben unter die Motorträger geschraubte Blechstreifen löten.

TANKEINBAU

Ob Sie mit Ihrem Motor zufrieden sind, hängt nicht zuletzt vom richtigen Einbau des Tanks ab.
Bei Freiflugmodellen sollte der Kraftstoffspiegel des vollen Tanks genau in Höhe des Düsenstocks liegen **(Skizze 9)**. Der Kraftstoff kann dann nach dem Ansaugen aus dem Kraftstoffschlauch weder von selbst in den Motor noch zurück in den Tank fließen. RC-Tanks sollten dagegen so eingebaut werden, daß die Tankmitte 10 bis 12 mm unter dem Düsenstock liegt **(Skizze 10)**. Diese Position ergibt den besten Kompromiß zwischen dem Motorlauf im Normalflug, im Rückenflug und im Leerlauf.

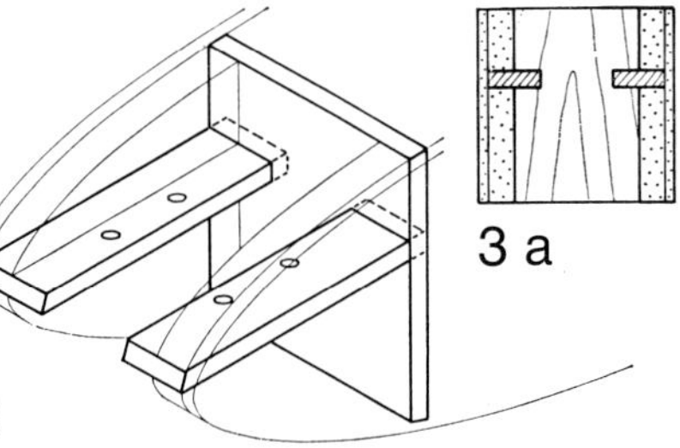

3

3 a

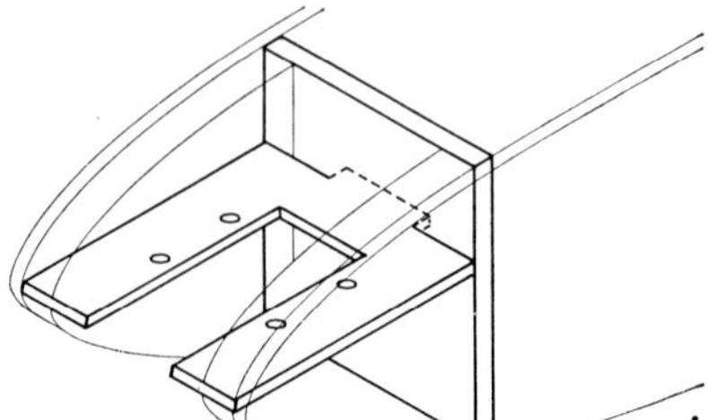

4

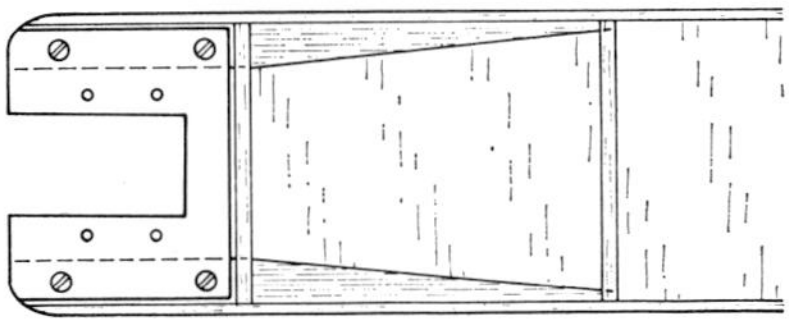

5

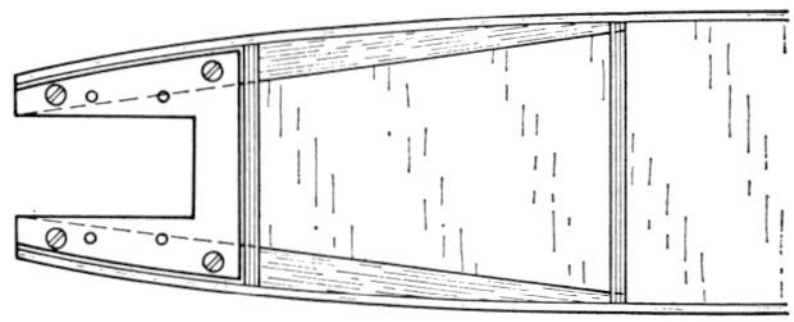

6

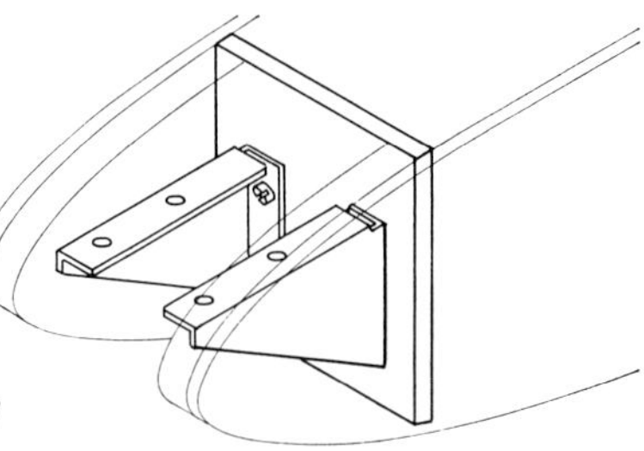

7

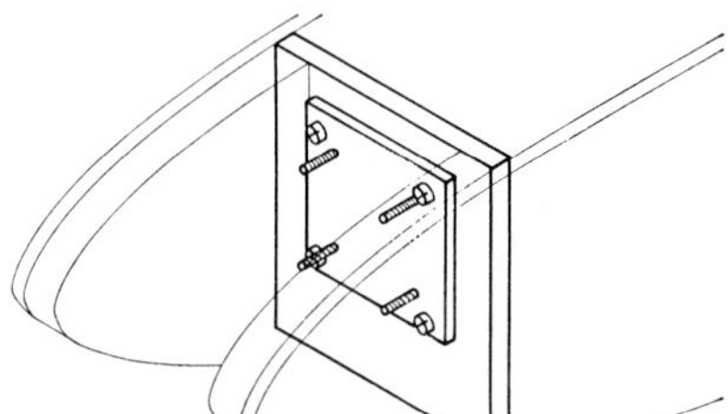

8

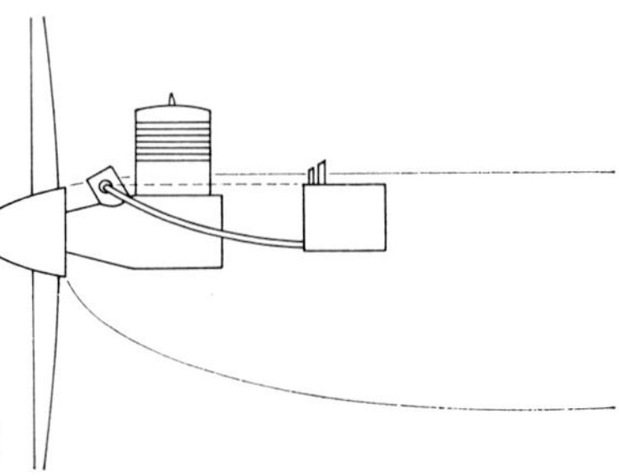

9

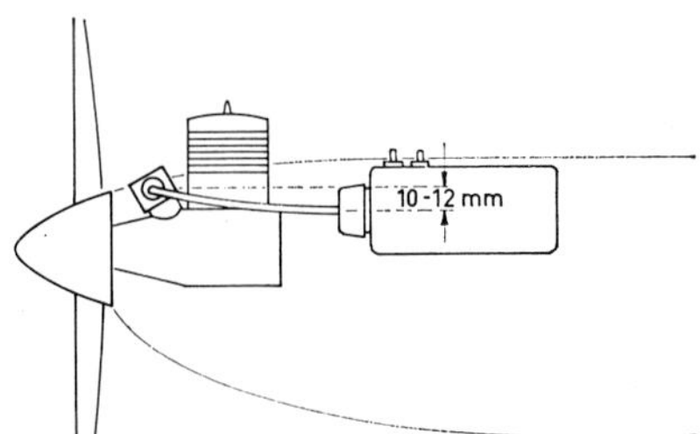

10

Zum Tanken ist bei allen Modellen die Düsennadel zu schließen, damit durch den dabei vorhandenen Überdruck kein unerwünschter Kraftstoff in den Motor läuft. Bei Fernlenkmodellen mit über dem Düsenstock liegenden Kraftstoffspiegel darf die Düsennadel erst unmittelbar zum Anlassen geöffnet werden, wenn man nicht direkt über die Kraftstoffleitung tankt.

VERPUTZEN

TRAGFLÜGEL UND LEITWERKE

Beim Verputzen von Tragflügeln und Leitwerken kommt es in erster Linie darauf an, der Nasenleiste den richtigen Querschnitt zu geben. Dabei nähern Sie sich am besten in einfachen und genau zu kontrollierenden Schritten, die Sie an Hand der Zeichnung festlegen **(Skizze 1)**, der vorgesehenen Form, wobei die verschiedenen Abschrägungen die vorgesehene Nasenform immer nur in einem Punkt berühren dürfen.

Sie beginnen dazu mit der Abschrägung der Oberseite und zeichnen auf der Vorderseite mit einem weichen Bleistift die zu erreichende Kante an, wobei Sie das vordere Glied des Zeigefingers als Führung benutzen. Das Abschrägen nehmen Sie entweder mit dem Balsamesser vor und schleifen dann mit einem langen Schleifklotz nach oder Sie benutzen dazu einen Balsahobel.

Nach der Herstellung zweier weiterer Abschrägungen **(Skizzen 2 und 3)** schleifen Sie die verbliebenen Kanten nach Augenmaß mit dem Schleifklotz weg und wenn Sie genau gearbeitet haben, müßte der Querschnitt jetzt stimmen **(Skizze 4)**. Wollen Sie es aber ganz genau wissen, können Sie mit einer Sperrholzschablone den Querschnitt überprüfen **(Skizze 5)** und nötigenfalls noch nacharbeiten. Soll diese Überprüfung wirklich genau sein, muß die Schablone ein ganzes Stück über die Rippenvorderteile reichen, denn nur dann haben Sie die Gewißheit, die Schablone überall im gleichen Winkel anzusetzen.

Spätestens bei dieser Überprüfung werden Sie feststellen, ob die Rippen überall genau in die Kontur der Nasenleiste übergehen. Bei überstehenden Rippen **(Skizze 6)** genügt zur Abhilfe der Schleifklotz. Ist dagegen eine Rippe zu niedrig geraten **(Skizze 7)**, muß sie mit einem dünnen Balsastreifen „aufgefüttert“ und dann auf eine harmonische Form verschliffen werden.

Die gleichen Fehler können natürlich auch an Rippenunterseiten, an Holmen und an den Rippenenden auftreten **(Skizzen 8 und 9)** und werden dort auf die gleiche Weise beseitigt.

Anschließend nehmen Sie sich die Randbogen vor und schleifen diese so zu, daß sich ein allmählicher Übergang von der Rundung der Nasenleiste bis zur scharfen Hinterkante der Endleiste ergibt.

Scharfe Kanten müssen auf jeden Fall bis kurz vor der Endleiste vermieden werden, da sich an ihnen im Flug unweigerlich zusätzliche Wirbel bilden würden. Die durch den Druckausgleich zwischen Tragflügelunter- und -oberseite an dieser Stelle entstehenden Randwirbel sind auch ohne Nachhilfe vorhanden und machen ohnehin schon einen beträchtlichen Teil des gesamten Tragflügelwiderstandes aus.

Abschließend nehmen Sie einen sehr langen und möglichst auch breiten Schleifklotz und fahren damit, jeweils vom höchsten Profilpunkt ausgehend, nach vorn und hinten über die Rippen nebst Nasen- und Endleiste, um dadurch kleinere Unterschiede zwischen den Rippen auszugleichen. Ist die Tragflügelunterseite hohl gewölbt, müssen Sie dort einen entsprechend abgerundeten Schleifklotz verwenden und diesen von vorn und hinten zur Rippenmitte hin bewegen.

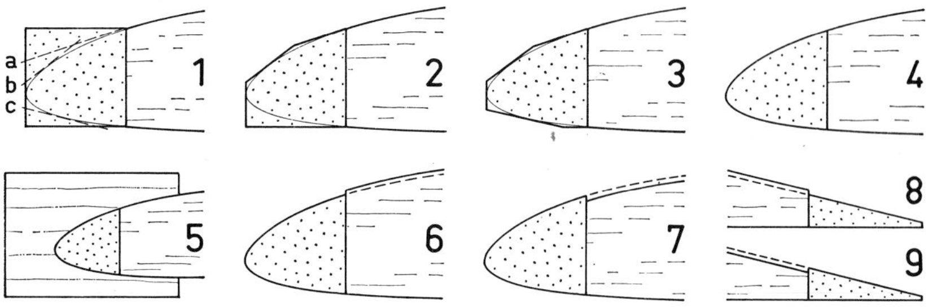

Ist damit die Balsastauberzeugung erledigt, kommt es noch darauf an, alle eventuell während des Verputzens gelösten Klebstellen nachzukleben, denn jetzt ist die Gelegenheit, solche Fehler schnell und einfach zu beseitigen.
Haben Sie sich endgültig davon überzeugt, daß alles in Ordnung ist, sollten Sie das Gerippe, soweit es später die Bespannung berührt, einmal mit Porenfüller streichen und nach dem Trocknen nochmals mit feinem Sandpapier überschleifen. Dieser Arbeitsgang wird leider oft vergessen. Haben Sie aber erst mal gesehen, wie sich die beim Verputzen flachgequetschten Holzfasern beim Trocknen dieses Anstrichs aufrichten und die Oberfläche aufrauhen, dann wird Ihnen das nie passieren.
Ganz oder teilweise beplankte Tragflügel werden sinngemäß in gleicher Weise verputzt. Sie dürfen dabei jedoch auf keinen Fall mehr auf der Beplankung herumschleifen, da diese zwischen den Rippen nachgibt und Sie als Ergebnis lediglich eine Reihe dünner Stellen über den Rippen erhalten würden. Beplankungen sollten grundsätzlich schon vor dem Aufkleben außen glatt sein und werden nach dem Anstrich mit Porenfüller lediglich vorsichtig mit einem in den Fingern gehaltenen Stück feinen Sandpapiers nachgeschliffen.

RÜMPFE

Auch beim Verputzen von Rümpfen kommt es darauf an, alle Ecken und wirbelerzeugenden Kanten zu beseitigen und eine aerodynamisch einwandfreie Form zu erzielen. Wenn Sie dabei immer daran denken, daß die Tropfenform von allen Formen den geringsten Widerstand hat und daß runde und ovale Querschnitte auch bei etwas schräger Anströmung am wenigsten Wirbel erzeugen, dann wird es Ihnen nicht schwerfallen, die bestmögliche Rumpfform herzustellen.
Nutzen Sie vor allem die durch Nasenklötze, Seitenverstärkungen und Eckleisten gebotenen Möglichkeiten aus, und runden Sie die Rumpfnase in Seiten und Draufsicht sowie die Kanten von Kastenrümpfen soweit wie möglich ab. Lediglich dort, wo Tragflügel, Fahrwerk und Leitwerk mit Gummiringen am Rumpf befestigt werden, sollten die scharfen Kanten erhalten bleiben, damit diese Teile später immer in der richtigen Lage sitzen und nicht wackeln können.

BESPANNEN

Papierbespannungen

Bei der Wahl zwischen Stoff- und Papierbespannungen ziehe ich meist solche aus Papier vor, da Papier billig ist und sich schnell und einfach verarbeiten läßt. Es erhält zwar schneller mal einen Riß als eine Stoffbespannung, ist dafür aber auch schneller wieder repariert. Stoffbespannungen halte ich nur bei großen und schweren Modellen für sinnvoll, die so fest gebaut sind, daß die Bespannung mit einer Stoffsorte ab 25 g/qm möglich ist, denn nur diese Sorten lassen sich problemlos verarbeiten.
Grundsätzlich dient eine Bespannung nicht nur zur Vervollständigung der äußeren Form, sondern trägt bei den meisten Bauweisen auch erheblich zur Festigkeit bei. Außerdem zieht sie sich nach dem Wässern und Lackieren zusammen und übt dabei recht erhebliche Kräfte auf den Robau aus, die vor allem bei Tragflügeln und Leitwerken zu berücksichtigen sind. Wählen Sie also eine falsche Sorte, wird entweder der Tragflügel nicht fest genug oder eine Quelle ständigen Ärgers, weil er sich durch übermäßigen Zug der Bespannung schon vor dem ersten Flug kräftig durchbiegt und verdreht und sich auch später bei Temperatur- und Luftfeuchtigkeitsschwankungen immer wieder verziehen wird.
Schließlich spielt auch noch das Gewicht eine Rolle, da bei Tragflügeln in normaler Holm-Rippen-Bauweise die fertig lackierte Bespannung etwa ein Viertel des Gesamtgewichts ausmacht.

PAPIERAUSWAHL
Wenn Sie das Papier zur Bespannung von Tragflügeln und Rümpfen Ihrer Modelle nach der folgenden Aufstellung auswählen, werden Sie auf keinen Fall Enttäuschungen der oben erwähnten Art erleben. Für Leitwerke empfiehlt sich in den meisten Fällen die Verwendung der nächstdünneren Sorte:
Freiflug-Segelflugmodelle bis 120 cm Spannweite: Japico-Modelspan 12 g/qm, Ply-Span 14 g/qm, Japico-Modelspan 17 g/qm.
Freiflug-Segelflugmodelle über 120 cm Spannweite: Japico-Modelspan 21 g/qm, Ply-Span 23 g/qm.
Fernlenk-Segelflugmodelle bis 150 cm Spannweite: Japico-Modelspan 21 g/qm, Ply-Span 23 g/qm.
Fernlenk-Segelflugmodelle über 150 cm Spannweite: Japanpapier 30 g/qm, notfalls Ply-Span 23 g/qm oder Japico-Modelspan 21 g/qm.
Motorflugmodelle bis 130 cm Spannweite: Japico-Modelspan 21 g/qm, Ply-Span 23 g/qm.
Motorflugmodelle über 130 cm Spannweite: Japanpapier 30 g/qm, notfalls Ply-Span 23 g/qm oder Japico-Modelspan 21 g/qm.
Das für die größeren Modelle empfohlene Japanpapier wird in zahlreichen Sorten hergestellt, von denen jedoch nur wenige importiert werden. Können Sie zwischen mehreren Sorten ähnlichen Gewichts wählen, sollten Sie immer das aus den länge-

ren Fasern hergestellte Papier wählen, auch wenn es etwas dünner und erheblich teurer als die kurzfaserige Sorte sein sollte.

KLEBSTOFFE

Grundsätzlich können Sie zum Aufkleben einer Papierbespannung sämtliche Klebstoffe und Kleister verwenden, die überhaupt erhältlich sind, sofern sie nicht zu schnell trocknen. Mit Abstand am besten eignen sich jedoch „Glutofix" und ähnliche Tapetenkleister, denn abgesehen von ihrem erfreulich niedrigen Preis kleben sie gut, lassen sich bequem und einfach verarbeiten, hinterlassen keine Flecken auf dem Papier und lassen eine restlose Entfernung der Bespannung zu, falls das für eine Reparatur einmal nötig werden sollte.

Diese im Rohzustand wie feines Sägemehl aussehenden Kleister sind höchstens beim Anrühren problematisch, weil sie bei falschem Vorgehen dicke Klumpen bilden. Ich schütte daher den Inhalt eines 25-g-Beutels in ein sauberes und absolut trockenes Einmachglas, lasse einen dicken Strahl Wasser aus dem Hahn laufen, halte erst dann das Glas darunter und fange sofort kräftig zu rühren an. Ist das Glas halbvoll, drehe ich den Wasserhahn zu und rühre noch einige Minuten weiter, bis der Kleister etwas sämig wird. Danach rühre ich ihn in Abständen von 10 Minuten zwei- bis dreimal durch und gebe nötigenfalls noch etwas Wasser hinzu, bis der Kleister schließlich glasig aussieht und dick wie Sirup ist. Mit dieser Menge können Sie -zig Modelle bespannen, denn er ist sehr sparsam im Gebrauch und hält sich im verschlossenen Glas jahrelang.

Von dem häufig empfohlenen Aufkleben der Bespannung mit Spannlack rate ich dringend ab, denn es erfordert recht viel Übung, auf diese Weise eine Bespannung glatt und faltenfrei hinzubekommen. Außerdem schmiert man sich mit Sicherheit beim Feststreichen des Papiers die Finger dick mit Spannlack voll und schließlich läßt sich bei größeren Reparaturen das Bespannpapier nicht mehr vom Holz lösen.

BESPANNEN VON TRAGFLÜGELN UND LEITWERKEN

Die bestmögliche Flugleistung eines jeden Modells läßt sich nur erreichen, wenn Tragflügel und Leitwerk glatt und faltenfrei bespannt sind. Als Anfänger habe ich ohne Anleitung mindestens drei Dutzend Bespannungen vermurkst, ehe ich den Bogen raus hatte, und in der Zwischenzeit habe ich wohl alle überhaupt möglichen Methoden ausprobiert. Davon werde ich nur die erklären, die zwar nicht unbedingt am schnellsten, dafür aber auch bei fehlender Übung mit der größten Sicherheit zum erwünschten Ziel führt.

Da durch die Wölbung der Rippenoberseiten die Bespannung dort in jedem Fall fest gegen die einzelnen Teile gezogen wird, sollten Sie die Tragflügel- und Leitwerksunterseiten stets zuerst bespannen, um schlechte Klebstellen durch nachträgliches Auftragen von Kleister von innen her ausbessern zu können, ehe die Oberseitenbespannung aufgeklebt wird. Das gilt ganz besonders für Tragflügel mit nach innen gewölbten Unterseiten, wie sie bei fast allen Leistungs-Freiflugmodellen verwendet werden.

In den **Skizzen 1 und 2** ist gezeigt, in welcher Reihenfolge dabei am zweckmäßigsten vorgegangen wird. Sie sehen, daß niemals über einen Knick hinweg mit einem Stück bespannt und immer abwechselnd an der rechten und linken Flügelseite gearbeitet wird. Dadurch wird erreicht, daß bei den Überlappungen an den

Knicken das zuerst aufgeklebte Bespannungsstück schon gut angetrocknet ist, wenn das benachbarte Stück darübergeklebt wird.

In fast allen Artikeln über das Bespannen und in den meisten Bauanleitungen können Sie lesen, daß die Bespannung den Rohbau völlig umhüllen und die Oberseitenbespannung die der Unterseite etwas überlappen soll, wie Sie es in **Skizze 3** sehen. Diese Art der Bespannung hat den Vorteil, daß der fertig bespannte Tragflügel vollkommen gleichmäßig aussieht, weil von ihm nur noch die Bespannung zu sehen ist. Auf Grund eigener Erfahrungen halte ich jedoch die in **Skizze 4** gezeigte Arbeitsweise für vorteilhafter, bei der das Bespannpapier nur etwa 5 mm weit auf Nasen- und Endleiste reicht. Später kann dann nämlich der Spannlack tief in die Holzporen eindringen und die Holzoberfläche verfestigen, was mir an diesen für Kratzer und Dellen besonders empfindlichen Stellen ein wesentlicher Vorteil zu sein scheint. Größere Dellen in Nasen- und Endleisten lassen sich auch schneller und einfacher ausbessern, wenn man nicht erst die Bespannung entfernen und hinterher wieder ausflicken muß.

Ganz gleich, für welche Methode Sie sich nun entscheiden, müssen Sie als nächstes die einzelnen Bespannungsstücke zuschneiden. Dabei sollten Sie beachten, daß Sie gleiche Teile für die beiden Tragflügel- oder Leitwerkshälften in gleicher Richtung aus dem Papier herausschneiden. Das ist besonders wichtig, weil sich die meisten Papiersorten in der Laufrichtung etwas stärker spannen als quer zu ihr. Durch ungleichen Zuschnitt würden später in der fertigen Bespannung ungleiche Zugkräfte auftreten, die sich in jedem Fall in einem Verzug des betreffenden Bauteils auswirken müßten.

Diese Eigenschaft der Papiere können Sie jedoch ausnutzen, um das Einfallen der Bespannung zwischen den Rippen so weit wie möglich zu vermeiden. Sie schneiden dazu die einzelnen Papierstücke so zu, daß die Laufrichtung immer parallel zu den Holmen verläuft. Da bei den anfangs erwähnten Papiersorten die Laufrichtung mit den längeren Bogenseiten zusammenfällt, ergibt sich dadurch in den meisten Fällen auch eine bessere Ausnutzung der bei Japico-Modelspan leider nicht besonders großen Bogen. Haben Sie die einzelnen Stücke mit Lineal und Balsamesser oder Rasierklinge auf den Millimeter genau zugeschnitten, legen Sie das erste Stück für die Unterseite auf den trockenen Rohbau, richten es genau aus und heften es am Holm oder etwa in der Mitte der Rippen mit Stecknadeln fest **(Skizze 5)**. Dann heben Sie es an der Hinterkante an und streichen die Endleiste in der nötigen Breite mit Kleister ein **(Skizze 6)**. Lassen Sie nun die Hinterkante des Papiers herunterfallen **(Skizze 7)** und drücken Sie es gut und gleichmäßig auf die Endleiste. Streichen Sie dabei auf keinen Fall mit den Fingern hin und her, denn sonst verschieben Sie womöglich das Papier und es bilden sich Falten. Bei Verwendung dünnster Papiersorten können dadurch sogar kleine Stücke aus der Papierkante herausgerissen werden, vor allem dann, wenn der Kleister etwas zu reichlich aufgetragen wurde.

Ist der Kleister etwas angetrocknet, ziehen Sie die Stecknadeln heraus, legen die Bespannung vorsichtig über die Endleiste zurück und streichen Rippen, Holm und Nasenleiste mit Kleister ein **(Skizze 8)**. Heben Sie nun die Bespannung mit der linken Hand senkrecht hoch, setzen mit der rechten ein Lineal mit einer Kante auf die Endleiste und streichen Sie damit gleichmäßig und langsam nach vorn, wobei Sie das Papier mit der linken Hand so lange hochhalten, bis es von dem

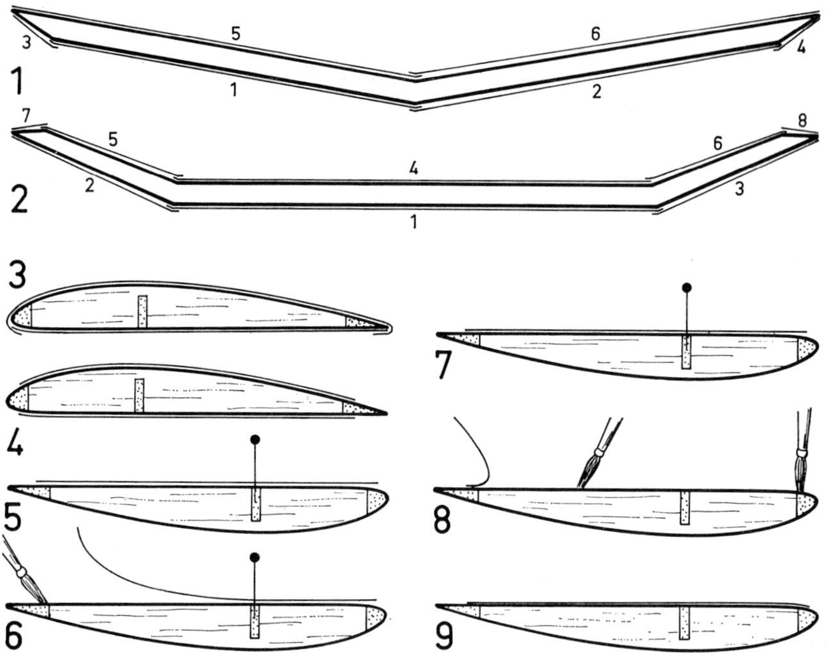

Lineal an den Rohbau gedrückt wird. Abschließend drücken Sie es zusätzlich überall mit den Fingern fest und legen dann den Tragflügel so lange beiseite, bis der Kleister trocken ist **(Skizze 9)**.
Danach werden die übrigen Stücke in der in den Skizzen 1 oder 2 angegebenen Reihenfolge in gleicher Weise aufgeklebt und zum Schluß werden Sie wahrscheinlich überrascht sein, wie einfach das Bespannen eigentlich ist, wenn man dabei schrittweise und in der richtigen Reihenfolge vorgeht.
Hatten Sie die Methode gewählt, bei der das Bespannpapier den Rohbau völlig umhüllt, müssen Sie nach dem Bespannen der Unterseite die überstehenden Papierränder entfernen. Am schnellsten geht das mit einer Rasierklinge, doch gibt es dabei auch die Möglichkeiten, in das Holz hineinzuschneiden oder einen schmalen Papierrand stehen zu lassen. Eleganter und sicherer ist es, das überstehende Papier mit feinem Sandpapier wegzuschleifen, was gleichzeitig noch den Vorteil hat, die Papierkante besser am Holz anliegen zu lassen.
Bei dieser Bespannmethode brauchen Sie die nach unten umzuschlagenden Ränder der Oberseitenbespannung erst endgültig zuzuschneiden, wenn die Oberseite bereits bespannt ist. Sie legen dazu den Tragflügel zunächst auf seine Oberseite, legen eine Kiefernleiste passender Breite fest gegen die Hinterkante

der Endleiste und schneiden dann entlang der Außenkante der Kiefernleiste das Papier ab. Anschließend stellen Sie den Tragflügel mit der Endleiste nach oben auf die Nasenleiste und schneiden dort auf die gleiche Weise den Papierrand gleichmäßig breit zu.
Randbogen der in **Skizze 10** gezeigten Art müssen Sie nicht unbedingt mit einem separaten Streifen Papier bespannen. Sie können dazu auch die Bespannung so reichlich zuschneiden, daß sie nach außen hin etwa 1 cm über den Randbogen ragt, kleben sie jedoch zunächst nur bis zur letzten Rippe fest. Danach schneiden Sie mit einer Rasierklinge vorsichtig von vorn und hinten genau an der Außenkante der äußeren Rippe entlang (gestrichelt gezeichnete Linie) bis kurz vor und hinter deren höchste Stelle. Haben Sie das restliche Papier über das noch zusammenhängende Stück auf den schon bespannten Tragflügel gelegt, streichen Sie den Randbogen und Rippenvorder- und -hinterteil mit Kleister ein und falten die Randbogenbespannung so zurück, daß ihre Kanten wie die in **Skizze 10** dick gezeichneten Linien verlaufen.
Sind alle Teile fertig bespannt, sprühen Sie die gesamte Bespannung vorsichtig mit Wasser ein, wofür sich Blumenspritzen ausgezeichnet eignen. Nach dem Trocknen hat sich das Papier schon kräftig gestrafft und ist damit für den ersten Spannlackanstrich vorbereitet.

BESPANNEN VON RÜMPFEN

Das Bespannen von Rümpfen ist wesentlich problemloser als das von Tragflügeln und Leitwerken, trotzdem sollten Sie auch dabei einige Grundregeln beachten, um Mißerfolge von vornherein auszuschließen.
Schneiden Sie die Bespannungsstücke stets mit der Laufrichtung (Längskante des Bogens) in Flugrichtung zu. Heften Sie dann das Papier wie beim Tragflügel in seiner genauen Lage fest, heben das vordere Ende an und kleben es fest. Dann entfernen Sie die Nadeln, rollen das Papier vom freien Ende her auf ein Stück Papprolle, streichen den Rumpf mit Kleister ein und rollen das Papier **straff** darüber **(Skizze 11)**. Drücken Sie das Papier auf den Gurten und Spanten bzw. Stegen lediglich fest, ohne es dabei nach außen zu ziehen, denn jeder übermäßige Zug in der Querrichtung bewirkt später eine Durchbiegung der Gurte zwischen den Spanten, worunter sowohl Aussehen als auch aerodynamische Güte und Festigkeit leiden.
Hat der Rumpf einen vieleckigen Querschnitt, können Sie ihn immer nur von Gurt zu Gurt bespannen **(Skizze 12)**. Beim Aufkleben der schmalen Bahnen **a** bis **f** fällt das Papier leicht zwischen den Gurten ein. Gehen Sie deshalb trotz der damit verbundenen Wartezeiten immer in der angegebenen Reihenfolge vor, die Ihnen die Möglichkeit gibt, die Papierbahnen nötigenfalls auch quer glatt, aber nicht straff, zu ziehen.
Bei stark gerundeten Rumpfnasen schneiden Sie den überstehenden Papierrand mit der Schere zunächst auf gleichmäßige Breite, schneiden ihn dann senkrecht zum Rumpfumriß ein und kleben die so entstandenen kurzen Stücke einzeln und von Seite zu Seite abwechselnd fest **(Skizze 13)**. Sind die Rumpfkanten stark abgerundet **(Skizze 14)**, schneiden Sie die Ränder der einzelnen Bespannungsstücke **(a)** mit einer flach über die angrenzenden Rumpfseiten geschobenen Rasierklinge **(b)** bündig mit diesen Seiten und kleben die Ränder dann fest. Die

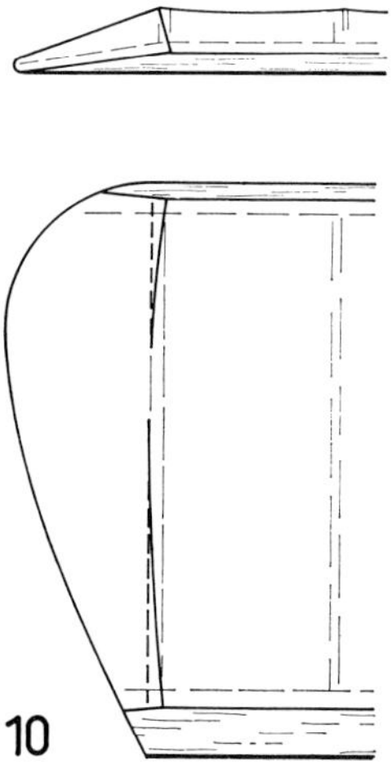
10

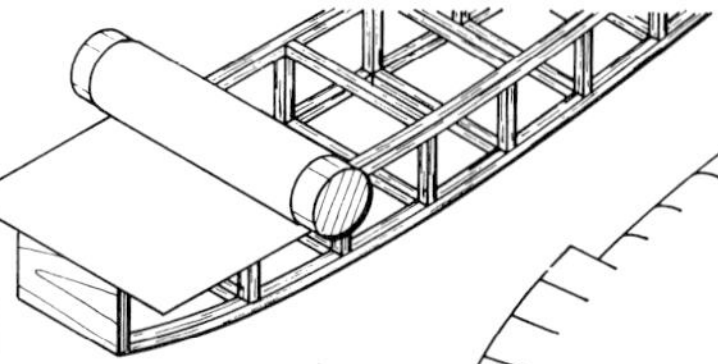
11

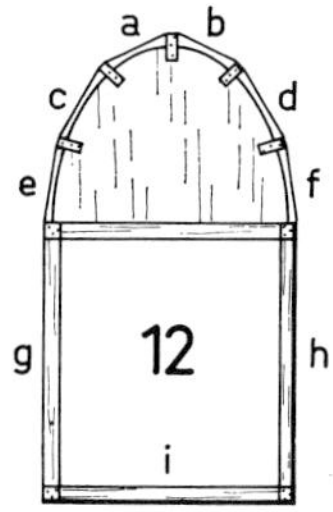

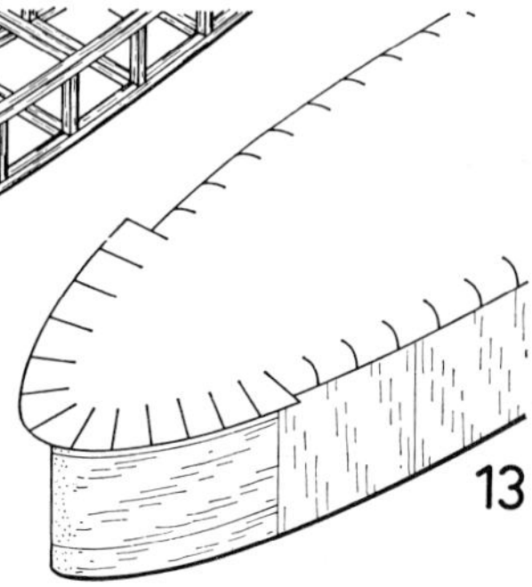
13

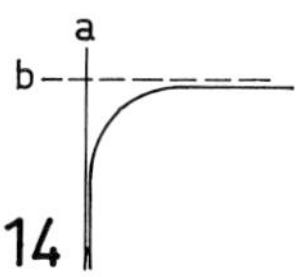

14

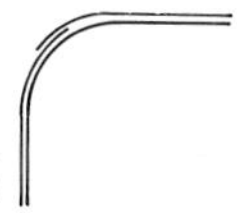
15

Ränder der Bespannungsbahnen der anderen Rumpfseiten schneiden Sie genau so zu, so daß sich die Ränder schließlich in gleichmäßiger Breite überlappen **(Skizze 15)**.

BESPANNEN VON GRÖSSEREN HOLZFLÄCHEN

Beplankungen, Kastenrümpfe und Schalenflügel bespannen Sie besser nicht mit Kleister, da dabei durch die im Kleister enthaltene Feuchtigkeit zu leicht Falten entstehen. Streichen Sie solche Teile noch ein- bis zweimal mit Porenfüller, legen dann das Papier trocken auf und kleben es mit **von außen** aufgepinselter Verdünnung fest, die den Porenfüller kurzfristig anlöst. Beginnen Sie damit in der Mitte bzw. an der breitesten Stelle der Papierbahnen, streichen Sie jeweils nur einen höchstens 5 cm breiten Streifen in Querrichtung ein und streichen Sie das Papier in Richtung zu den noch ungeklebten Enden hin fest, bis die Verdünnung verdunstet ist und das Papier einwandfrei klebt.
Treten doch mal Falten auf, streichen Sie nochmals reichlich Verdünnung über das mangelhafte Stück, ziehen das Papier hoch und streichen es von neuem fest.

Stoffbespannungen

Wie schon im Kapitel „Werkstoffe" erwähnt, ist nur das Bespannen mit Geweben ab etwa 25 g/qm zu empfehlen. Bei leichteren und entsprechend lockerer gewebten Sorten läuft nämlich beim Lackieren der Spannlack sehr leicht durch und setzt sich dann innen an Rippen-, Spanten-, Holm- und Gurtkanten in langen Raupen und an tiefer liegenden Bespannungsteilen in Form von dicken Tropfen ab. Während die Tropfen mehr ein Schönheitsfehler sind, ziehen die Raupen beim Trocknen den Stoff an die Holzteile heran und lassen diese dadurch stark aus der Bespannung heraustreten, worunter sowohl Flugleistungen wie auch Flugeigenschaften leiden können.
Von dem Stoffangebot in den Modellbaugeschäften eignen sich daher 25 g/qm Japanseide, 30 g/qm Kunstseide und Nylon ab 40 g/qm am besten zum Bespannen von Gerippen, während die dünneren Sorten nur zum Verstärken von Kastenrümpfen und Schalenflügeln verwendet werden sollten.

AUFTEILUNG DER BESPANNUNG

Da sich Stoff dank seiner Elastizität und seines Gefüges in gewissen Grenzen in zwei Ebenen, also sphärisch, verformen läßt, kann man mit ihm stets um Nasenleisten herum, über Randbogen und auch über schwächere Knicke hinweg bespannen, sofern die angrenzenden Rippenfelder beplankt sind und damit genügend Klebefläche zur Verfügung steht. Bei Tragflügeln von Fernlenkmodellen ist das fast immer der Fall und Sie können diese daher mit einem einzigen Stück Stoff bespannen, da die erwähnten geeigneten Sorten in ausreichenden Längen erhältlich sind.
Damit im Knick keine Falten entstehen können, sollten Sie immer mit dem Bespannen der Oberseite beginnen **(Skizze 1)**, da diese, durch die V-Form bedingt, in Richtung der Spannweite etwas kürzer ist. Dazu kleben Sie die Bespannung zunächst im Knick fest, ziehen sie dann in Holmrichtung straff und kleben ein kurzes Stück in der Mitte des Randbogens fest. Danach arbeiten Sie in kurzen Stükken abwechselnd nach vorn und hinten weiter, bis die Bespannung schließlich am ganzen Randbogen festklebt. Die nächste Verklebung erfolgt an der Nasenleiste und kann meist über deren gesamte Länge auf einmal erfolgen, wobei Sie wie bei einer Papierbespannung den Stoff lediglich festdrücken, aber in keiner Richtung ziehen. Zum Abschluß kleben Sie die Bespannung an der Endleiste fest und ziehen sie dabei nur so weit straff, daß eventuell vorhandene Falten gerade verschwinden.
Auf der anderen Flügelhälfte kleben Sie die Bespannung in der gleichen Reihenfolge fest und wenn Sie die überstehenden Stoffreste an Endleiste und Randbogen weggeschnitten haben, können Sie den Tragflügel umdrehen und die Unterseite in der gleichen Weise bespannen **(Skizze 2)**.
Lediglich bei Tragflügeln extremer Spannweiten wäre eine Bespannung jeder Flügelhälfte für sich nötig, wobei sich die Bespannungen beider Hälften im Knick mindestens zwei Zentimeter überlappen sollten.
Rümpfe können Sie bei einiger Übung sogar in ein einziges Stück Bespannstoff „einwickeln", wobei Sie allerdings auf drei Seiten einen schrägen Fadenlauf

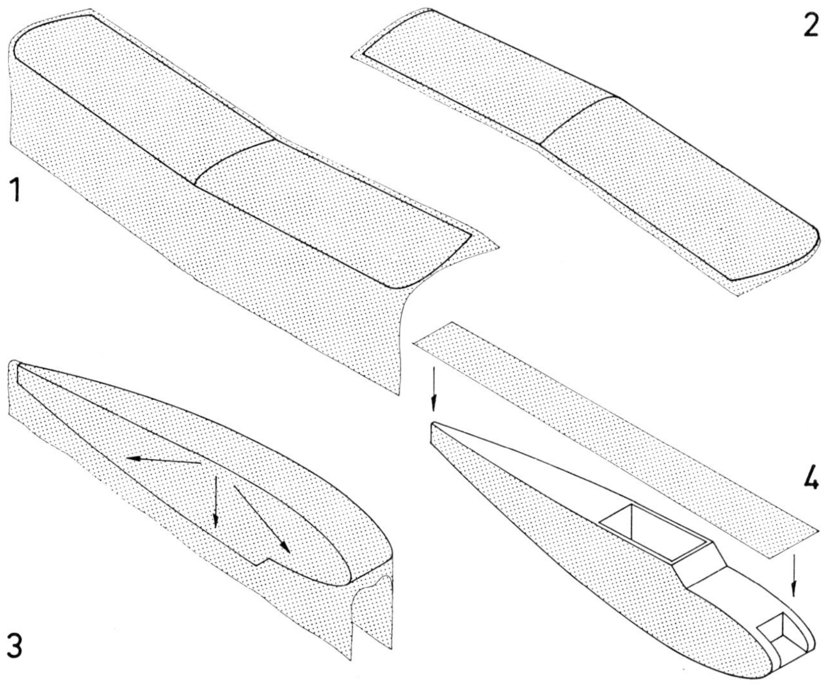

in Kauf nehmen müssen, der jedoch höchstens bei farbloser Lackierung das Aussehen stört. Ich ziehe es im allgemeinen vor, Rümpfe mit einem breiten und einem schmalen Stück Stoff zu bespannen. Dazu lege ich den Rumpf auf den Rücken und bespanne zunächst seine Unterseite **(Skizze 3)**, wobei ich die Bespannung in der Flugrichtung so straff wie möglich ziehe, was vor allen Dingen im vorderen, gekrümmten Teil des Rumpfbodens wichtig ist. Danach klebe ich die überhängende Bespannung an den Rumpfseiten fest, wobei ich an der höchsten Rumpfstelle beginne und die davor- und dahinterliegenden Stücke jeweils in der Richtung der Pfeile straffziehe. Erst wenn auch die Seiten bespannt und ihre Ränder sauber beschnitten und festgeklebt sind, bespanne ich die Oberseite in einem separaten Stück **(Skizze 4)**, wobei ich mit dem Festkleben an der Windschutzscheibe beginne und von da nach hinten und vorn weiterarbeite. Unmittelbar vor der Windschutzscheibe ziehe ich die Bespannung nur in Querrichtung straff, da sie sich sonst aus dem mit der Oberseite des Vorderteils gebildeten Winkel herausziehen könnte.

Tiefdeckerrümpfe mit ihren meist abgerundeten Rücken bespanne ich natürlich umgekehrt, d.h. ich klebe die Bespannung zunächst auf einem schmalen Streifen entlang der höchsten Rumpfstelle unter starkem Zug fest und klebe dann die Bespannung auf den Rest des Rumpfrückens und die Rumpfseiten, wie zuvor bei den Seiten des Hochdeckerrumpfes beschrieben.

Wie Sie gesehen haben, ist das Bespannen mit Stoff im Prinzip durchaus nicht schwierig und die kleineren und größeren Probleme treten erst bei der Ausführung auf, wenn man sie noch nicht kennt und daher nicht von vornherein vermeiden kann.

ZUSCHNEIDEN DER BESPANNUNG

Zum sauberen und schnellen Zuschneiden von Stoff brauchen Sie eine wirklich scharfe Schere, die wohl in keiner Modellbauwerkstatt zu finden sein dürfte und daher von Schwester, Mutter oder sogenannter besserer Hälfte geliehen werden muß. Im allgemeinen erhält man sie nur, wenn man fest verspricht, nicht auch noch Sperrholz, Blech oder andere harte Sachen damit zu schneiden. An solche Versprechen sollten Sie sich strikt halten, denn sonst war das erste auch das letzte Mal. Außerdem brauchen Sie zum Abschneiden der Stoffreste noch einige absolut scharfe Rasierklingen.
Schneiden Sie alle Stücke so zu, daß sie rundherum 2 bis 3 cm größer als das zu bespannende Bauteil sind, damit Sie einen ausreichend breiten Streifen zum Straffziehen behalten und kleinere Verschiebungen des Bespannstoffes nicht gleich zum Ablösen bereits bespannter Teile zwingen.
Normalerweise spannt sich Stoff in Richtung der Kette (in der auch die etwas stärkere Webkante verläuft) stärker als in Richtung des Schusses. Sofern die Größe des zur Verfügung stehenden Stoffstückes das zuläßt, sollten Sie das genau wie beim Zuschneiden einer Papierbespannung berücksichtigen und die Kette in der Längsrichtung der Bespannungsstücke verlaufen lassen, da sowohl bei Tragflügeln wie bei Rümpfen die stärkere Spannung stets in dieser Richtung erwünscht ist.
Eine Ausnahme bildet meines Wissens nur das „Engel"-Nylon, bei dem die Fäden des Schusses so viel stärker als die der Kette sind, daß sich der Unterschied ausgleicht und sich dies Gewebe in allen Richtungen annähernd gleichmäßig spannt.

AUFKLEBEN DER BESPANNUNG

Zum Aufkleben der Bespannung brauchen Sie einen Klebelack, der bisher leider noch nicht gebrauchsfertig in Modellbaugeschäften erhältlich ist. Sie müssen ihn daher selbst herstellen, indem Sie entweder Hartkleber mit Verdünnung streichfähig machen oder Spannlack so weit mit Hartkleber anreichern, bis er gerade noch streichfähig ist. Einen Qualitätsunterschied zwischen diesen beiden Mischungen gibt es kaum und zweckmäßigerweise richten Sie sich bei der Auswahl nach den gerade vorhandenen Vorräten in Ihrer Werkstatt.
Mit diesem Klebelack streichen Sie dann lediglich die Außenkanten des zu bespannenden Bauteils ein, bei einem Tragflügel also Wurzel- bzw. Mittel- oder Knickrippe, Nasenleiste, Randbogen und Endleiste. Von den Rippen sollten Sie nur eventuell hohl gewölbte Unterseiten mit Klebelack bestreichen, da bei allen anderen später der Spannlack diese Aufgabe in ausreichendem Maß übernimmt. Nach dem Trocknen sollte der Klebelack einen blanken Film auf dem Holz bilden, ist das nicht der Fall, müssen Sie noch einen zweiten Anstrich auftragen.
Das eigentliche Aufkleben erfolgt dann wie beim Bespannen größerer Holzflächen mit Bespannpapier, indem Sie von oben her Verdünnung auf die gerade

zu verklebende Stelle pinseln und dann den Stoff so lange festdrücken, bis die Verdünnung verdunstet und der kurzfristig angelöste Klebelack wieder fest geworden ist.
Während Bespannpapier grundsätzlich trocken aufgeklebt wird, werden Bespannstoffe in der Regel feucht verarbeitet, da trocken aufgeklebter Stoff normalerweise sehr viel Spannlack zur Straffung braucht. Durch die Wasseraufnahme reckt er sich jedoch, wird dehnbarer und zieht sich beim Trocknen so weit zusammen, daß er schon vor dem ersten Spannlackanstrich einwandfrei straff ist. Eine Ausnahme bildet wieder das „Engel“-Nylon, das auch trocken aufgezogen einwandfrei straffe und glatte Bespannungen ergibt.
Das Anfeuchten der Bespannung nehmen Sie am besten mit einer Blumenspritze vor, wenn das zugeschnittene Stück bereits auf dem zu bespannenden Bauteil ausgebreitet liegt. Die sich im Lauf der nächsten Minuten bildenden starken Falten ziehen Sie gleichmäßig nach außen weg und erst wenn Sie einige Minuten lang keine weitere Faltenbildung mehr feststellen, beginnen Sie mit dem Aufkleben. Dabei halten Sie die Bespannung durch gelegentliches weiteres Einsprühen so lange feucht, bis das Aufkleben beendet ist.

ABSCHNEIDEN VON STOFFRESTEN

Auf Grund der Weichheit und Schmiegsamkeit der Bespannstoffe ist das Abschneiden überstehender Stoffreste nicht so einfach wie das Abschneiden überstehenden Bespannpapiers. Am besten streichen Sie zunächst den Rand der Verklebungen und den direkt angrenzenden Teil der überstehenden Stoffränder mit Spannlack und lassen diesen gut antrocknen. Das ist besonders wichtig bei stark gerundeten Rumpfkanten, bei denen Sie den Stoff genau so wie eine Papierbespannung bündig mit der angrenzenden Rumpfseite schneiden müssen, ehe Sie den Rand ganz ankleben können. Nach dem Trocknen des Spannlacks ist der überstehende Stoff recht steif geworden und läßt sich mit einer einwandfrei scharfen Rasierklinge glatt abschneiden.
Fangen Sie zu früh mit dem Abschneiden an, wird die Rasierklinge sehr schnell mit Spannlack verkleben und muß dann vor weiterem Gebrauch mit Verdünnung gereinigt werden. Außerdem besteht dann die Gefahr, daß Sie einzelne Fäden aus dem Gewebe herausziehen.
Bei Nylon- und Perlonbespannungen werden Sie feststellen, daß trotz sorgfältiger Klebung an manchen Stellen die Stoffkanten nicht gut auf dem Holz aufliegen. Streichen Sie dann die Außenkanten des Bauteils nochmals mit Spannlack, lassen ihn etwas antrocknen und drücken dann die Stoffkanten fest gegen das Holz. Beginnen Sie zu früh damit, klebt der Spannlack noch zu wenig, fangen Sie zu spät an, klebt er nicht mehr. Nach wenigen Versuchen bekommen Sie jedoch das richtige Gefühl dafür, und mit diesem Arbeitsgang ist dann die Bespannung fertig zum Streichen mit Spannlack.

Spannlackieren

Der Spannlack hat nicht nur die seinem Namen entsprechende Aufgabe, die Bespannung zu straffen. Er soll auch ihre Poren füllen, um sie luft- und wasserdicht zu machen und das Modell gegen Witterungseinflüsse zu konservieren. Außerdem soll er durch innige Verklebung der Papierfasern und Gewebefäden die Festigkeit der Bespannung erhöhen und schließlich bei Motormodellen die Modelle gegen verschütteten Kraftstoff und im Motor nicht verbrannte Kraftstoffrückstände schützen.

SPANNLACKAUSWAHL

Spannlacksorten zur Erfüllung der ersten drei Aufgaben gibt es beinahe wie Sand am Meer und damit sehr preisgünstig, was bei einigen hundert Lackfabriken in der Bundesrepublik weiter kein Wunder ist. An kraftstoffbeständigem Spannlack sind dagegen nur wenige Marken erhältlich, die dazu in Qualität und Preis recht unterschiedlich sind. Lassen Sie sich daher beim ersten Einkauf von einem erfahrenen Modellflieger beraten und kaufen Sie zunächst nur die ansonsten viel zu teuren 100-g-Dosen, bis Sie die Sorte gefunden haben, die all Ihre Ansprüche erfüllt. Von da ab können Sie Ihre Modelle für etwa die Hälfte des Geldes spannlackieren, wenn Sie den Lack in 1 kg-Dosen kaufen. Das gilt übrigens genauso für Porenfüller und Verdünnung, wobei zu letzterer noch zu bemerken ist, daß kraftstoffbeständiger Spannlack sich nicht nur mit seiner teuren Spezialverdünnung, sondern auch mit mancher billigen Nitro-Verdünnung ausgezeichnet verträgt, wodurch sich eine weitere Möglichkeit zur Senkung der Anstrichkosten ergibt.

WIEVIEL ANSTRICHE?

Wie oft Sie Ihr Modell mit Spannlack streichen müssen, hängt sowohl von der Modellart wie von der Spannlackmarke und dem verwendeten Bespannmaterial ab. Auf keinen Fall sollten Sie das leichte Gerippe eines Hochleistungsseglers oder kleinen Freiflugmodells durch zahlreiche Spannlackanstriche mit entsprechend kräftiger Straffung der Bespannung strapazieren und dadurch ansonsten vermeidbare Verzüge heraufbeschwören. Genauso falsch wäre es, den kräftigen Tragflügel eines Sport- oder Fernlenkmodells nur sparsam und dünn zu bestreichen, um später nach beinahe jeder Landung die viel zu empfindlich gebliebene Bespannung flicken zu müssen.

Im ersten Fall sind drei dünnere Anstriche meist ausreichend, während im zweiten Fall bis zu fünf dicke oder zehn dünne Anstriche ratsam sind.

ANSTRICHTECHNIK

Wollen Sie alle anfangs erwähnten Eigenschaften des Spannlacks voll ausnutzen, sollten Sie besser viele dünne als wenige dicke Anstriche auftragen. Das ist besonders bei den ersten Anstrichen wichtig, bei denen der Spannlack das Papier bzw. Gewebe ganz durchdringen soll, um Fasern bzw. Fäden innig miteinander zu verkleben, da sich nur dadurch die höchstmögliche Festigkeit der Bespannung erreichen läßt. Abgesehen davon werden viele dünne Anstriche eine gleichmäßigere

Oberfläche ergeben als wenige dicke, vor allem dann, wenn Sie die Pinselstriche von Anstrich zu Anstrich wechselnd mal längs und mal quer führen.
Vermeiden Sie unter allen Umständen, bereits gestrichene und noch feuchte Stellen nochmals zu überstreichen, weil dadurch der schon nach wenigen Sekunden etwas eingedickte Spannlack ungleichmäßig verteilt würde, was sich später durch matte oder übermäßig glänzende Stellen bemerkbar macht. Außerdem sollte jeder Anstrich hart durchgetrocknet sein, ehe der nächste aufgetragen wird. Schneller als mit je einem Anstrich morgens und abends sollten Sie daher nie ein Modell lackieren.
Die beste Oberfläche erreichen Sie, wenn Sie nach völliger Schließung der Poren in der Bespannung (etwa vom dritten Anstrich an) jeden hart durchgetrockneten Anstrich mit feinstem Sandpapier leicht überschleifen und den entstandenen Staub sorgfältig mit einem feuchten Lappen abwischen.
Um die Dicke des Spannlacks jederzeit regeln zu können, streiche ich ihn nie aus der Dose, sondern fülle ihn dazu in ein mindestens 1/2 Liter fassendes Schraubglas um und kann dann durch Zugabe von Verdünnung Dicke und Streichfähigkeit meinen Wünschen anpassen.
Den zum Streichen verwendeten Haarpinsel lasse ich nach Gebrauch bis zum letzten Anstrich mit Hilfe einer über den Stiel geklemmten Federklammer im Spannlackglas hängen, da jedesmaliges Auswaschen nicht nur Zeit und Verdünnung kostet, sondern den Pinsel auch unnötig strapazieren würde. Auf keinen Fall dürfen dabei die Haare des Pinsels den Boden berühren, denn nach längerem Stehen im Glas wären sie krumm und gespreizt. Der ganze Pinsel würde eher einem Strauchbesen ähneln und wäre für einen wirklich sauberen Anstrich nicht mehr zu gebrauchen.

Da mit jedem Spannlackanstrich die Straffung der Bespannung zunimmt, kann es zur Vermeidung von Verzügen ratsam werden, die Straffung zu begrenzen. Sie erreichen das durch eine Beimischung von etwa 2 % Rizinusöl zum Spannlack und gewinnen dadurch gleichzeitig eine größere Elastizität der Bespannung und des Lackfilms, höheren Glanz und größere Wetterbeständigkeit. Ob das Mischungsverhältnis richtig war, merken Sie bereits nach dem ersten Anstrich mit dieser Mischung. Bleiben Straffung und Trockenzeit annähernd normal, müssen Sie noch mehr Rizinusöl zusetzen, bleibt die gestrichene Mischung dagegen zu lange klebrig, gehört ein Schuß normaler Spannlack hinein, um den Rizinusanteil wieder herabzusetzen.

*

Sind Sie mit dem letzten Spannlackanstrich fertig, werden Sie möglicherweise feststellen, daß Tragflügel oder Leitwerk verzogen sind. Lassen Sie sich dadurch nicht weiter stören und tun Sie vorerst nichts dagegen. Der beste Zeitpunkt zur Beseitigung von Verzügen ist nämlich erst kurz vor dem Einfliegen und alles Nähere darüber werden Sie im Kapitel „Flugvorbereitungen“ lesen.

OBERFLÄCHENBEHANDLUNG

Während auf den letzten Seiten ausschließlich von bespannten Bauteilen die Rede war, geht es hier um den Weg von der verschliffenen zur fertig grundierten Holzoberfläche, also um die Vorbereitung von Kastenrümpfen, Schalenflügeln und Brettleitwerken zur endgültigen Lackierung.
Sie brauchen dazu Porenfüller, Naßschleifpapier, feine Stahlwolle und viel Ellenbogenschmalz und Geduld.
Die für unsere Zwecke besten Porenfüller enthalten einen hohen Anteil an Füllmitteln, trocknen annähernd glasklar auf, lassen sich bereits nach weniger als einer Stunde Trockenzeit einwandfrei schleifen und sind eher hart als zäh, so daß sie beim Schleifen nicht zum Schmieren neigen. Auf der Suche nach der für Ihren Geschmack besten Sorte sollten Sie auch in Schreinerbedarfs- und Farbengeschäfte gehen und dort nach füllmittelhaltigem Schnellschliffgrund fragen. Unter Umständen erhalten Sie dort eine Sorte, die genauso gut und besser als spezieller Flugmodellporenfüller ist, aber weniger als die Hälfte kostet. Achten Sie unbedingt darauf, daß dieser Schnellschliffgrund tatsächlich ein Füllmittel enthält, da Sie sonst nie mit ihm zum Ziel kommen werden, während für Maler oftmals die eigentlich als Bindemittel enthaltene Nitrozellulose auch als Füllmittel ausreichend ist.
Um Porenfüller und auch Lack schnell und sauber schleifen zu können, brauchen Sie Naßschleifpapier der Körnungen 240, 320 und 400, denn das ohnehin schon vorhandene und wesentlich billigere Sandpapier ist für diese Aufgabe nur sehr bedingt geeignet. Umgekehrt können Sie jedoch Naßschleifpapier auch trocken zum Schleifen von Balsaholz verwenden, wobei es schneller bessere Resultate als Sandpapier ergibt, auf Grund seines hohen Preises aber unwirtschaftlich ist.
Stahlwolle brauchen Sie zum Abreiben des letzten Porenfülleranstrichs, falls dieser leichte und mit dem Naßschleifpapier nicht zu beseitigende Mängel aufweisen sollte. Kaufen Sie möglichst die Sorte 000, die Ihnen die Gewißheit gibt, keine Kratzer zu verursachen. Sie können sie auch später zum Abreiben des letzten Lackanstrichs verwenden, wenn Sie an Stelle von Hochglanz matten Seidenglanz wünschen, der besonders bei nicht ganz perfekten Anstrichen empfehlenswert ist, da er Fehler nicht so stark hervorhebt.
Ellenbogenschmalz und Geduld sind glücklicherweise nicht käuflich, aber ihren Einsatz kann man an der Güte der Modelloberfläche erkennen. Man hat damit die Möglichkeit, gute und sorgfältige Modellflieger von den mehr mittelprächtigen Anhängern unseres Hobbies zu unterscheiden.

ARBEITSWEISE

Zur Erzielung einer einwandfrei glatten Grundierung für einen Superanstrich brauchen Sie etwa fünf Anstriche mit Porenfüller, von denen Sie jeden einzelnen nachschleifen müssen.
Um ein Eindringen von Wasser in das Holz und dadurch hervorgerufene Quellungen zu vermeiden, die die ganze Oberfläche verderben können, sollten Sie die ersten beiden Anstriche nur mit feinem Sandpapier der Körnung 180 nachschleifen.

Zum Schleifen ebener Flächen müssen Sie sowohl jetzt wie später unbedingt einen Schleifklotz verwenden, denn freihändig würden Sie unweigerlich Wellen hineinschleifen, die später durch einen hochglänzenden Lackanstrich deutlich sichtbar würden. Zum freihändigen Schleifen runden Sie die Ecken der Schleifpapierstücke gut ab, da sonst durch die Ecken Kratzer in die Oberfläche kommen können.

Nach dem dritten Porenfülleranstrich sind Sie sicher, daß das Holz überall mit einer ausreichend dicken Schicht bedeckt ist, um einwandfrei vor Wasser geschützt zu sein. Von da ab verwenden Sie das Naßschleifpapier, das Sie durch Eintauchen in Seifenwasser ständig naß und nicht nur feucht halten. Sie erzielen dadurch nicht nur einen glatteren Schliff, sondern vermeiden auch, daß der Schleifstaub sich festsetzt und das Schleifpapier dadurch seine Schleiffähigkeit verliert. Wenn Sie den dritten Porenfülleranstrich mit dem groben, den vierten mit dem mittleren und den fünften mit dem feinen Naßschleifpapier schleifen, kommen Sie mit dem geringstmöglichen Arbeitsaufwand zu einer glatten Oberfläche.

Haben Sie von Anfang an nicht genügend aufgepaßt, was besonders bei den ersten Grundierungen sehr wahrscheinlich ist, wird die Oberfläche nicht makellos sein, sondern hier und da kleine Vertiefungen aufweisen, in denen der Porenfüller nicht vom Schleifpapier erfaßt wurde. Versuchen Sie keinesfalls, diese Vertiefungen mit je einem Tropfen Porenfüller aufzufüllen, denn dadurch würden Sie mit Sicherheit eine noch schlechtere Oberfläche erhalten. Vielmehr sollten Sie dann die ganze betroffene Fläche noch ein- bis zweimal mit Porenfüller streichen und diese Anstriche fast völlig wieder abschleifen, bis die Vertiefungen ausgefüllt sind.

Erscheint Ihnen das zu mühsam, reiben Sie, wie schon erwähnt, die Oberfläche mit der Stahlwolle nach, beschränken sich später beim Lack mit einem matten Seidenglanz und nehmen die kleinen Mängel in Kauf, die man dann nur bei sehr genauem Hinsehen entdecken wird.

Soll das Holz durch eine Papier- oder Stoffbespannung verstärkt werden, kleben Sie diese in der bereits beschriebenen Weise nach dem zweiten oder dritten Porenfülleranstrich auf. Wieviel weitere Anstriche mit Porenfüller dann noch bis zur Erzielung einer völlig glatten Oberfläche erforderlich sind, hängt weitgehend von der Struktur des Bespannmaterials ab. Papier wird zumindest noch zwei, Stoff drei bis vier Anstriche erfordern. Die Mühe lohnt sich durchaus, denn neben der Erhöhung der Festigkeit ergibt die Bespannung auch eine größere Haltbarkeit der Lackierung, die dadurch vor allem gegen Risse geschützt wird.

Bei Segelflugmodellen kann die Grundierung zugleich als Lackierung dienen, da diese Modelle mit einer Naturholz-Oberfläche sehr gut aussehen. Wenn Sie von vornherein nichts weiter vorhaben, können Sie sich sogar den Großteil der Schleiferei ersparen, denn ein gründlicher Schliff mit grobem Naßschleifpapier nach dem dritten und ein Abreiben mit Stahlwolle nach dem fünften Porenfülleranstrich ergibt eine durchaus akzeptable naturfarbige Oberfläche von mattem Seidenglanz, die ich bei vielen meiner Segelflugmodelle mit bestem Erfolg verwendet habe.

BEMALUNG

Zur Bemalung bzw. Lackierung der Modelle werden in den Fachgeschäften farbige Spannlacke, Kunstharzlacke und Zweikomponentenlacke angeboten.

SPANNLACK

Bei der Wahl zwischen den einzelnen Sorten sollten Sie unbedingt den Verwendungszweck berücksichtigen, denn wenn Sie bespannte Bauteile mit Kunstharzlack oder Zweikomponentenlack streichen, werden Reparaturen erheblich umständlicher und zeitraubender. Für solche Teile sollten Sie daher nur farbigen Spannlack verwenden, bei Motormodellen natürlich eine kraftstoffbeständige Sorte.

Denken Sie auch daran, daß farbiger Spannlack mehr als farbloser wiegt und daß hellere Farben schwerer als dunkle Töne sind. Streichen Sie daher Ihr Modell zunächst mit farblosem Spannlack und verwenden Sie farbigen Lack erst für die letzten Anstriche. Wieviel Anstriche farbig sein müssen, hängt sowohl von der Deckkraft der verwendeten Sorte wie vom Farbton ab, denn hellere Farben decken bei allen Fabrikaten schlechter als dunklere.

Auch für alle anderen Bauteile halte ich farbigen Spannlack für den zweckmäßigsten Anstrich, denn er läßt sich einfach verarbeiten und erfüllt seinen Zweck. Ich sehe deshalb nicht ein, weshalb ich mir noch andere Lacksorten nebst den dazugehörigen Verdünnungen kaufen soll.

KUNSTHARZLACK

Kunstharzlack ist ausgezeichnet zum Streichen von Schiffsmodellen geeignet, bei Flugmodellen halte ich ihn für nicht so günstig. Er glänzt zwar stärker als die meisten Spannlacksorten, bringt jedoch viele Nachteile mit sich. Er trocknet sehr langsam und fängt während der Trockenzeit mit Sicherheit jedes durch die Werkstatt schwirrende Staubteilchen ein und neigt beim nicht hauchdünnen Verstreichen zur Bildung häßlicher Tropfen.

ZWEIKOMPONENTENLACK

Erheblich besser sind da schon die Zweikomponentenlacke, denn sie verlaufen trotz kurzer Aushärtezeit meist ausgezeichnet und sind vor allem absolut kraftstoffbeständig. Hervorragend geeignet sind sie zum Streichen von Modellen, deren Oberflächen durchweg aus Holz bestehen.

Bei Verwendung von dem in allen Modellbaugeschäften erhältlichen „WiK"-Zweikomponentenlack können Sie getrost auf jede Bespannung zur Verstärkung der Holzteile verzichten und brauchen auch keinen Porenfüller, denn nach zwei mit Naßschleifpapier geschliffenen Anstrichen ist die Oberfläche extrem fest und glatt. Ein weiterer, gegebenenfalls mit dazu erhältlicher Farbpaste eingefärbter Anstrich ergibt dann einen ausgezeichneten und dauerhaften Hochglanz, der noch nach Jahren Ihr Modell wie neu aussehen läßt.

MEHRFARBIGE ANSTRICHE

Wollen Sie ein Modell mehrfarbig gestalten, sollten Sie nicht einfach drauflos-

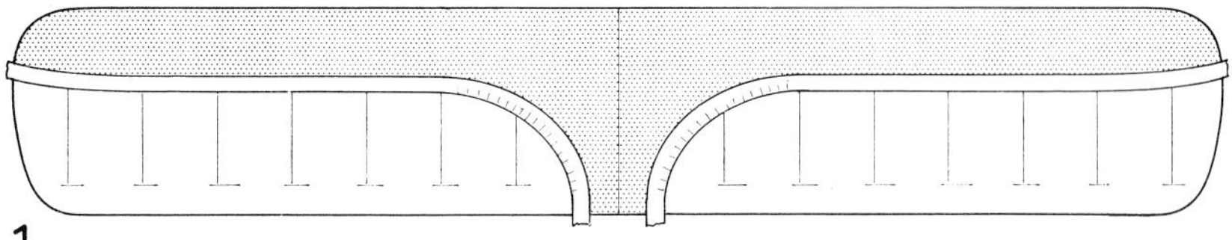

1

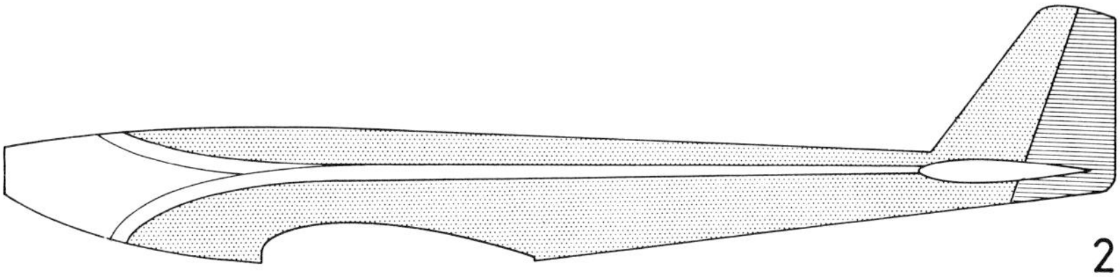

2

arbeiten, sondern sich zunächst mehrere farbige Entwürfe zeichnen und dazu eventuell die Abbildungen großer Flugzeuge als Anregung benutzen. Haben Sie dann eine in Form und Farbe geschmackvolle Lösung gefunden, streichen Sie das Modell zunächst in der hellsten vorgesehenen Farbe, auf der ein dunklerer Anstrich einwandfrei deckt, was umgekehrt mit Sicherheit mehrere Anstriche erfordern würde.

Nach gründlicher Trocknung decken Sie die Kanten der hellbleibenden Teile mit Tesakrepp ab **(Skizzen 1 und 2)**, drücken das Tesakrepp so fest und glatt wie möglich an und versiegeln seine Kante mit einem schmalen Strich verdünnten farblosen Lacks der gleichen Marke. Dieser meist unterlassene Arbeitsgang schließt mit absoluter Sicherheit aus, daß später an einer nicht einwandfrei anliegenden Stelle farbiger Lack die Abdeckung „unterläuft" und ärgerliche Ausbesserungen erfordert.

Erst wenn die farblose Versiegelung trocken ist, streichen Sie den dunkleren Farbton und ziehen das Tesakrepp vorsichtig und langsam über sich selbst zurück ab, ehe der Anstrich völlig getrocknet ist. Wenn Sie den Tesakrepp einfach nach oben wegziehen, besteht die Gefahr, Stücke der helleren Lackierung von der Grundierung herunterzureißen.

Muß die Abdeckung schmaler als das zur Verfügung stehende Tesakrepp sein **(Skizze 2)**, kleben Sie den Streifen in voller Breite auf und schneiden ihn erst auf dem Modell mit Lineal und Rasierklinge auf die richtige Breite. Dabei gelegentlich zu tief geführte Schnitte werden von der farblosen Versiegelung der Kanten einwandfrei geschlossen.

Wünschen Sie eine Super-Oberfläche, können Sie den mehrere Tage getrockneten Lack noch mit einer schleifmittelhaltigen Auto-Polierpaste abreiben, die Sie genau nach Gebrauchsanweisung verwenden, und anschließend das Modell mit Hartwachs einreiben und polieren. Wollen Sie jedoch außer der Farbe noch Schiebebilder oder andere Verzierungen anbringen, warten Sie mit dem Einwachsen und Polieren, bis auch diese angebracht sind.

VERZIERUNGEN

Zur Verzierung von Modellen mit Hoheitszeichen, Kennzeichen, Namen usw. werden überwiegend Schiebebilder benutzt, deren Verwendung denkbar einfach ist. Dennoch gibt es auch dabei einige Kniffe, deren Kenntnis manchen Ärger vermeiden kann.

Die einfachste Vorsichtsmaßnahme besteht darin, die Schiebebilder nur so lange wie unbedingt nötig zu wässern, um ihre maximale Haftfähigkeit zu erhalten. Meist genügt es, sie kurz in Wasser zu tauchen und danach einige Minuten liegen zu lassen, bis sich das Deckpapier unter ihnen vorziehen läßt. Schieben Sie sie sofort danach in die richtige Lage und drücken Sie alle größeren Luftblasen mit einer angefeuchteten Fingerspitze oder einem feuchten Lappen zur Seite heraus, denn in diesem relativ trockenen Zustand fangen sie sehr schnell zu haften an.
Einige Hersteller bezeichnen ihre Schiebebilder, sicherlich zu Recht, als absolut kraftstoffbeständig. Wasserbeständig sind sie deshalb keinesfalls und ein Schutzanstrich mit farblosem Kunstharzlack bei Seglern oder Zweikomponentenlack bei Motormodellen ist immer ratsam. Kommen Sie aber nicht etwa auf die Idee, dazu Spannlack zu verwenden, denn der verwandelt jedes Schiebebild in kürzester Zeit zu Krepp und es ist annähernd unmöglich, diesen Murks spurenlos vom Modell zu entfernen.

Kennzeichen und Namen müssen häufig aus einzelnen Ziffern und Buchstaben zusammengesetzt werden. Schneiden Sie diese möglichst mit Lineal und Rasierklinge mit gleichmäßigem Rand aus den Bogen heraus. Heften Sie dann einen Streifen Tesakrepp einige Millimeter unter die vorgesehene Unterkante des Kennzeichens oder der Beschriftung, zeichnen Sie die Lage jedes einzelnen Zeichens darauf an und richten Sie sie beim Aufschieben genau danach aus. Nur auf diese Weise bekommen Sie mehrteilige Beschriftungen absolut gradlinig genau auf die richtige Stelle.

Zur Verzierung größerer Modelle werden Sie öfters keine aureichend großen Zeichen bekommen. Kaufen Sie dann stattdessen einen oder mehrere Bogen Schiebe-„Farben" und schneiden Sie sich die benötigten Zeichen selbst aus. Das ist gar nicht so kompliziert, wenn Sie sich nach nebenstehender Vorlage richten und zunächst auf ein Stück weißes Papier ein Gitternetz passender Größe zeichnen, in das Sie dann mit Winkel und Lineal die benötigten Zeichen eintragen. Legen Sie dann so viele Bogen Schiebe-„Farben" auf ein glattes Brett oder ein Stück dicken Karton, wie Sie Kennzeichen oder Namen benötigen, und heften Sie die gezeichnete Vorlage mit Tesakrepp fest darüber. Dann schneiden Sie mit Linieal und Balsamesser die Zeichen aus und behandeln sie von da ab wie normale Schiebebilder.
Sehr gut eignet sich dazu auch Polyester-Bespannfolie, die Sie in diesem Fall lediglich festdrücken und nicht festbügeln. Um daraus geschnittene Zeichen in Ruhe an den richtigen Platz schieben zu können, sollten Sie die entsprechende Stelle des Modells vorher mit Wasser bestreichen, dem Sie zur Entspannung einige Tropfen eines modernen Spülmittels zugesetzt haben. Wenn das Wasser verdun-

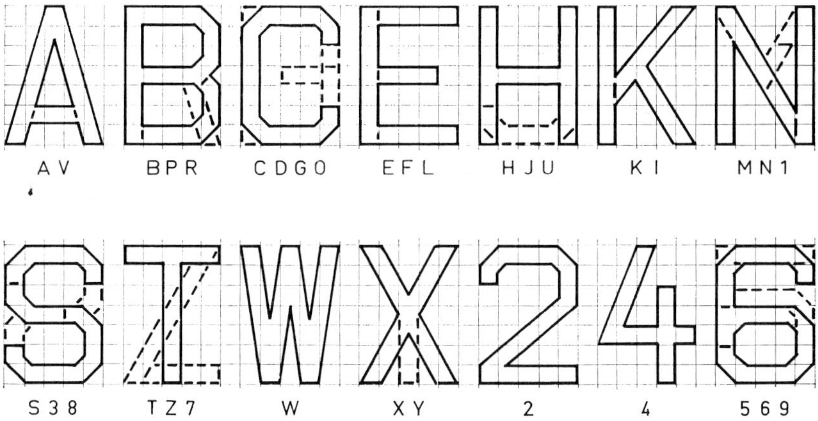

stet ist, drücken Sie die Zeichen nochmals fest und sie werden dann einwandfrei haften.
In gleicher Weise, und dazu erheblich billiger, können Sie auch alle benötigten Zeichen aus farbigem Bespannpapier schneiden und mit von oben her sparsam aufgetragener Verdünnung festkleben.
In allen drei Fällen ist zum Abschluß wieder ein farbloser Schutzanstrich erforderlich, dessen Rand Sie mit Tesakrepp abgrenzen.
Am besten eignen sich Zeichen aus farbigem Bespannpapier zur Beschriftung von Modellen, die nur mit farblosem Spannlack gestrichen werden. In diesen Fällen klebt man die Zeichen bereits auf, sobald die Bespannung glatt und straff ist und streicht dann alle weiteren Anstriche darüber. Dadurch verschwinden die Kanten der Zeichen völlig im Lackfilm und sind zum Schluß höchstens noch für die empfindlichen Fingerspitzen eines Bankkassierers spürbar.
Kabinenfenster an meinen Kastenrumpfmodellen markiere ich soweit wie möglich mit Schiebe-„Farben“, weil mir das Abdecken mit Tesakrepp und Streichen mit farbigem Spannlack bei so kleinen Teilen zu umständlich ist. Ich passe dazu zunächst Papierschablonen am Modell an und schneide nach ihnen, soweit wie möglich paarweise, die Schiebe-„Farben“ zu.
Beim paarweisen Zuschnitt von Figuren und Verzierungen für die beiden Rumpfseiten müssen Sie übrigens beachten, daß diese in den meisten Fällen spiegelverkehrt sind und daher die Schiebe-„Farben“ oder Bespannfolien mit ihren Vorder- oder Rückseiten gegeneinander zum Ausschneiden unter die Schablonen gelegt werden müssen.
Zur Herstellung schmaler Zierstreifen eignen sich Streifen aus Schiebe-„Farben“ und Polyester-Bespannfolie erheblich besser als Tesakrepp, Pinsel und Farbe. Sie werden in jedem Fall absolut scharfkantig sein und können bei eventuellem Mißlingen einwandfrei und spurenlos wieder entfernt werden.

FERNGESTEUERTE FREIFLUGMODELLE

Sind Sie dabei, den Modellflug von der Pike auf zu erlernen, werden Sie eines Tages auch Ihr erstes Fernlenk-Motormodell aussuchen müssen. Sie erleben dann wieder die Qual der Wahl, und bei dem großen Angebot wird Ihnen die Entscheidung sicher schwerfallen. Dabei gibt es eine ganz einfache Lösung dieses Problems: Bauen Sie Ihr letztes Freiflugmodell noch einmal!
Möglicherweise erscheint Ihnen dieser Vorschlag absurd. Er ist es durchaus nicht, denn zahlreiche ältere Modellflieger haben so mit der Fernsteuerei anfangen müssen, weil es zu ihrer Zeit noch keine Baukästen speziell für den Fernlenkflug entwickelter Modelle gab. Sie hatten dabei den großen Vorteil, ihr Modell mit allen seinen Eigenarten schon zu kennen und brauchten daher weder beim Bau noch beim Einfliegen mit Überraschungen zu rechnen.
Ein weiterer Grund für das Fernsteuern von Freiflugmodellen kann auch Kleinholz sein. Wenn es am letzten Wochenende so gekracht hat, daß an eine Reparatur bis zum nächsten Sonntag nicht zu denken ist, hat schon mancher Fernlenkexperte ein fast vergessenes Freiflugmodell vom Dachboden geholt, entstaubt und auf RC frisiert.
Fühlen Sie sich jetzt irgendwie betroffen, sollten Sie das Beste aus Ihrer Lage machen und beim Bau oder Umbau die besonderen Erfordernisse des Fernlenkfluges berücksichtigen. Sie können nämlich durch verhältnismäßig wenig Änderungen ein vollwertiges RC-Modell erhalten und brauchen später nie irgendwelche Rücksichten auf seine „niedere Herkunft" zu nehmen.
Worauf es dabei in erster Linie ankommt, hängt zu einem wesentlichen Teil von der Größe des Modells und vom Gewicht der zu verwendenden Fernsteuerung ab. Als Faustregel können Sie annehmen, daß die Fernlenkeinbauten (Empfänger, Rudermaschinen und Akkus) nicht wesentlich mehr als die Hälfte des flugfertigen Freiflugmodells wiegen sollten. Selbstverständlich kann man einem Modell auch wesentlich mehr Zuladung zumuten, aber für Fernlenk-Anfänger ist es dann nicht mehr geeignet.
Aus diesem Gewichtsvergleich ergibt sich nicht nur, ob das geplante oder noch vorhandene Modell in Frage kommt, sondern auch, ob Sie außer dem Seitenruder noch eine Motordrossel vorsehen können. Mehr sollten Sie beim ersten Fernlenkmodell auf keinen Fall anstreben.

ÄNDERUNGEN DES TRAGFLÜGELS

Je schwerer die Fernsteuerungseinbauten sind, desto wichtiger ist es, die Festigkeit des Tragflügels dem erhöhten Fluggewicht und den durch das Steuern möglichen höheren Belastungen anzupassen.
Berücksichtigen Sie bei einem Neubau auch, daß ein Fernlenkmodell nicht so querstabil wie ein Freiflugmodell zu sein braucht, und verringern Sie deshalb möglichst die V-Form auf etwa die Hälfte.
Zur Verstärkung des Tragflügels stehen Ihnen beim Neubau zahlreiche Möglichkeiten zur Verfügung, von denen ich jedoch nur die erwähnen will, bei denen mög-

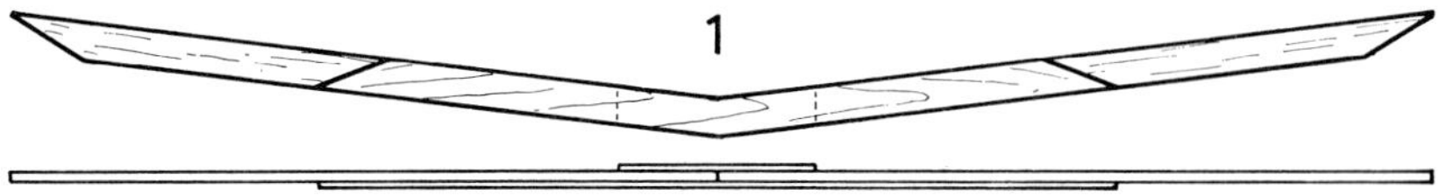

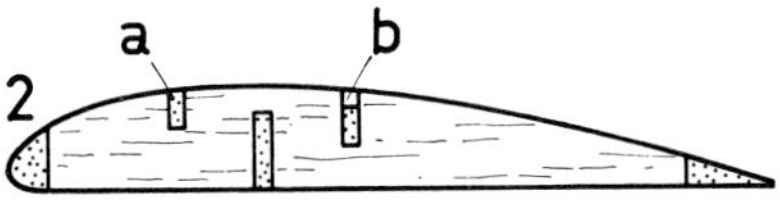

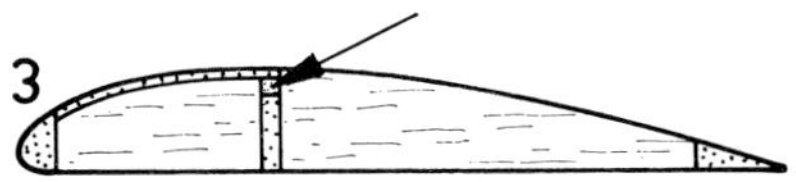

lichst viele Teile des Baukastens im Original oder nur leicht abgeändert verwendet werden können:

1. Ersatz der im Bauplan vorgesehenen Balsaholme durch Kiefernleisten gleichen Querschnitts und Verdoppelung der Knickverstärkung. Hat der Balsaholm einen Querschnitt, den es als Kiefernleiste nicht zu kaufen gibt, leimen Sie entsprechende Kiefernleisten zusammen, z. B. 3 x 15 mm aus je einer Leiste von 3 x 5 und 3 x 10 mm.

2. Verwendung stärkerer als vorgesehener Balsaholme bis etwa zur halben Spannweite. Sie brauchen deswegen die im Baukasten enthaltenen Holme nicht wegzuwerfen, sondern können sie durch Aufleimen weiterer Leisten auf den gewünschten Querschnitt bringen. Selbstverständlich müssen dann die Holmaussparungen in den Rippen dem neuen Holmquerschnitt angepaßt werden.

3. Verstärkung des Holmmittelstücks bis etwa zur halben Spannweite durch Sperrholzaufleimer **(Skizze 1).** Das dazu verwendete Sperrholz sollte etwa ein Drittel so dick sein wie der ursprüngliche Balsaholm, also 1 mm bei einem 3 mm dicken und 1.5 oder 2 mm bei einem 5 mm dicken Holm.

Vergessen Sie dabei nicht, die ursprünglich vorgesehene Knickverstärkung auf die andere Holmseite zu leimen. Auch hier müssen die Holmaussparungen in den Rippen dem neuen Holmquerschnitt entsprechend nachgearbeitet werden.

4. Einbau zusätzlicher Holme **(Skizze 2).** Diese Lösung verursacht durch das Ausschneiden der zusätzlichen Holmaussparungen zwar verhältnismäßig viel Arbeit, ist aber die einzige Möglichkeit zur nachträglichen Verstärkung eines schon fertigen Tragflügels. Sie entfernen dazu die Bespannung der Oberseite, heften die neuen Holme mit Stecknadeln auf die Rippen und stechen mit einer dicht an die Holmseiten gehaltenen Rasierklinge die Aussparungen ein. Ob Sie dann die neuen Holme bündig mit den Rippenoberkanten **(Skizze 2a)** oder versenkt **(Skizze 2b)** einbauen, ist vorwiegend Geschmackssache. Vergessen Sie aber auf keinen Fall, die neuen Holme in der Mitte durch Knickverstärkungen zu verbinden.

5. Beplankung der Flügelnase **(Skizze 3)** mit leichtem 1.5 oder 2 mm Balsa. Nehmen Sie dazu kein dünneres Holz, weil es unter der fast ausschließlichen Druckbeanspruchung während des Fluges unweigerlich ausknicken würde. Schneiden Sie eine Rippennase sorgfältig um die Beplankungsstärke niedriger und benutzen Sie diese als Schablone für die Änderung aller übrigen Rippen. Füllen Sie auch unbedingt vor dem Beplanken den Zwischenraum zwischen Holm-

oberkante und Beplankungsunterseite mit von Rippe zu Rippe reichenden Aufleimern aus. Nur dann wirkt die Beplankung wie ein zusätzlicher Holm, sonst würde sie lediglich die Profilform verbessern und das Gewicht erhöhen.
Haben Sie nun nach einer dieser Methoden den Tragflügel auf die ihm bevorstehenden höheren Belastungen vorbereitet, müssen Sie in Zukunft auch mehr oder kräftigere Gummiringe zu seiner Befestigung verwenden. Erscheinen Ihnen die Befestigungsknebel im Rumpf dafür zu schwach, dann bauen Sie etwas stärkere ein.
Schützen Sie auch die Hinterkante des Tragflügels durch ein Stück dahintergeklebten Drahtes davor, von den Gummiringen zerdrückt zu werden. Dieser Draht sollte 1 bis 1.5 mm stark und doppelt so lang sein, wie der Rumpf breit ist. Dann bleiben die Gummiringe immer auf dem Draht, auch wenn der Tragflügel bei einer harten Landung mal etwas verrutscht.

ÄNDERUNGEN AM RUMPF
Um die ebenfalls beträchtlich erhöhten Beanspruchungen bei den Landungen zu berücksichtigen, empfiehlt sich auch eine Verstärkung des Rumpfes. Am einfachsten geht das mit seitlichen Sperrholzaufleimern **(Skizze 4)**, die sich auch ohne Schwierigkeiten auf einen schon fertigen Rumpf aufleimen lassen. Die Aufleimer sollten 0.8 oder 1 mm dick sein; sie bieten nicht nur eine festere Verbindung von Tragflügel, Fahrwerk und Motor, sondern auch einen besseren Schutz der meist nicht ganz billigen Empfangsanlage.
Den gleichen Erfolg erreichen Sie bei einem Neubau durch innen eingeleimte Verdoppelungen der Rumpfseitenwände im gleichen Bereich. Schneiden Sie diese Verstärkungen möglichst so zu, daß ihre Fasern etwas schräg zu denen der Rumpfseiten verlaufen, um auch bei höchster Beanspruchung ein Aufplatzen des Rumpfes längs der Faserung auszuschließen.
Denken Sie vor dem Zusammenbau daran, die im Bereich der Verstärkungen sitzenden Spanten um den entsprechenden Betrag schmaler zu schneiden.

DAS FAHRWERK
Sicherlich sind Sie schon von Ihren Freiflugmodellen her an Kummer mit verbogenen Fahrwerken gewöhnt. Für das durch die Einbauten schwerer gewordene Modell sollten Sie daher unbedingt auch das Fahrwerk verstärken. Beim schon fertigen Modell bleibt Ihnen dazu kaum eine andere Möglichkeit, als nachträglich Stahldrahtwinkel ans Fahrwerk zu wickeln und zu löten und mit Stoffstreifen an die Rumpfkante zu kleben **(Skizze 4a)**.
Bei Neubauten sollten Sie zumindest stärkeren als den im Baukasten enthaltenen Stahldraht verwenden, noch besser ist es, aus Duralblech hergestellte Fahrwerke mit Gummiringen unter dem Rumpf zu befestigen.

MOTORLEISTUNG UND FLUGDAUER
Haben Sie alle Teile wie beschrieben verstärkt, ist Ihr Modell bestens auf den oft recht rauhen Fernlenkbetrieb vorbereitet. Einen größeren und stärkeren Motor sollten Sie jedoch vorerst noch nicht einbauen, denn je langsamer Ihr Modell fliegt, desto weniger Schwierigkeiten wird es Ihnen bei den ersten Flügen bereiten.

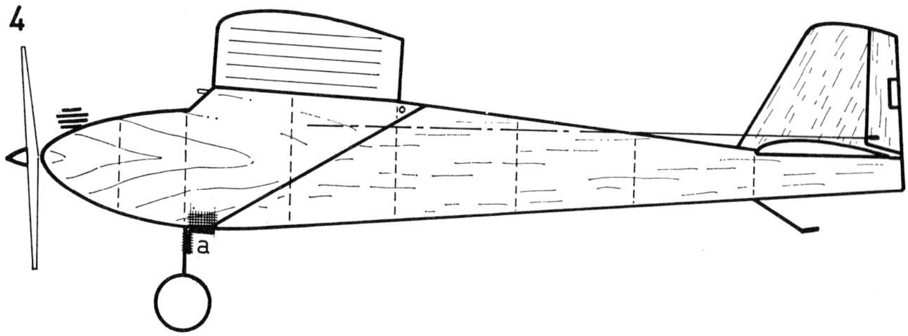

Selbst wenn es mit der Fernsteuerung im Bauch überhaupt nicht mehr steigen will, braucht das nicht unbedingt an einem zu schwachen Motor zu liegen, falls Sie bisher eine der billigen deutschen Luftschrauben verwendet haben. Kaufen Sie daher zunächst keinen stärkeren Motor, sondern nur eine der teuren amerikanischen Nylonluftschrauben. Diese haben einen um mindestens 30 Prozent besseren Wirkungsgrad und können ohne weiteres aus einer müden Krähe ein rasant fliegendes Modell machen.
Einen größeren Tank halte ich in den meisten Fällen ebenfalls für überflüssig. Die kleinsten handelsüblichen Tanks sind mit ihren 10 ccm für ein Freiflugmodell ohnehin viel zu groß, und die meisten Motoren um 1 ccm herum laufen damit sowieso 2 bis 3 Minuten lang. Mehr Laufzeit ist für den Anfang absolut nicht nötig, denn zunächst müssen Sie lernen, Ihr Modell aus jeder Position heraus dort zu landen, wo Sie es hinhaben wollen, und das lernen Sie mit vielen kurzen Flügen viel schneller als mit wenigen langen.

DAS SEITENRUDER

Da viele Brüche kleinerer Fernlenkmodelle auf ein schlecht befestigtes oder wackelndes Leitwerk zurückzuführen sind, sollten Sie auf das bei Freiflugmodellen übliche abnehmbare Leitwerk verzichten und es fest auf das Rumpfende leimen.
Zur Erzielung einer angemessenen Ruderwirkung sollten Sie das Seitenleitwerk in 80 % Flosse und 20 % Ruder aufteilen. Da das Leitwerk in den meisten Fällen nur 2 oder 3 mm dick sein wird, werden sich die modernen Kunststoffscharniere nur selten verwenden lassen. Es bleibt dann nichts weiter übrig, als das Ruder an die Flosse anzunähen, wie es im Kapitel „Leitwerke" beschrieben wurde.
Der Einbau der Empfangsanlage und die Verbindung der Rudermaschine mit dem Seitenruder erfolgt wie bei jedem anderen Fernlenkmodell und danach ist Ihr Modell fertig zum Einfliegen.

FLUGVORBEREITUNGEN

Es ist zwar schon über dreißig Jahre her, aber ich kann mich noch immer gut daran erinnern, daß mir manchmal die Finger am letzten Spannlackanstrich festklebten, wenn ich ein neugebautes Modell zu den ersten Flugversuchen auf den nahegelegenen Fußballplatz trug. Und daher kann ich das ungeduldige Warten jüngerer Modellflieger auf die ersten Flüge eines neuen Modells gut verstehen. Um so wichtiger scheint es mir, immer wieder darauf hinzuweisen, daß besonders beim Einfliegen Sorgfalt, Ruhe und überlegtes, schrittweises Vorgehen die Voraussetzungen für den Erfolg sind, denn gerade in diesem Stadium können Fehler und jede Nachlässigkeit Bruch zur Folge haben. Die dann erforderlichen Reparaturen dauern garantiert länger als die anfangs „eingesparte" Zeit.
Vor allem wird fast immer übersehen, daß ein fertiges Modell längst noch nicht flugfertig ist. Glücklicherweise sind alle Arbeiten zum Flugfertigmachen in der Werkstatt zügig hintereinander durchführbar. Sie dauern daher bei weitem nicht so lange, wie Ihnen das beim Lesen des Folgenden vorkommen mag.

BESEITIGUNG VON VERZÜGEN

Beim Streichen des Modells mit Spannlack haben Sie sicherlich den Eindruck gewonnen, daß Spannlack außergewöhnlich schnell trocknet. Wie so oft, trügt der Schein auch in diesem Fall. Es kann nämlich, je nach Temperatur und Luftfeuchtigkeit, eine oder mehrere Wochen dauern, bis der Spannlack endgültig zur Ruhe kommt und seine spannende Wirkung nicht mehr verändert. Über diese ganze Zeit hinweg können durch Spannungsänderungen in der Lackschicht Verzüge im Tragflügel und in den Leitwerken auftreten. Dann stimmt das Modell nicht mehr mit dem Bauplan überein, selbst wenn Sie jeden Eid darauf geschworen hätten. Bei vielen „genau nach Plan" gebauten und dann doch nicht richtig fliegenden Modellen sind diese Verzüge der hauptsächliche Grund für den anfänglichen Mißerfolg.
Zur Überprüfung visiert man das Modell genau von hinten so an, daß die Tragflügelunterseite gerade noch als schmaler Streifen erkennbar ist. **Skizze 1** zeigt, wie ein ungeschränkter, **Skizze 2**, wie ein nach außen zu negativ (richtig) geschränkter Tragflügel bzw. Höhenleitwerk dabei aussehen sollte.
Meist werden Sie jedoch bei der ersten Überprüfung einen Anblick wie in **Skizze 3** genießen dürfen, bei dem die Flügelhälften ungleichmäßig verzogen sind. Würden Sie das Modell in diesem Zustand starten, so flöge es, je nach Stärke der Verzüge, zumindest eine mehr oder weniger steile Kurve und in schlimmeren Fällen könnten Sie sogar einen Spiralsturz erleben.
Der in **Skizze 4** gezeigte Verzug mit beiderseits positiv geschränkten Flügelenden tritt meist nur bei zu hoch liegendem Hauptholm und zu schwacher Endleiste auf. Mit diesem Fehler würde Ihr Modell zwar zunächst geradeaus fliegen, jedoch beim geringsten Überziehen wegen einseitigen Strömungsabrisses hart über eine Tragflügelspitze abkippen.
Um solche Verzüge zu vermeiden, wird in Bauanleitungen und Artikeln sehr oft empfohlen, die Tragflügel und Leitwerke nach dem letzten Spannlackanstrich auf

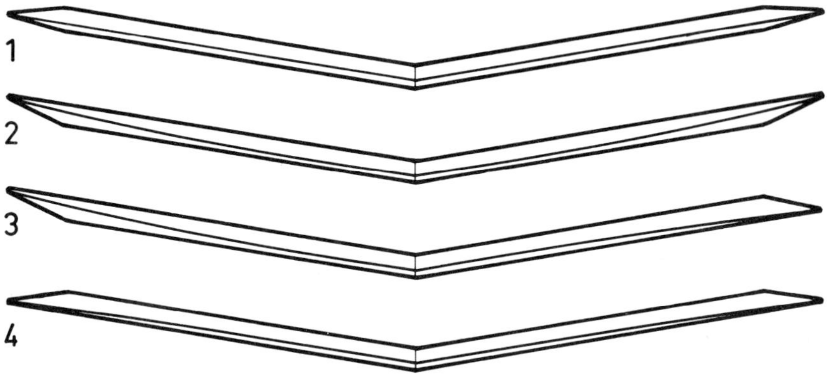

dem Baubrett oder der Helling in der richtigen Lage festzuspannen. Früher habe ich das auch gemacht, doch oft bestand der einzige Erfolg dieser Maßnahme darin, daß mir die Teile auf der Unterlage festklebten, weil ich sie etwas zu früh aufgespannt hatte. Nach dem Abnehmen waren sie dann trotzdem verzogen.
Auf Grund solcher Mißerfolge kam ich zu der Überzeugung, daß das Einspannen in keinem Fall die ungleichmäßige Straffung der Bespannung verhindert. Es verzögert lediglich deren Auswirkung bis nach dem Abnehmen und ist somit völlig nutzlos. Seitdem lasse ich meine Tragflügel und Leitwerke bis einige Tage vor dem ersten Flug im Regal liegen und biege sie dann nötigenfalls über dem Gasherd gerade. Ich halte sie dazu 30 bis 40 cm über die volle Flamme, bewege sie etwas hin und her, um örtliche Überhitzung zu vermeiden und verwinde sie dann nicht nur in die gewünschte Stellung, sondern noch etwas darüber hinaus. In dieser Lage halte ich sie fest, bis sie erkaltet sind.
Ist der Verzug danach nicht völlig beseitigt, wiederhole ich die Prozedur; habe ich mehr als den gewünschten Effekt erreicht, dann drehe ich die Fläche ohne erneute Erwärmung sofort etwas zurück. In den meisten Fällen ist der Fehler damit endgültig behoben, andernfalls findet die Vorstellung am nächsten Tage nochmals statt.
Selbstverständlich wirkt sich auch ein verzogenes Seitenleitwerk in einer Kurve aus. Auch solch ein Verzug läßt sich über jeder Wärmequelle beseitigen, selbst dann, wenn das Seitenleitwerk massiv aus Balsabrettchen hergestellt ist.

ÜBERPRÜFUNG DER DRAUFSICHT

Sind alle Verzüge beseitigt, müssen der Reihe nach die drei Ansichten des Modells überprüft werden. Zweckmäßigerweise beginnen Sie mit der Draufsicht, wozu Sie drei Stecknadeln und einen Zwirnsfaden brauchen, dessen eines Ende zu einer Schlinge geknüpft ist. Nach **Skizze 5** stecken Sie eine Nadel unmittelbar vor dem Leitwerk genau in die Rumpfmitte und streifen die Schlinge des Zwirnsfadens darüber. Die beiden anderen Nadeln stecken Sie in einander genau entsprechende Stellen der beiden Flügelhälften, z. B. in Schnittpunkte der beiden

äußersten Rippen mit der Endleiste oder dem obenliegenden Hauptholm. Mit Hilfe des Fadens überprüfen Sie nun, ob die beiden Nadeln im Tragflügel gleich weit von der in der Rumpfmitte entfernt sind und somit der Tragflügel genau rechtwinklig zur Längsachse auf dem Rumpf sitzt. Wäre das nicht der Fall, würde beim Fliegen das Modell ständig über die zurückliegende Flügelspitze kurven.
Haben Sie den Tragflügel in die richtige Lage gedreht, heften Sie ihn mit je einer Stecknadel durch Nasen- und Endleiste auf dem Rumpf fest und leimen beiderseits des Rumpfes bzw. des Auflagebrettchens kleine Anschlagklötze unter die Nasen- und Endleiste **(Skizze 6).**
In gleicher Weise prüfen Sie den Sitz des Höhenleitwerks, nur daß dazu die erste Nadel möglichst weit vorn genau in die Rumpfmitte gesteckt wird. Sollte dabei der Tragflügel im Wege sein, kann er abgenommen werden, sobald der Leim an den Anschlagklötzchen genügend getrocknet ist. Auch den Sitz des Höhenleitwerks sollten Sie mit solchen Klötzchen fixieren, besonders dann, wenn das Seitenleitwerk mit dem Höhenleitwerk zusammen abnehmbar ist.

ÜBERPRÜFUNG DER VORDERANSICHT

Um die Vorderansicht zu überprüfen, legt man das Modell, wie in den **Skizzen 7 und 8** gezeigt, auf eine ausreichend große, ebene Fläche, wobei jeweils die Lage zu wählen ist, in der die Rumpflängsachse möglichst parallel zur Unterlage verläuft. Die Lage nach **Skizze 7** kommt also vor allem für Modelle in Frage, deren Seitenleitwerk über dem Rumpf angebracht ist, die Lage nach **Skizze 8** fast ausschließlich für Segelflugmodelle mit nach unten gezogenem Seitenleitwerk. In diesem Fall ist der Rumpf durch Klötze oder Kartonwinkel in genau senkrechter Stellung festzuheften.
Tragflügelknicke, Tragflügelrandbogen und Höhenleitwerksenden sollten nun jeweils gleich weit von der Unterlage entfernt sein, die Seitenleitwerke müßten genau senkrecht zu ihr stehen. Fehlerhaft sitzende Tragflügel und Höhenleitwerke korrigiert man durch einseitiges Aufleimen von dünnen Karton- oder Sperrholzstreifen auf die entsprechende Rumpf- oder Auflagenseite. Balsastreifen eignen sich dafür nicht, weil sie im Lauf der Zeit durch den Zug des Befestigungsgummis zusammengequetscht würden. Schiefsitzende Seitenleitwerke müssen in den meisten Fällen vom Rumpf gelöst und in der genau richtigen Stellung erneut aufgeleimt werden.

ÜBERPRÜFUNG DER SEITENANSICHT

Bei einer ganzen Reihe von Baukastenmodellen sind die Tragflügelbefestigungsknebel verschieden weit von der Nasen- und Endleiste entfernt. Da jedoch der Zug der Befestigungsgummis vorn und hinten gleich ist, wird der Tragflügel immer bestrebt sein, genau in die Mitte zwischen den Knebeln zu rutschen. Ist für ihn in der Zeichnung eine andere Position angegeben, so müssen kleine Anschlagleisten hinter der Endleiste **(Skizze 9)** oder vor der Nasenleiste **(Skizze 10)** das Verrutschen zum weiter entfernten Knebel hin verhindern.
Mit am wichtigsten ist die nun folgende Überprüfung der Einstellwinkeldifferenz zwischen dem Tragflügel und dem Höhenleitwerk. Es gibt dafür eine ganze Reihe Methoden, von denen die in den **Skizzen 11 und 12** gezeigte nach meiner Erfahrung am einfachsten und zuverlässigsten ist. Sie legen dazu eine möglichst

5

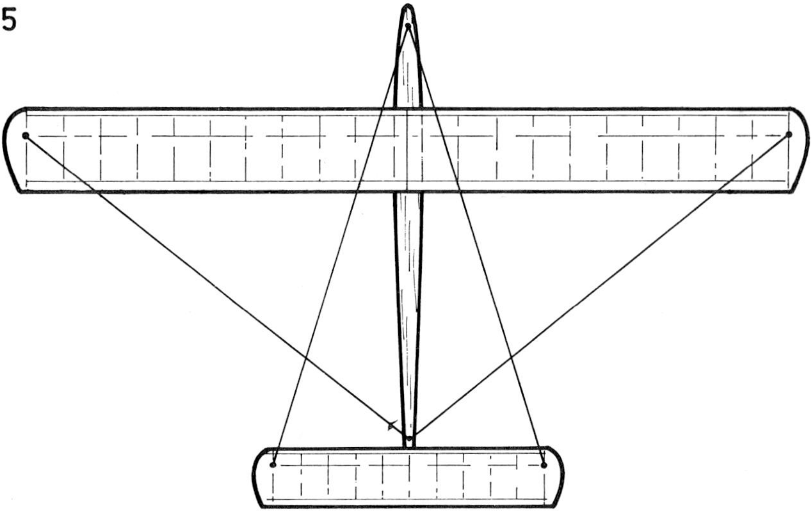

6

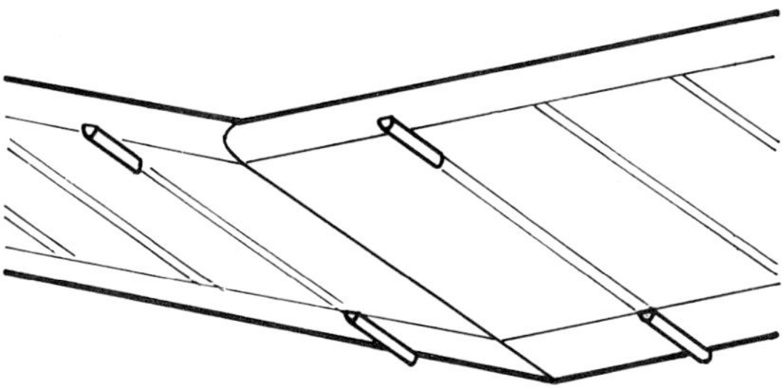

7

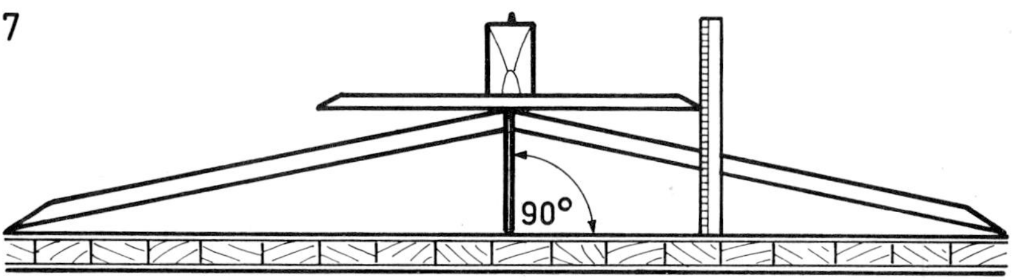

8

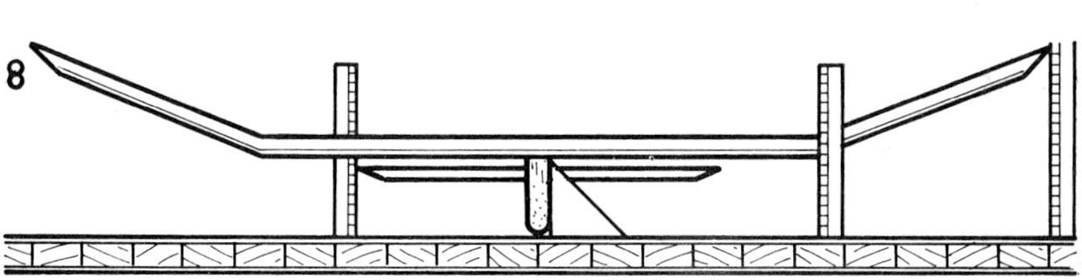

hohe Leiste oder einen entsprechenden Balsastreifen so auf die Zeichnung, daß ihre Oberkante genau an der Unterseite des Höhenleitwerks anliegt und heften sie in dieser Lage mit zwei Stecknadeln fest. Dann schneiden Sie ein Stück Abfallbalsa so zu, daß es genau zwischen die Leiste und die Tragflügelunterseite paßt und verleimen es mit der Leiste. Ist die Unterseite des Höhenleitwerks nicht eben, dann muß wie in **Skizze 12** dort ebenfalls ein Stück Balsa eingepaßt werden.
Wenn Sie diese Leiste an eine Rumpfseite halten und gegen die Unterseiten von Tragflügel und Höhenleitwerk schieben, können Sie Abweichungen vom Plan bis auf Bruchteile von Millimetern feststellen und danach durch Unterlagen aus Sperrholz oder Karton ausgleichen. Die bereits überprüfte Vorderansicht des Modells darf dabei jedoch nicht verändert werden. Diese Fehlermöglichkeit wäre besonders dann gegeben, wenn Sie zur Korrektur der Vorderansicht schon einseitige Unterlagen aufgeleimt hätten.
Haben Sie alle bisher beschriebenen Prüfungen und Korrekturen sorgfältig vorgenommen, müßten der Tragflügel und die Leitwerke nun wirklich „genau nach Plan" auf dem Rumpf sitzen. Überzeugen Sie sich außerdem noch, ob beide wirklich gut befestigt sind und nicht wackeln können und leimen Sie nötigenfalls auf jede Ecke der entsprechenden Auflage ein Stück Karton oder Sperrholz. Schließlich überstreichen Sie die Tragflügel- und Höhenleitwerksauflage noch zwei- bis dreimal mit Lack, damit die für die einzelnen Korrekturen aufgeklebten Unterlagen bei Feuchtigkeit nicht aufquellen und damit Ihre ganze Mühe und Sorgfalt zunichte machen.
Hoffentlich haben Sie keine Minderwertigkeitskomplexe bekommen, weil Sie inzwischen etliche Sperrholzstückchen auf den Rumpf leimen mußten. Dafür liegt absolut kein Grund vor, denn diese Unterlagen sind in den Augen erfahrener Modellflieger ein Zeichen für Ihre Sorgfalt und nicht etwa für Pfuscherei. Auch Experten bekommen ihre Modelle nicht immer auf Anhieb flugfertig hin.

AUSWIEGEN

In Verbindung mit der Einstellwinkeldifferenz ist die richtige Lage des Schwerpunktes ausschlaggebend für die Flugstabilität und Flugleistung. Es lohnt sich daher, auf seine Festlegung etwas mehr Mühe zu verwenden, als das Modell lediglich auf den Fingerspitzen auszubalancieren und danach benötigtes Blei am Rumpfkopf oder Rumpfende anzubringen. Ihre Fingerspitzen sind nämlich mindestens 10 mm breit und solche Abweichungen von der richtigen Schwerpunktlage können durchaus über einwandfreien Flug oder Bruch entscheiden.
Sehr genau, schnell und einfach können Sie Ihr Modell auswiegen, wenn Sie im Schwerpunkt quer durch den Rumpf ein Loch bohren, ein Stück Stahldraht durchschieben und das Modell darauf balancieren. Ist das bei Ihrem Modell nicht möglich oder stören Sie die Löcher im Rumpf, bauen Sie sich die in den **Skizzen 13 und 14** gezeigte Vorrichtung. Sie eignet sich für alle Modellarten und -größen und Sie werden mit ihr nie Löcher in die Tragflügelbespannung drücken. Zeichnen Sie beiderseits des Rumpfes die genaue Schwerpunktlage an, legen Sie das Modell an diesen Stellen auf die Vorrichtung und bringen Sie so viel Ballast an, daß das Modell in seiner späteren Fluglage, also mit leicht nach vorn geneigter Längsachse, balanciert.

9
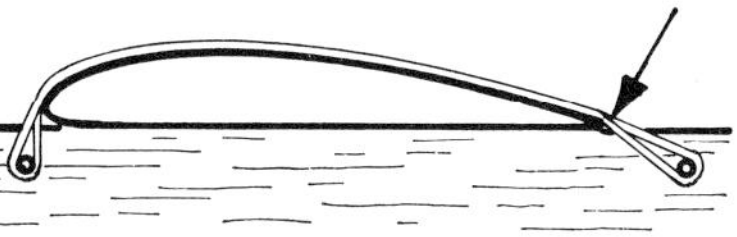

10
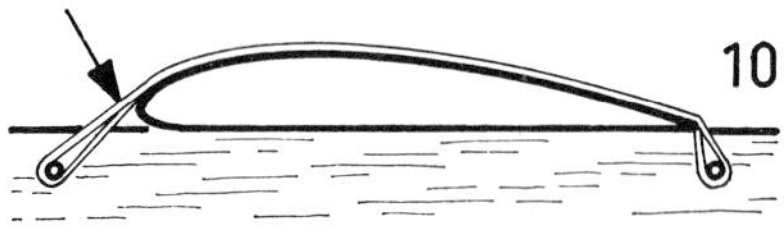

11
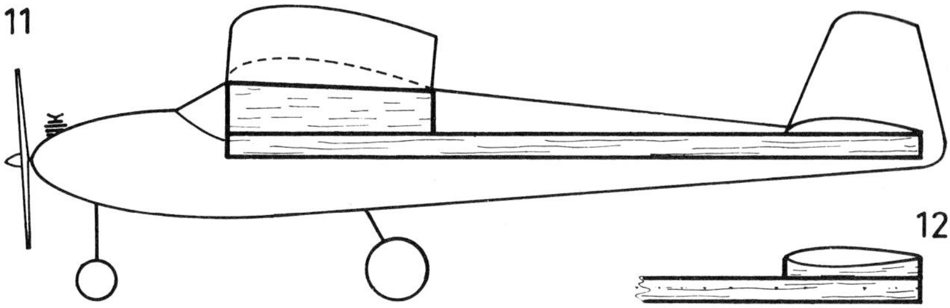

12

13
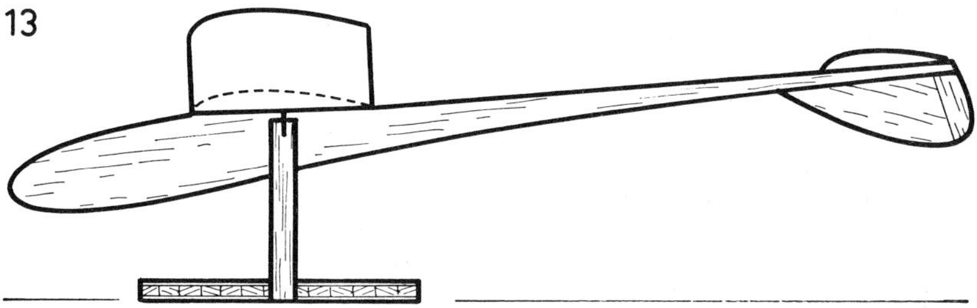

14
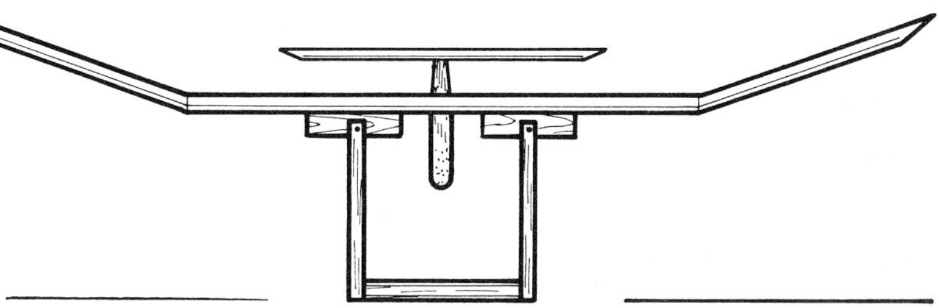

Der Ballast sollte unverrückbar fest mit dem Rumpf verbunden werden, damit er sich im Flug auf keinen Fall verschieben und dadurch die Schwerpunktlage verändern kann. Diese Gefahr ist besonders groß, wenn die Bleikammer in der Rumpfspitze ziemlich lang ist und beim Auswiegen nur zum Teil mit Bleischrot gefüllt wurde. Können die Bleikugeln sich frei darin bewegen, so werden sie gerade dann nach hinten rollen und das Modell schwanzlastig machen, wenn es die Nase nach oben nimmt und zur Korrektur dringend ein kopflastiges Moment benötigt. Genauso werden sie nach vorn rollen und das Modell kopflastiger machen, wenn es zum Abfangen aus zu steilem Flug ein schwanzlastiges Moment braucht. Füllen Sie deshalb nicht nur Bleischrot in die Bleikammer, sondern sofort danach auch genügend Hartkleber, um alle Bleikugeln sicher festzuleimen. Danach lassen Sie das Modell so lange auf der Vorrichtung hängen, bis der Hartkleber trocken ist.

ÜBERPRÜFUNG DER MOTORZUGRICHTUNG

Alle bisher beschriebenen Maßnahmen dienten dazu, die Voraussetzungen für einen einwandfreien Gleitflug zu schaffen. Haben Sie jedoch ein Motormodell gebaut, dann müssen Sie jetzt noch die Motorzugrichtung prüfen. Von ihr hängt es ab, ob sich Ihr Modell auch im Kraftflug manierlich verhalten wird.

Den Motorsturz, also die Neigung der Motorlängsachse nach vorn unten, können Sie am einfachsten kontrollieren, indem Sie den Rumpf mit aufgesetzter Luftschraube auf die Zeichnung der Seitenansicht legen und über Rumpfoberkante und Luftschraube die Zeichnung anvisieren. Ist die Luftschraube auf dieser nicht dargestellt, so zeichnen Sie vorher, vom Motorträger ausgehend, mit Hilfe eines rechten Winkels eine entsprechende Linie in die Zeichnung.

Eventuelle Abweichungen korrigieren Sie mit Unterlegscheiben, die Sie zwischen den Motorträgern und Befestigungsflanschen über die Befestigungsschrauben schieben. Haben Sie völlige Übereinstimmung mit der Zeichnung erzielt, geben Sie trotzdem bei Motoren mit Seitenbefestigung hinten, bei solchen mit Rückenbefestigung oben noch jeweils eine Scheibe dazu und damit etwas mehr Sturz als vorgesehen. Dieser zusätzliche Sturz läßt das Modell zwar nicht seine beste Steiggeschwindigkeit erreichen, auf die es zunächst auch gar nicht ankommt, erhöht jedoch die Flugsicherheit und verringert damit das Risiko bei den ersten Kraftflügen.

Damit ein stabiler Steigflug erreicht wird, muß der Motor auch etwas nach rechts ziehen, um dadurch das sich ansonsten in einer Linkskurve auswirkende Rückdrehmoment auszugleichen. Wie groß dieser Seitenzug nach rechts sein muß, läßt sich erst beim Einfliegen endgültig feststellen, weshalb er in den Bauplänen nicht immer angegeben ist. Wenn Sie in diesen Fällen zwei Grad Seitenzug wählen, können Sie sicher sein, bei den ersten Kraftflügen keine zu großen Überraschungen zu erleben.

Zur Festlegung dieses Winkels brauchen Sie wieder den Zwirnsfaden mit der Schlinge. Stecken Sie die Stecknadel von hinten genau in die Mitte des Rumpfendes. Dann stellen Sie die Luftschraube quer und messen den Abstand zur rechten Blattspitze, drehen die Luftschraube um 180° und messen den Abstand zur gleichen, sich jetzt links befindenden Blattspitze **(Skizze 15)**. Je nach Luftschraubendurchmesser sollten sich dann folgende Unterschiede ergeben:

15 cm Durchmesser – 5 mm	23 cm Durchmesser – 8 mm
18 cm Durchmesser – 6 mm	25 cm Durchmesser – 9 mm
20 cm Durchmesser – 7 mm	28 cm Durchmesser – 10 mm

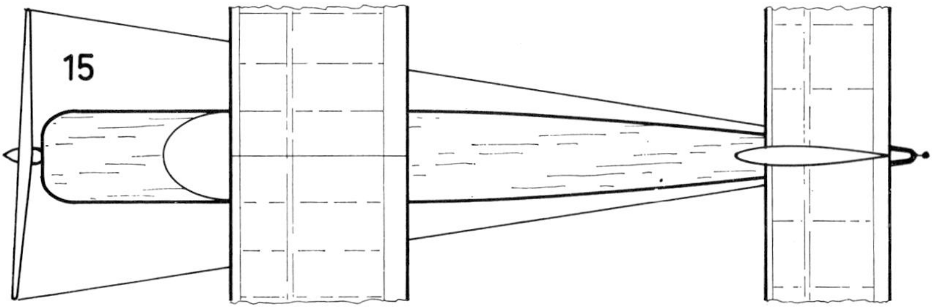

Vergessen Sie auf keinen Fall, zwischen zwei Messungen die Luftschraube immer um eine halbe Umdrehung zu drehen. Die heute beinahe ausschließlich verwendeten Kunststoff-Luftschrauben sind nämlich häufig nicht ganz gerade; daher kommen Sie nur auf diese Weise zu einem genauen Meßergebnis.

Falls Sie die Löcher in den Motorträgern nicht haargenau in der Richtung des Seitenzugs gebohrt hatten, müssen Sie jetzt wahrscheinlich feststellen, daß Sie den Motor nicht in die richtige Stellung drehen können, weil die 3 mm-Befestigungslöcher in den Motorträgern und Motorflanschen in Verbindung mit den üblichen 3 mm-Befestigungsschrauben einfach kein Spiel haben. Daß die Motorenhersteller die Flansche ihrer Motoren nicht durch zu große Löcher schwächen wollen, leuchtet mir genauso ein wie die Tatsache, daß die Bohrungen in den Motorträgern nicht gerade zur Erhöhung ihrer Festigkeit beitragen. Aber weshalb fast alle deutschen Modellbaufirmen 3 mm starke Schrauben für die Motorbefestigung liefern, wird mir ewig unverständlich bleiben, denn für Motoren bis 2.5 cm^3 reichen nämlich 2 mm-Schrauben völlig aus, für 5 cm^3-Motoren solche von 2.3 mm, und auch der dickste Brummer wird von 2.6 mm-Schrauben sicher gehalten.

Verwenden Sie Schrauben dieser geringen Stärken, dann haben Sie niemals Schwierigkeiten mit dem Seitenzug und auch später beim Einfliegen noch genügend Verstellmöglichkeit, wenn sich endgültig herausstellt, wieviel Seitenzug Ihr Modell wirklich benötigt. Außerdem ist es nach einem eventuellen Sturz auf Stein oder Beton wesentlich billiger, vier abgescherte Schrauben zu ersetzen, als den Motor mit gebrochener Kurbelwelle und gerissenem Gehäuse zur Reparatur zu schicken.

Mit diesen Arbeiten haben Sie nun mindestens zwei Drittel des „Einfliegens" hinter sich gebracht und alle Voraussetzungen dafür geschaffen, nach dem ersten Flugtag Ihr Modell unbeschädigt nach Hause bringen zu können.

FLUGAUSRÜSTUNG

Sicherlich haben Sie auch schon mal allein auf dem Flugplatz gestanden und sehnsüchtig auf einen anderen Modellflieger gewartet, weil Sie irgendein wichtiges Ausrüstungsstück oder Ersatzteil zu Hause vergessen hatten, ohne das Sie nicht mehr fliegen konnten. Es braucht dabei nicht gleich ein ganzes Höhenleitwerk zu fehlen, wie mir vor 9 Jahren nach 40 km Fahrt zum Hangflug; ein vergessener Schraubenzieher kann genauso wirkungsvoll sein, wenn die Motorzugrichtung nicht stimmt oder der Motor sich gelockert hat.
Um solchen Ärger zu vermeiden, gibt es im wesentlichen zwei Möglichkeiten: die Anschaffung einer „Flugbetriebskiste“ mit kompletter Ausrüstung, aus der in der Werkstatt grundsätzlich nie etwas entnommen wird, oder die Anlegung einer Liste, auf der alle benötigten Sachen aufgeführt sind und nach der vor dem Weg zum Flugplatz gepackt wird.
Besser ist auf jeden Fall die erste Lösung, wenn sie auch nicht gerade billig ist, da alle auch in der Werkstatt benötigten Sachen doppelt gekauft werden müssen. Dafür hat sie den Vorteil, immer komplett zu sein, an jedem Flugtag die Zeit zum Ein- und Auspacken zu ersparen und nicht erst gesucht werden zu müssen, wie es mir früher mit Listen häufiger passierte, ehe ich sie fest in den Deckel meiner Werkzeugkiste klebte.
Darüber, was alles mitgenommen werden sollte, gehen die Meinungen wie üblich weit auseinander. Es gibt Modellflieger, die ihre halbe Werkstatt mitschleppen und dadurch in der Lage sind, auch umfangreiche Reparaturen auf dem Flugplatz durchzuführen. Andererseits gibt es auch Pumpgenies, die außer ihrem Modell nur die Überzeugung mitbringen, daß sich schon jemand finden wird, der mit allem Nötigen aushilft. Vernünftigerweise suchen Sie sich eine Ihren Bedürfnissen angepaßte Zwischenlösung, zu der zumindest alles das gehören sollte, was zum Fliegen und Umtrimmen des jeweiligen Modells benötigt wird und was ich nachstehend unter dem Begriff „Flugausrüstung“ zusammenfassen will:

FLUGAUSRÜSTUNG

Fliegen Sie nur Freiflug-Segler, können Sie mit leichtem Gepäck reisen, denn dann benötigen Sie außer der Hochstartwinde nur noch Gummiringe zum Befestigen von Tragflügel und/oder Leitwerk, Trimmblei, Sperrholzstreifen zum Umtrimmen und allenfalls Glimmschnur und Streichhölzer, falls Sie keinen Zeitschalter verwenden. Ist der Tragflügel Ihres Modells mit Zungen befestigt, sollten Sie außerdem noch ein oder zwei Ersatzzungen mitnehmen.
Sind Sie Motormodellflieger, wächst die Ausrüstung schnell an, denn dann müssen Sie auf jeden Fall noch Sprit und Injektionsspritze, Anlaßbatterie mit Glühkerzenklemme, Ersatzglühkerzen nebst Schlüssel, Ersatzluftschrauben nebst Schlüssel oder Stahldraht zum Festziehen, einige Motorbefestigungsschrauben mit Schraubenzieher und Unterlegscheiben sowie vorsichtshalber eine Ersatzdüsennadel einpacken.

Da Sie vermutlich nur ungern mit schmierigen Fingern und von Öl triefendem Modell den Heimweg antreten, sind einige Putzlappen und eine Flasche Reinigungslösung durchaus kein Luxus. Ein spezielles Reinigungsmittel für Flugmodelle und Modellmotoren erhalten Sie in den Fachgeschäften. Ich verwende seit Jahren zu meiner vollsten Zufriedenheit Wasser mit einem Schuß Spülmittel, das meine Frau vom Wirtschaftsgeld und nicht ich aus meiner Modellbaukasse bezahlen muß.
Steuern Sie fern, dürfen Sie auf keinen Fall die Antenne zu Ihrem Sender vergessen, so absurd sich das auch lesen mag. Senderantennen haben zwar normalerweise ihren festen Platz im Sender, doch bei einer letzten Überprüfung der Anlage im Gewühl des Aufbruchs zum Flugplatz bleiben sie öfters zu Hause liegen, als man vermuten sollte. Können Sie mit mehr als zwei Stunden Flugzeit rechnen, dann ist ein Ersatzakku für die Rudermaschinen bzw. ein Ersatz-Akkupack für die Proportionalanlage angebracht. Herrscht normalerweise viel Betrieb auf ihrem Fluggelände, kann auch ein Paar Ausweichquarze nie schaden.
Mit diesen Dingen sind Sie von fremder Hilfe unabhängig, solange alle Flüge glatt verlaufen. Leider ist das nicht immer der Fall und daher brauchen Sie auch eine

REPARATURAUSRÜSTUNG

Zur Ausbesserung kleiner Schäden am Modell reichen ein Balsamesser und Glaskopfstecknadeln, Balsaholz- und Bespannungsreste sowie Hartkleber und eine Packung schnellhärtender Zweikomponentenkleber völlig aus. Größere Reparaturen sollten Sie auf dem Flugplatz besser gar nicht erst versuchen, denn meist kommt doch ziemlicher Murks dabei heraus, der dann zu Hause wieder auseinandergerissen und ordentlich repariert werden muß. Ist im Motor mal der Wurm drin, brauchen Sie wahrscheinlich Kombizange und Kreuzschlitzschraubenzieher, eventuell noch einen oder zwei Spezialschlüssel zum Anziehen der Laufbüchse oder des Glühkopfs. Auch ein Stück Kraftstoffschlauch hat schon manchesmal über Fliegen oder Zuschauen entschieden und sollte daher nicht fehlen.
Sind Sie überzeugt, daß alle Lötverbindungen an Ihrer Fernsteuerungsanlage ewig halten, dann können Sie Schwachstrom-Lötkolben (zum Anschluß an die Autobatterie), Lötdraht und Schaltlitze getrost zu Hause lassen. Ich ziehe es vor, sie regelmäßig mitzunehmen, seit ich mir vor Jahren mal an drei aufeinanderfolgenden Wochenenden einen Lötkolben leihen mußte.
Schließlich habe ich noch regelmäßig eine Packung Hansaplast und ein Fläschchen Desinfektionslösung in meiner Werkzeugkiste, falls mal an mir selbst oder an einem Clubkameraden nach einem Griff in die laufende Luftschraube eine kleinere Reparatur auszuführen ist. Solche Zwischenfälle kommen trotz aller Vorsicht und Routine immer mal vor, besonders bei alten und erfahrenen Modellfliegern, die ihre Scheu vor dem einen PS in der Rumpfspitze ihres Modells schon lange abgelegt haben.
So gerüstet, kann Sie höchstens noch ein mehr oder weniger „Restloser" aus dem Konzept bringen. Wollen Sie auch den einkalkulieren, dann nehmen Sie halt noch ein Ersatzmodell mit.

FLUGGELÄNDE

Fluggelände sind heute das größte Modellflugproblem, vor allem für die Modellflieger, die in Großstädten und deren Randgebieten leben. Besonders schlecht haben es die Freiflieger, denn sie brauchen den meisten Platz und ausreichend große, nicht besiedelte oder landwirtschaftlich genutzte Flächen sind in unserer dicht bevölkerten Bundesrepublik nur noch recht spärlich vorhanden. Fernlenkflieger haben es da erheblich einfacher, denn eine für ihre Modelle ausreichende Wiese läßt sich schon eher finden und wenn Sie Glück haben, geht noch ein aus Mitteln des „Grünen Plans" gebauter Betonweg am Rande vorbei, der zumindest für einigermaßen geübte Piloten eine hervorragende Startbahn abgibt.

Da die von Fernlenkfliegern vorwiegend benutzten größeren Motoren trotz Schalldämpfer nicht gerade leise sind, kommen Gelände in der Nähe bewohnter Gebiete auf keinen Fall in Frage, denn selbst in einer Entfernung von 1 km ist das Motorengeräusch noch stark genug, um einen durch sich gestört fühlende Anwohner gerufenen Polizisten dienstlich werden zu lassen. Beschränken Sie als Motormodellflieger daher von vornherein Ihre Flugplatzsuche auf abgelegene Gebiete, wenn Sie nicht alle paar Wochen ein neues Gelände suchen wollen.

Ehe Sie als Einzelgänger einen Ihnen geeignet erscheinenden Platz benutzen, der mit einiger Wahrscheinlichkeit in Privatbesitz ist, sollten Sie unbedingt die Erlaubnis des Eigentümers einholen. Das kostet Sie möglicherweise ein ganzes Wochenende mit herrlichem Flugwetter, haben Sie jedoch einmal die Erlaubnis, dann können Sie auch damit rechnen, regelmäßig dort fliegen zu können. Andernfalls ist es sehr wahrscheinlich, daß Sie schon nach wenigen Flügen von dem Eigentümer von seinem Grundstück vertrieben werden und dürften ihm fairerweise dafür nicht einmal böse sein.

Haben Sie die Erlaubnis zur Benutzung einer Wiese erhalten, dann sollten Sie sich dort so benehmen, wie man es von einem Gast erwarten kann. Parken Sie Ihren Wagen am Rande des nächsten Weges und fahren Sie nicht mit ihm im Gelände herum, selbst wenn Sie dadurch eventuell einige hundert Meter bis zur Startstelle laufen müssen. Landet Ihr Modell mal aus irgendeinem Grund in größerer Entfernung, dann laufen Sie nicht quer über Äcker und fremde Wiesen auf dem kürzesten Weg zu ihm, sondern benutzen Sie vorhandene Wege und Ackerränder, auch wenn Sie deshalb größere Umwege machen müssen. Liegt Ihr Modell in einem Feld, gehen Sie vom nächstgelegenen Feldrand auf kürzestem Weg zu ihm und wieder zurück und nehmen Sie auch dafür einen Umweg in Kauf. Verlassen Sie schließlich am Abend die Wiese so, wie Sie sie am Morgen vorgefunden haben, frei von Modellflug- und Verpflegungsrückständen.

Wenn Ihnen diese Ratschläge selbstverständlich erscheinen, werden Sie höchst selten mal Ärger bekommen, denn wenn ein Eigentümer sieht, daß Sie sich vorsichtig und rücksichtsvoll auf seinem Besitz bewegen, wird er mit großer Wahrscheinlichkeit bereit sein, auch Ihnen und Ihren Inter-

essen Verständnis entgegenzubringen. Sollten Sie solche Rücksicht jedoch für übertrieben halten, werden Sie mit absoluter Sicherheit sich und leider auch anderen Modellfliegern Schwierigkeiten machen und es wäre im Interesse des Modellflugs besser gewesen, Sie hätten sich ein anderes Hobby gesucht. Ich kenne mindestens zwei Dutzend Fluggelände, die in den letzten Jahren durch Rücksichtslosigkeit oder auch nur Unüberlegtheit einzelner für alle Modellflieger der betreffenden Gegend verlorengingen.
Am einfachsten ist das Flugplatzproblem für Sie zu lösen, wenn Sie sich einem Modellflug-Club anschließen können, der ein festes Fluggelände hat. Auf diesem können Sie als Mitglied ungestört fliegen, finden Rat und Hilfe bei den Clubkameraden und können von deren Erfahrungen profitieren. Trotz des zu zahlenden Beitrags sparen Sie dadurch auf lange Sicht erhebliches Geld.
Hat der Club eine feste Startbahn, werden Sie mit einer Aufnahmegebühr und eventuell etwas höherem Beitrag rechnen müssen. Glauben Sie deshalb nicht, der Club habe nur auf Sie gewartet, um durch Ihr Geld reich zu werden, denn ich habe noch keinen Modellflug-Club gesehen, der von den regelmäßigen Einnahmen auch nur hätte existieren können. Diese Forderungen sind vielmehr völlig berechtigt, denn eine brauchbare Startbahn kostet nicht nur einige tausend Mark an Material, sondern auch viele Stunden freiwilliger Arbeit der Clubmitglieder und Sie können vernünftigerweise nicht erwarten, daß ausgerechnet Ihnen das alles geschenkt wird. Im übrigen sind diese Kosten klein im Verhältnis zu dem, was Sie als Fernlenkflieger für Ihre Anlage und Ihre Modelle ausgeben.
Ist in der Nähe Ihres Wohnortes keine der geschilderten Möglichkeiten gegeben, ist das noch kein Grund, auf den Modellflug zu verzichten. Ich habe viele Jahre lang rund 30 km bis zur nächsten Startbahn und 30 und 45 km zu den nächsten geeigneten Hängen fahren müssen, war dazu noch auf die Mitnahme durch motorisierte Modellflieger angewiesen und bin trotzdem jährlich an 25 bis 30 Wochenenden mit meinen Modellen geflogen.
Es lohnt sich also durchaus, sich auch in der weiteren Umgebung nach geeigneten Möglichkeiten umzusehen, und wenn Sie Ihre Flugtage mit einem Ausflug für die Familie verbinden, fallen die gefahrenen Kilometer sowieso kaum ins Gewicht. Gesünder als mit reichlicher Bewegung an der frischen Luft können Sie ein Wochenende ohnehin nicht verbringen.
Wissen Sie nicht recht, wo Sie mit der Suche in der weiteren Umgebung beginnen sollen, achten Sie auf die Ankündigung von Wettbewerben in der Fachpresse. Findet eine solche Veranstaltung in auch nur annähernd erreichbarer Entfernung statt, können Sie mit großer Wahrscheinlichkeit erwarten, dort auch Modellflieger aus Ihrer Nähe zu finden, die mit Sicherheit über alle Flugmöglichkeiten im weiten Umkreis unterrichtet sind. Wollen Sie jedoch nicht so lange warten, dann schreiben Sie an die Redaktion von „modell“ im Neckar-Verlag, in dem dies Buch erschienen ist, und lassen Sie sich die Anschrift des zuständigen Landesverbandes des Deutschen Aero-Club mitteilen, von dem Sie dann die Adressen der nächstgelegenen Modellfluggruppen erfahren können. Es gibt also keine Ausrede für Sie, nicht zu fliegen, wenn Sie tatsächlich den festen Willen zum Modellflug haben.

EINFLIEGEN

Segelflugmodelle

Zum Einfliegen ist zwar nicht jedes Wetter geeignet, aber den so oft empfohlenen windstillen Tag brauchen Sie nicht unbedingt abzuwarten; in manchen Gegenden gibt es ihn ohnehin nur zwei- oder dreimal im Jahr. Meiner Ansicht nach ist etwas Wind sogar günstig, sofern er gleichmäßig und nicht zu stark weht. Durch ihn bewegt sich nämlich das Modell bei den ersten entscheidenden Handstarts nur mit der um die Windgeschwindigkeit verringerten Gleitfluggeschwindigkeit gegenüber dem Boden und wird daher langsamer und weicher als bei völliger Windstille aufsetzen. Aus diesem Grund starten und landen große Flugzeuge gegen den Wind und sollten auch Flugmodelle immer gegen den Wind gestartet werden.

WAHL DER STARTSTELLE

Damit bei den den ersten Handstarts folgenden Hochstarts Ihr mit dem Wind abtreibendes Modell immer noch auf dem hindernisfreien Flugplatz landen kann, sollten Sie die Startstelle für die Handstarts möglichst auf der Luvseite des Platzes suchen. Wählen Sie dabei eine Stelle mit nicht zu hartem und möglichst mit etwas Gras bewachsenem Boden aus. Steine sollten dort auf keinen Fall herumliegen, denn die können auch bei der weichsten Landung die Bespannung beschädigen oder eine dünnere Leiste eindrücken. Starten Sie nicht direkt im Lee von Bäumen, Sträuchern oder Gebäuden, weil dort sogar bei schwachem Wind die Luft garantiert verwirbelt ist und Sie bei den kurzen Flügen aus der Hand nicht unterscheiden können, ob eine Abweichung von der gewünschten Flugbahn durch Luftwirbel oder durch Bau- oder Trimmfehler verursacht wurde. Ist die ganze Luvseite des Platzes voller Geländehindernisse, dann sollten Sie allerdings mehr zur Platzmitte gehen, selbst wenn Sie eigentlich zu bequem sind, um später für die ersten Hochstarts den Weg in umgekehrter Richtung nochmal zu gehen.

LAUFSTARTS

Bei den ersten Gleitflugversuchen sollte jedes Modell genau geradeaus fliegen. Stellen Sie deshalb das Seitenruder mit einer Stecknadel oder einem Stück Tesafilm in Mittelstellung fest. Haben Sie alle im Kapitel „Flugvorbereitungen“ empfohlenen Überprüfungen und Korrekturen sorgfältig vorgenommen, dürften bis zu dem angestrebten Gleitflug nur noch kleinere Änderungen nötig sein. Aber selbst wenn alles auf Anhieb stimmen sollte, ist ein gleichmäßiger Gleitflug aus der Hand nur möglich, wenn das Modell in der richtigen Fluglage und genau mit der normalen Gleitfluggeschwindigkeit in die Luft **geschoben** wird. Das Wort „werfen“ vergessen Sie für die nächste halbe Stunde am besten völlig.
Zielen Sie mit der Längsachse des Modells auf einen 10 bis 15 m vor Ihnen

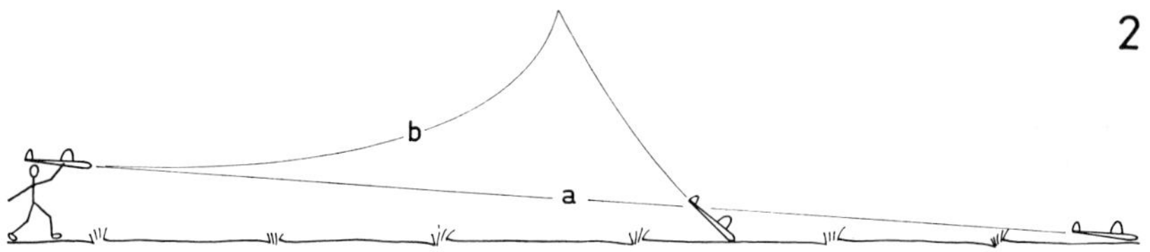

befindlichen Punkt auf dem Boden **(Skizze 1)** und Ihr Modell hat die richtige Fluglage. Die Erreichung der richtigen Gleitfluggeschwindigkeit ist jedoch reine Erfahrungssache. Daher sollten Sie Ihr Modell bei den ersten Gleitflugversuchen niemals aus dem Stand in die Luft schieben, sondern mit ihm in der beschriebenen Lage zunehmend schneller gegen den Wind laufen. Sobald sich dabei die Wind- und Laufgeschwindigkeit zur Gleitfluggeschwindigkeit summiert haben, wird das Modell gewichtslos in Ihrer Hand ruhen. Sie brauchen es dann nur noch loszulassen und es wird sanft zur Erde gleiten **(Skizze 2a).**

Tut es das nicht, dann überlegen Sie zunächst, ob Sie es tatsächlich in der richtigen Lage gehalten und bei der Freigabe nicht doch etwas „nachgeholfen“ haben. Ändern Sie deshalb vorerst noch nichts am Modell, sondern wiederholen Sie den Laufstart noch zwei- bis dreimal. Erst wenn das Modell jedesmal die gleiche Abweichung von dem gewünschten Gleitflug zeigt, können Sie mit einiger Sicherheit annehmen, daß der Fehler am Modell und nicht an Ihnen liegt.

SCHWANZLASTIGKEIT

Steigt Ihr Modell nach der Freigabe steil weg, verliert dabei an Fahrt, kippt nach vorn ab und berührt den Boden recht unsanft in viel zu steiler Lage **(Skizze 2b)**, dann haben Sie es wahrscheinlich mit zu hoher Geschwindigkeit gestartet. Bringen weitere Startversuche mit verringerter Geschwindigkeit ein ähnliches, wenn auch nicht so krasses Ergebnis, dann ist das Modell entweder schwanzlastig oder die Einstellwinkeldifferenz zwischen Tragflügel und Höhenleitwerk ist zu groß.

Selbstverständlich können beide Fehler auch zusammen auftreten, doch sollten Sie von Flug zu Flug grundsätzlich nur einen Fehler zu korrigieren versuchen. Weichen Sie von diesem Grundsatz ab, dann wissen Sie im günstigsten Fall nicht, was Sie womit korrigierten – haben Sie jedoch Pech, so ist nun erst recht der Wurm drin, nur daß es sich jetzt um andere Fehler handelt.

Da Sie während der Überprüfung in der Werkstatt den Schwerpunkt auf den Millimeter genau feststellen konnten, haben Sie allen Grund anzunehmen,

daß Ihnen bei der schwierigen Überprüfung der Einstellwinkeldifferenz ein Fehler unterlaufen sein muß. Um sie zu verringern, können Sie entweder den Tragflügel an der Endleiste oder das Höhenleitwerk an der Nasenleiste anheben, indem Sie wieder einmal eine der bei der Überprüfung in der Werkstatt so oft erwähnten Unterlagen (möglichst aus Sperrholz von höchstens 0.8 mm Stärke) an der entsprechenden Stelle auf den Rumpf bzw. die Tragflügel- oder Höhenleitwerksauflage leimen. Falls irgend möglich, sollten Sie diese Korrektur am Höhenleitwerk vornehmen, denn jede solche Veränderung am Modell erzeugt zusätzlich Wirbel, die sich am Tragflügel nachteiliger als am Höhenleitwerk auswirken.
Möglicherweise wird der Gleitflug bei den nächsten Laufstarts noch immer nicht ganz stimmen, doch eine Besserung wird bestimmt zu bemerken sein. Verdoppeln Sie nötigenfalls die Unterlage und erst wenn die nächsten Starts zeigen, daß auch das noch nicht reicht, bringen Sie als nächste Maßnahme etwas Blei an der Rumpfspitze an. Zu klein dürfen Sie nämlich die Einstellwinkeldifferenz nicht werden lassen, da die Längsstabilität direkt von ihr abhängig ist, das heißt, bei richtiger Schwerpunktlage ist die Längsstabilität um so größer, je größer auch die Einstellwinkeldifferenz ist. Schließlich können Sie die Schwanzlastigkeit auch kurieren, indem Sie den Tragflügel auf dem Rumpf etwas nach hinten schieben, sofern das bei Ihrem Modell möglich ist. In diesem Fall wandert der Auftriebsmittelpunkt um den gleichen Weg wie der Tragflügel nach hinten, während der Schwerpunkt nur einen kleinen Teil dieses Weges mitmacht, da seine Lage von allen Modellteilen bestimmt wird und die Gewichtsverteilung von Rumpf und Leitwerk ja unverändert bleibt. Auch diese Maßnahme darf nicht übertrieben werden, weil die Längsstabilität auch direkt vom Abstand zwischen Tragflügel und Höhenleitwerk abhängt.

KOPFLASTIGKEIT

Sollte Ihr Modell nach der Freigabe versuchen, auf dem kürzesten Weg den Boden zu erreichen **(Skizze 2c)**, können Sie es zu langsam gestartet haben. Zeigen Startversuche mit erhöhter Geschwindigkeit den gleichen Fehler, dann ist das Modell entweder kopflastig oder die Einstellwinkeldifferenz zwischen Tragflügel und Höhenleitwerk zu klein. Es leuchtet sicher ein, daß dieser Mangel genau umgekehrt wie die Schwanzlastigkeit behoben werden muß: entweder die Tragflügelvorder- oder die Höhenleitwerkshinterkante anheben, Blei am Rumpfende anbringen oder den Tragflügel nach vorn schieben, sofern das möglich ist.
Nehmen Sie wieder nur eine Korrektur auf einmal vor und wenden Sie die Mittel in der angegebenen Reihenfolge an – der Erfolg in Form eines flachen, schwebenden Gleitflugs wird danach gewiß nicht ausbleiben.

UNERWÜNSCHTE KURVEN

Falls Ihr Modell bei den ersten Starts trotz genau in der Mitte festgestellten Seitenruders eine Neigung zum Kurvenflug zeigt, müssen Sie diese beseitigen, denn jede Kurve wirkt sich wie leichte Kopflastigkeit aus und verhindert dadurch ein genaues Austrimmen des Gleitflugs.
Schwächere Kurven können Sie leicht durch entsprechendes Verstellen des Seitenruders beseitigen, stärkere Kurven sind jedoch mit Sicherheit auf Verzüge im

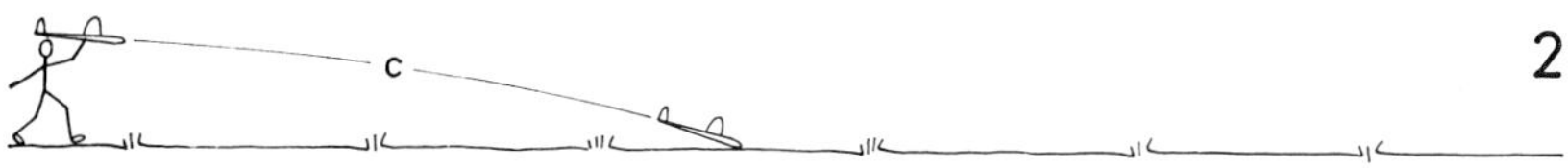

Tragflügel oder Höhenleitwerk zurückzuführen und lassen sich nur durch die Beseitigung dieser Verzüge ausgleichen. Zwar steht Ihnen dafür auf dem Flugplatz kein Gasherd zur Verfügung, doch können Sie auch hinter dem Auspuff eines Autos die dazu nötige Wärme finden.

DIE GEWÜNSCHTE GLEITFLUGKURVE

Haben Sie eben noch eine Kurvenneigung Ihres Modells unterdrücken müssen, können Sie ihm jetzt beim Einstellen der Gleitflugkurve seinen Willen lassen, denn in dieser „natürlichen" Richtung kurvend wird es besser fliegen, als wenn Sie es durch einen entsprechend großen Seitenruderausschlag in die entgegengesetzte Kurve zwängen.

Merken Sie sich aber zunächst die noch vorhandene Ruderstellung für den Geradeausflug und stellen Sie die Kurvensteuerung so ein, daß das Ruder beim Einhängen des Hochstartrings jedesmal genau in diese Stellung geht. Dann korrigieren Sie den Ausschlag des Seitenruders durch Verbiegen des Ruderhorns oder durch Anleimen von Anschlagklötzen so lange, bis der Kurvendurchmesser etwa 50 m beträgt.

Bei den dafür nötigen Laufstarts werden Sie feststellen, daß, wie vorhin schon erwähnt, Ihr Modell plötzlich kopflastig ist. Trimmen Sie deshalb durch Unterlegen der Endleiste des Höhenleitwerks nach bzw. nehmen Sie eine schon vorhandene Unterlage unter seiner Nasenleiste weg, bis der ursprüngliche schwebende Gleitflug wieder erreicht ist.

Sollte die Kurvensteuerung Ihres Modells nur schlecht verstellbar sein, dann ändern Sie sie bei der nächsten Gelegenheit auf das im Kapitel „Kurvensteuerungen" gezeigte System ab, das jede Änderung von Neutral- oder Kurvenstellung in wenigen Sekunden zuläßt. Auch eine Änderung der Kurvenrichtung durch einfaches Umhängen von Gummifaden und Zugseil ist jederzeit damit möglich.

DER HOCHSTART

Haben Sie alle bisher beschriebenen Maßnahmen durchgeführt, ist das Risiko bei den ersten Hochstarts minimal, selbst wenn Sie und Ihr Helfer, genau wie Ihr Modell, den ersten Hochstart versuchen sollten.

Besprechen Sie mit dem Helfer alle Einzelheiten des gesamten Startvorgangs und lassen Sie auch ihn einige Laufstarts machen, damit er ein Gefühl dafür bekommt, wann der beim Laufen entstehende Auftrieb das Modell trägt und es von ihm freigegeben werden kann. Erklären Sie ihm die Funktion der Kurvensteuerung und lassen Sie ihn das Modell stets hinter dem Schwerpunkt halten, um von vornherein eine unbeabsichtigte Auslösung der Kurvensteuerung bei der Freigabe des Modells auszuschließen. Vereinbaren Sie unmißverständliche Handzeichen für den Startbeginn: freie Hand hochhalten = fertig, freie Hand langsam senken = Starter läuft an, sobald freie Hand unten ist. Laufen Sie einige Male auf Ihr Handzeichen

nebeneinander los, erst langsam, dann immer schneller werdend, damit sich Ihr Helfer an Ihre Geschwindigkeitssteigerung gewöhnt.
Sind Sie sicher, daß er alles verstanden hat, lassen Sie ihn das Modell mit etwa 30 Grad nach oben zeigender Längsachse halten und hängen Sie den Hochstartring bei den ersten Startversuchen selbst in den Haken. Prüfen Sie, ob das Seitenruder bei etwas Zug am Hochstartseil exakt in der Geradeausflug-Stellung steht. Gehen Sie genau gegen den Wind, spulen Sie dabei die Hochstartschnur in ihrer vollen Länge von 50 m ab und geben Sie ihr durch leichtes Bremsen mit dem Finger auf der Seiltrommel immer etwas Spannung. Startversuche mit kürzerer Schnur sind nur etwas für Könner, da bei ihnen alles viel schneller abläuft, während Sie für jede Sekunde dankbar sein werden, die Ihnen bei den ersten Starts zum Überlegen bleibt.
Ist die Hochstartschnur ganz abgewickelt und leicht gespannt – sie darf auf keinen Fall lose im Gras liegen – fangen Sie nach den vorher geübten Handzeichen zu laufen an **(Skizze 3a)** und beobachten dabei ständig das Modell, das nach Freigabe durch den Helfer langsam und gleichmäßig geradeaus wegsteigen sollte **(Skizze 3b)**. Steigt es kaum oder garnicht, laufen Sie schneller; steigt es steil und rasant weg, verlangsamen Sie sofort Ihren Lauf, denn schließlich wollen Sie nach so viel Mühe den Vogel nicht mitten in der Luft zerrupfen.
Wenn die Hochstartschnur etwa 60 Grad nach oben zeigt **(Skizze 3c)**, laufen Sie allmählich langsamer, damit der Steigflug des Modells gleichmäßig in einen Horizontalflug übergeht und die Spannung der Hochstartschnur nachläßt. Sobald sich das Modell genau über Ihnen befindet, bleiben Sie stehen, worauf der Hochstartring von selbst aus dem Hochstarthaken fallen **(Skizze 3d)** und das Modell seinen Gleitflug in gleichmäßigen Kreisen beginnen wird, was allerdings nur bei richtig geformtem Hochstarthaken **(Skizze 4a)** möglich ist.
Ist der Haken zu offen **(Skizze 4b)** oder zu kurz **(Skizze 4c)**, werden Sie das Modell erst gar nicht bis über Ihren Kopf bekommen haben, da es vorzeitig noch während des Steigflugs und daher mit überhöhter Geschwindigkeit von selbst ausgeklinkt haben wird. Das entspricht genau dem Handstart mit überhöhter Geschwindigkeit, nur daß das Model jetzt Zeit hat, sich wieder zu fangen und nach einigen, immer schwächer werdenden, Längsschwingungen in den Normalflug überzugehen. Durch die nicht voll ausgenutzte Starthöhe, verbunden mit dem durch die Pumpbewegungen erlittenen Höhenverlust, wird seine Flugzeit jedoch nur kurz sein.
Beobachten Sie nach dem Ausklinken nur Ihr Modell und merken Sie sich, ob es zu weit oder zu eng kurvt und ob es Zeichen von Kopf- oder Schwanzlastigkeit zeigt. Merken Sie sich die Fehller genau, und korrigieren Sie sie genau wie bei den ersten Gleitflugversuchen aus der Hand, sobald Sie das Modell an die Startstelle zurückgeholt haben.
Verläuft der Hochstart nicht wie beschrieben, brechen Sie ihn sofort ab, indem Sie je nach der Gefährlichkeit der Fluganlage allmählich oder plötzlich stehenbleiben und notfalls sogar die Hochstartwinde dem Modell entgegenwerfen, damit sich die Schnur so schnell wie möglich vom Modell lösen kann. Bleibt das Modell nämlich an der Hochstartschnur, wird es fast immer in anomaler Lage, meist mit einer Flügelspitze zuerst, den Boden berühren, während es im freien Flug die Möglichkeit hat, auf Grund seiner Eigenstabilität noch in eine normale Fluglage zurückzukehren.

3

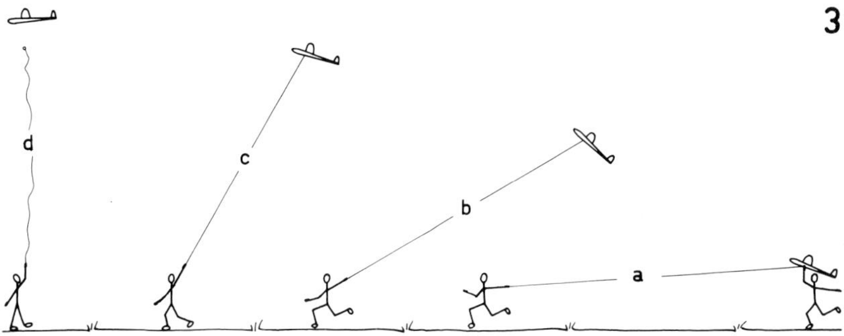

5

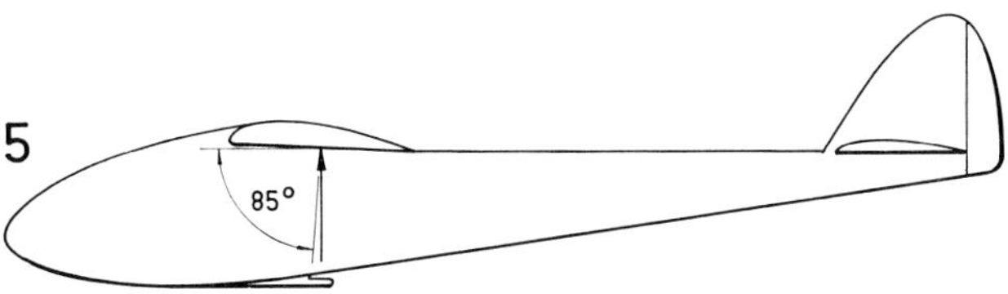

4

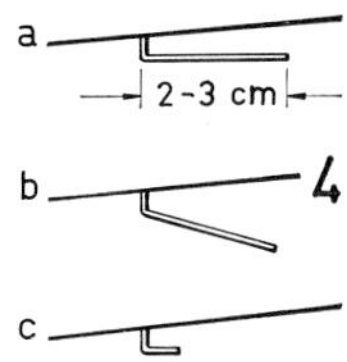

Sofern das Modell vorher genau ausgetrimmt war und Ihr Helfer bei der Freigabe nicht unbeabsichtigt die Kurvensteuerung ausgelöst hat, kann der Fehler nur von einem falsch angebrachten Hochstarthaken herrühren **(Skizze 5)**. Sitzt er zu weit vorn, wird das Modell nicht genügend steigen und in ständig steiler werdenden S-Kurven hin- und herpendeln. Ist er dagegen zu weit hinten angebracht, steigt es selbst bei mäßiger Laufgeschwindigkeit sofort nach der Freigabe steil weg und wird zu plötzlichem Ausbrechen nach einer Seite neigen. Im ersten Fall genügt es oft, ein Stück Holz in die vordere Krümmung des Hochstarthakens zu leimen und dadurch den Hochstartring etwas weiter hinten angreifen zu lassen, im zweiten Fall müssen Sie den Haken weiter vorn anbringen. Vergessen Sie dann keinesfalls, auch die Geradeausstellung der Kurvensteuerung nachzustellen.
Sollten Sie irgendwo gehört oder gelesen haben, daß sich der Hochstarthaken bei Wind weiter vorn und bei ruhiger Luft weiter hinten befinden müsse, dann vergessen Sie das – es ist falsch! Für jede Schwerpunktlage gibt es nur eine optimale Position des Hochstarthakens, denn während des Hochstarts hängt die Geschwindigkeit des Modells gegenüber der umgebenden Luft ganz allein von Ihrer Laufgeschwindigkeit ab. Je stärker der Wind, desto weniger müssen Sie sich bemühen und bei starkem Wind müssen Sie eventuell stehenbleiben oder sogar dem Modell entgegenlaufen, damit es seine normale Steiggeschwindigkeit nicht überschreitet, der Tragflügel nicht überlastet wird und womöglich bricht. Bis Sie nach einigen hundert Hochstarts die nötige Routine haben, ist es jedoch ratsam, mit der Fliegerei aufzuhören, sobald die Windgeschwindigkeit stärker als etwa die halbe Gleitfluggeschwindigkeit Ihres Modells wird.

Freiflug-Motormodelle

Bei jedem normal verlaufenden Flug eines Freiflug-Motormodells ist der Gleitflug um ein Mehrfaches länger als der Kraftflug. Man kann also ohne weiteres ein Freiflug-Motormodell als Segelflugmodell betrachten, bei dem der Hochstart durch den Kraftflug ersetzt wird.
Allein schon daraus ergibt sich die Forderung, das Modell beim Einfliegen zunächst auf einen einwandfreien Gleitflug zu trimmen. Ein weiterer Grund dafür ist der Wunsch nach dem Einfliegen ohne Bruch; denn selbst wenn bei den ersten Motorstarts der Kraftflug nicht gleich stimmt, wird das schon im Gleitflug eingeflogene Modell nach Beendigung des Motorlaufs durch seine Eigenstabilität sehr schnell in eine normale Fluglage zurückkehren und glatt landen.

TRIMMEN DES GLEITFLUGS

Trimmen Sie den Gleitflug in der gleichen Reihenfolge, wie für Segelflugmodelle beschrieben. Um die beim späteren Kraftflug auftretenden Probleme von vornherein möglichst klein zu halten, sollten Sie jedoch nicht auf einen schwebenden Gleitflug mit möglichst geringer Sinkgeschwindigkeit hinarbeiten, sondern das Modell auf einen schnelleren Flug mit gutem Gleitwinkel und etwas größerer Sinkgeschwindigkeit einstellen. Die Einstellwinkeldifferenz wird dazu normalerweise etwas geringer sein als beim Segler und der Schwerpunkt eine Kleinigkeit weiter vorn liegen.
Nach welcher Richtung Ihr Modell im Gleitflug kurven soll, steht beinahe immer in der Bauanleitung. Halten Sie sich unbedingt an diese Angabe, auch wenn Ihr Modell auf Grund kleinerer Bauungenauigkeiten lieber anders herum kurven möchte.
Beim Segelflugmodell spielt die Kurvenrichtung keine Rolle, weil Kurven in beiden Richtungen gleichmäßig stabilisierend auf den Gleitflug wirken und sie beim Segler vor allem dazu dienen sollten, die Flugstrecke klein zu halten. Beim Motormodell jedoch hilft die Kurveneinstellung für den Gleitflug wesentlich mit, auch den Kraftflug zu stabilisieren. In welcher Richtung diese Stabilisierungshilfe beim jeweiligen Modell am besten wirkt, hat sein Konstrukteur mit Sicherheit bedacht und ausprobiert. Ist im Bauplan nichts darüber angegeben und handelt es sich bei Ihrem Modell – wie bei fast allen Sportmodellen – um einen Hochdecker, dann lassen Sie ihn im Gleitflug nach rechts kurven.
Zum Einstellen der Gleitflugkurve haben fast alle Modelle eine Trimmklappe am Seitenleitwerk. Besteht sie aus Holz, sollte sie in der gefundenen Einstellung mit einem Tropfen Hartkleber arretiert und dadurch gegen unbeabsichtigtes Verstellen gesichert werden. Ist im Bauplan keine Trimmklappe angegeben, dann schneiden Sie sich eine aus dünnem Blech nach dem in **Skizze 1** gezeigten Muster, drücken sie in die Hinterkante des Seitenleitwerks und sichern ihren Sitz mit Hartkleber oder Zweikomponentenkleber.
Während der später im Kraftflug anzustrebenden Linkskurve wird dann die nach rechts ausgeschlagene Trimmklappe durch die Schräglage des Modells auch etwas als Höhenruder wirken und die Nase des Modells vom gefährlichen Boden weg nach oben drücken. Erfreulicherweise wird diese Höhenruderwirkung immer

1

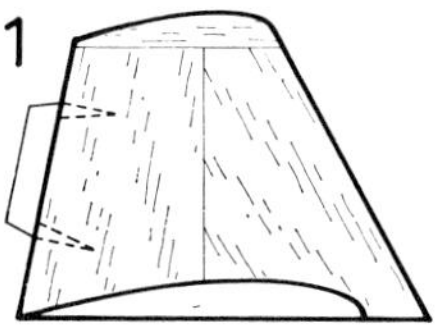

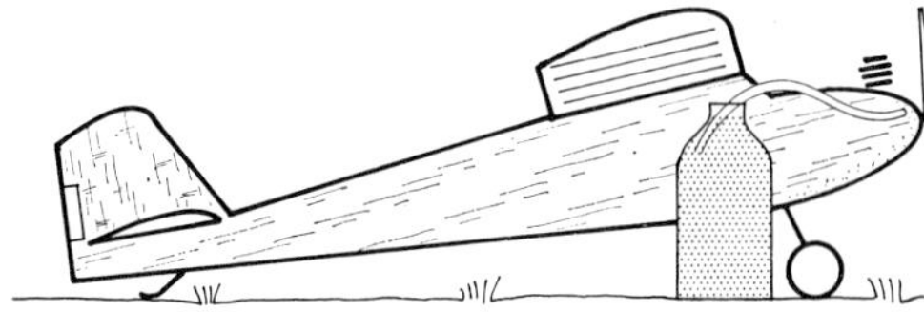

2

stärker, je mehr sich das Modell nach links neigt und damit einem gefährlichen Flugzustand nähert.

REGELN DER MOTORLAUFZEIT

Beim Trimmen des Kraftflugs wird das Risiko um so geringer sein, je kürzer zu Anfang die Motorlaufzeit ist. Wie man so kurze Motorlaufzeiten von 5 bis allerhöchstens 10 Sekunden erreicht, ist in den meisten Bauanleitungen leider nicht angegeben und einen Motorlaufzeitschalter werden Sie sich, wie die meisten Sportfreiflieger, möglicherweise nicht extra anschaffen wollen, obwohl der die beste Lösung dieses Problems bietet.
Da die kleinsten handelsüblichen Freiflugtanks 10 ccm Kraftstoff fassen, der bei 1 ccm-Motoren für etwa drei Minuten Motorlaufzeit reicht, ist die manchmal empfohlene Stoppuhr zur Bestimmung des Startzeitpunkts für spätere Flüge mit eingeflogenem Modell zwar ausreichend, für den Anfang aber viel zu ungenau. Auch die Bemessung der Kraftstoffmenge mittels einer Injektionsspritze zum Auftanken führt nicht zum Ziel, weil einmal die für das Anlassen und Einregulieren des Motors benötigte Kraftstoffmenge von Flug zu Flug verschieden sein wird und zum anderen die stets im Tank verbleibende Restmenge sehr stark von der Fluglage des Modells bei Aussetzen des Motors abhängt.
Nach meiner Erfahrung ist es am zweckmäßigsten, den Tank zunächst ganz auszuschalten und nur ein 15 bis 20 cm langes Stück Kraftstoffschlauch auf den Düsenstock des Motors zu schieben. Diesen Schlauch lassen Sie einfach lose herumhängen und stecken ihn zum Anlassen in eine oben offene Tankflasche, die Sie so weit füllen bzw. so hoch hinstellen, daß der Kraftstoffspiegel gerade in Höhe des Düsenstocks steht **(Skizze 2)**. Haben Sie dann den Motor auf die gewünschte Drehzahl eingeregelt, nehmen Sie die Tankflasche weg und stoppen, wie lange der sich im Schlauch befindende Kraftstoff reicht. Danach ist es kein Problem mehr, den Stand des Kraftstoffes am Schlauch zu ermitteln, der gerade noch eine Laufzeit von 5 bis 10 Sekunden ergibt.

TRIMMEN DER KRAFTFLUGKURVE

Ist der Gleitflug in Ordnung und beherrschen Sie die Beschränkung der Motorlaufzeit auf 5 bis 10 Sekunden, dann ist endlich der erste Motorstart fällig. Regeln Sie dafür den Motor auf die niedrigst erreichbare Drehzahl ein, laufen Sie mit dem Modell wie bei den Gleitflugversuchen gegen den Wind und geben Sie es frei, sobald Sie das Gefühl haben, es trage sich durch die erreichte Geschwindigkeit und den Motorzug selbst. Im Gegensatz zu den Gleitflugversuchen sollten Sie das Modell mit laufendem Motor nicht leicht nach vorn unten geneigt, sondern in Horizontalfluglage halten.

Falls Sie den Motor weit genug gedrosselt haben, wird Ihr Modell zunächst nur einen verlängerten Gleitflug erreichen und mit noch laufendem Motor landen. Dabei sollte es geradeaus oder in einer ganz schwachen Linkskurve geflogen sein, sofern im Bauplan keine Rechtskurve für den Kraftflug vorgeschrieben war.
Der gleiche Flugweg sollte bei einer schon für den Horizontalflug ausreichend hohen Motordrehzahl eingehalten werden. Steigt das Modell jedoch schon etwas, weil die Motorleistung für dieses Stadium eigentlich zu hoch ist, dann müßte es unbedingt in einer schwachen Linkskurve fliegen.

Hat Ihr Modell diesen Flugweg eingehalten, können Sie den Motor für den nächsten Start auf eine etwas höhere Drehzahl einregeln. Fliegt das Modell jedoch im gestreckten Gleitflug oder im Horizontalflug nach rechts oder im Steigflug geradeaus oder nach rechts, dann ist der in der Werkstatt festgelegte Seitenzug nach rechts zu groß und muß etwas verringert werden. Kurvt das Modell hingegen stark nach links, so muß der Motor noch mehr nach rechts ziehen, ehe Sie einen weiteren Startversuch mit der gleichen Motordrehzahl unternehmen können.
Verstellen Sie auf keinen Fall die Trimmklappe am Seitenleitwerk, um die Kraftflugkurve zu korrigieren, denn Sie würden dadurch lediglich die bereits stimmende Gleitflugtrimmung wieder zerstören.

Der Rechtszug des Motors dient übrigens nicht nur dem Ausgleich des Rückdrehmoments, gleichzeitig hat er auch die günstige Wirkung, mit zunehmender Linksschräglage die Nase des Modells immer kräftiger über die Flugbahn hinaus nach oben zu heben. Er hat also den gleichen stabilisierenden Einfluß wie die nach rechts ausgeschlagene Trimmklappe am Seitenleitwerk, und daher ist dieses Flugmuster zumindest für Sportmodelle äußerst sicher.

Bei anderen Modellarten und vor allem bei Wettbewerbsmodellen mit extrem hoher Motorleistung und fast senkrechtem Steigflug sind noch andere Momente zu berücksichtigen und können ein von diesem abweichendes Flugmuster fordern. Aber das ist schon ein Gebiet für Experten und braucht uns hier nicht zu belasten.
Ist der beschriebene Kraftflugweg erreicht, erfolgt der nächste Start mit wiederum etwas erhöhter Motorleistung und das Modell muß wieder in einer flachen Linkskurve fliegen, bis der Motor aussetzt und es dann in die Gleitflugkurve nach rechts übergeht.

Steigern Sie nun die Motorleistung von Flug zu Flug und korrigieren Sie nötigenfalls die Steigflugkurve durch weiteres Verstellen der Motorzugrichtung in die gewünschte Kurvenrichtung.

Reicht der durch das Spiel zwischen den Befestigungsbohrungen und den Befestigungsschrauben gegebene Verstellbereich nicht aus, dann können Sie die Kraftflugrichtung noch durch Verwendung einer anderen Luftschraube ändern, denn eine Luftschraube mit kleinerer Steigung oder kleinerem Durchmesser ändert die Kraftflugrichtung nach rechts, eine Luftschraube mit größerem Durchmesser oder größerer Steigung ändert sie nach links.
Genügt auch eine andere Luftschraube noch nicht, um den gewünschten Kraftflugweg zu erreichen, dann bieten Motoren mit Seitenbefestigung noch drei Möglichkeiten, die Motorzugrichtung zu versetzen:
Erstens können Sie den Motor mit dünneren Schrauben befestigen und dadurch mehr Spiel in den Bohrungen der Motorflansche erhalten, sofern Sie an die Mut-

tern gut herankommen und sie nicht mit Zweikomponentenkleber an die Motorträger geklebt sind.
Zweitens können Sie die Befestigungsschrauben unmittelbar unter dem Kopf rundherum etwas dünner feilen und dadurch das benötigte größere Spiel erreichen.
Drittens – und nur im äußersten Notfall – können Sie die Bohrungen in den Motorflanschen auffeilen.
Mit einer oder mehreren dieser Maßnahmen läßt sich der gewünschte Kraftflugweg immer hintrimmen und daher nochmals die Warnung: Finger weg von Tragflügel und Leitwerk, sobald der Gleitflug stimmt!

TRIMMEN DES STEIGWINKELS
Während Sie bei den ersten Kraftflügen mit niedriger Drehzahl Ihre Aufmerksamkeit auf den richtigen Kurvenflug konzentrieren konnten, müssen Sie bei den späteren Flügen mit größerer Motorleistung zusätzlich auf den richtigen Steigwinkel achten. Er darf nicht zu flach sein, damit das Modell bei windigem Wetter schnell aus der besonders stark verwirbelten Luftschicht in Bodennähe herauskommt, darf aber auch nicht so steil sein, daß plötzlich die Kraft des Motors nicht mehr ausreicht, um die nötige Fluggeschwindigkeit aufrechtzuerhalten und das Modell dadurch zu pumpen anfängt.
Dieses Überziehen während des Kraftflugs tritt weitaus häufiger auf als ein zu flacher Steigflug, kann jedoch durch das nur schrittweise Steigern der Motordrehzahl von Flug zu Flug im noch harmlosen Anfangsstadium erkannt und leicht ausgeglichen werden, indem man den Motorsturz vergrößert.
In jedem Fall und in jeder beliebigen Größe ist diese Korrektur durch einfaches Unterlegen von Scheiben an den hinteren Motorbefestigungsschrauben möglich und erfordert niemals Änderungen am Motor oder an den Motorträgern. Doch gehen Sie auch dabei nur schrittweise vor und achten Sie vor allem darauf, daß Sie nicht unbeabsichtigt den Seitenzug wieder verändern. Diese Möglichkeit ist recht groß, da zum Unterlegen der Scheiben die hinteren Befestigungsschrauben ganz herausgenommen und die vorderen stark gelockert werden müssen.
Steigt Ihr Modell dagegen nur schwach, dann warten Sie am besten noch einige weitere Flüge mit höherer Motorleistung ab, ehe Sie durch Anheben der Motorzugrichtung den Steigflug steiler machen.
Haben Sie sich so allmählich an den Kraftflug mit voller Motorleistung herangetastet, können Sie endlich die Motorlaufzeit verlängern. Dabei ist es jedoch wenig sinnvoll, über etwa 30 Sekunden hinauszugehen, es sei denn, Sie wollen nebenbei Langstreckenlauf trainieren oder gar Ihr Modell in eventuell vorhandenem Aufwind davonfliegen sehen.

Fernlenk-Motormodelle

Je mehr Ruder eines Fernlenkmodells steuerbar sind, desto einfacher und risikoloser kann es eingeflogen werden, da sich fast alle Bau- und Trimmfehler aussteuern und wegtrimmen lassen, bis sie nach der Landung beseitigt werden können. Am meisten Vorsicht und Sorgfalt erfordert daher das Einfliegen von Modellen, bei denen nur das Seitenruder steuerbar ist. Da diese Modellart jedoch annähernd ausgestorben ist, kann ich mich hier im wesentlichen auf die Modelle beschränken, bei denen mit einer der preiswerten Zweikanal-Anlagen Seiten- und Höhenruder gesteuert werden.

TRIMMEN DES GLEITFLUGS

Der Gleitflug eines Fernlenk-Motormodells sollte noch etwas schneller als der eines Freiflug-Motormodells sein, damit es in allen Fluglagen gut steuerbar ist. Auf das gewohnte Trimmblei können Sie meist verzichten, da sich durch das Verschieben von Akku und Empfänger der Schwerpunkt fast immer an die richtige Stelle bringen läßt. Packen Sie aber niemals den Akku hinter den Empfänger, denn es gibt kein sichereres Mittel, um den Empfänger bei einem eventuellen Absturz zu zertrümmern.

Im Gegensatz zu Freiflugmodellen sollten Fernlenkmodelle im Kraft- und Gleitflug geradeaus fliegen. Haben Sie irgendwo gelesen, daß eine Kurve weites Davonfliegen verhindert, können Sie das getrost vergessen, denn diese Regel stammt noch aus einer Zeit, in der es mit Reichweite und Zuverlässigkeit der Fernsteuerungen nicht weit her war.

VORBEREITUNGEN ZUM KRAFTFLUG

Ist der Gleitflug in Ordnung, nähert sich der spannende Moment des ersten Kraftflugs. Bodenstarts sind dazu nur empfehlenswert, wenn eine glatte Startbahn zur Verfügung steht und das Modell ein Bugradfahrwerk hat. Fehlt eine dieser Voraussetzungen, sollten Sie das Modell zumindest so lange aus der Hand starten, bis Sie es in allen Lagen beherrschen.

Verzichten Sie vor keinem Start auf das Überprüfen der Steuerung bei laufendem Motor, denn die Motorvibration ist stärker als Sie glauben und kann ohne weiteres schlechte Lötstellen trennen, die Kontaktsicherheit von Schaltern beeinträchtigen und Rudergestänge verklemmen.

Schließlich sollten Sie sich noch über die für die ersten Flüge zu wählende Motorlaufzeit klar werden. Sie muß ausreichen, um das Modell in eine für einen vernünftigen Landeanflug genügende Höhe zu bringen, sollte aber nicht so lang sein, daß Sie kilometerweit durch die Gegend sausen und Ihr Modell suchen müssen, falls Sie nicht gleich mit ihm fertig werden und es mit dem Wind abtreibt. Zwei bis drei Minuten sind gerade richtig und die können Sie mit ausreichender Genauigkeit durch entsprechende Bemessung der Tankfüllung einhalten.

Haben Sie einen dritten Kanal für die Drossel zur Verfügung, brauchen Sie sich über die Motorlaufzeit nicht den Kopf zu zerbrechen. Ist der Knüppel oder Schieber trimmbar, sollten Sie die Drossel sorgfältig so einregulieren, daß Sie mit der Trimmung jederzeit den Motor abstellen können.

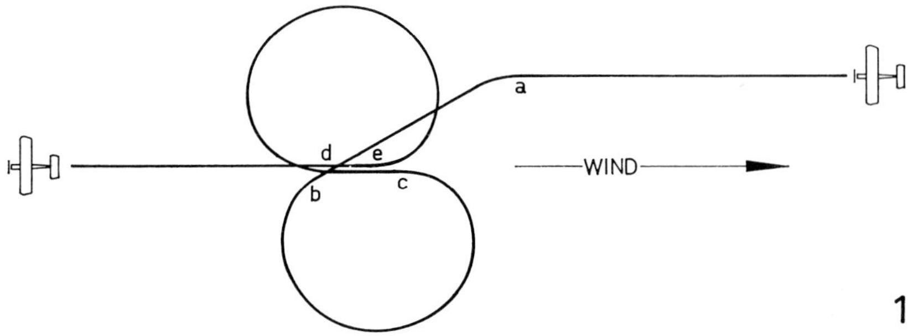

1

DIE ERSTEN MOTORSTARTS

Sie stehen jetzt also zu allem entschlossen da, den Sender in der linken, das Modell mit laufendem Motor genau gegen den Wind in der rechten Hand und starten es genauso, wie Sie bisher Ihre Freiflugmodelle gestartet haben. Fliegt es annähernd geradeaus, überlassen Sie es sich selbst, bis es eine Sicherheitshöhe von mindestens 30 m erreicht hat. Erst dann bewegen Sie zum erstenmal den Seitenruderknüppel vorsichtig etwas nach einer Seite, lassen ihn nach ein bis zwei Sekunden wieder in die Mittelstellung zurückgehen und beobachten dabei die Reaktion des Modells. War der Knüppelausschlag richtig bemessen, wird es seine Richtung nur wenig geändert haben und gleich danach wieder stabil weiterfliegen **(Skizze 1a)**. Machte es dagegen einen Satz „um die Ecke", war der Knüppelausschlag zu groß und dauerte möglicherweise auch zu lange.
Da Sie immer bestrebt sein sollten, das Modell vor sich gegen den Wind zu halten, versuchen Sie in diesem Falle gleich mal einen vorsichtigeren Seitenruderausschlag zur anderen Seite und wiederholen das nötigenfalls noch mehrere Male abwechselnd nach rechts und links, bis Sie den Seitenruderknüppel so gefühlvoll bedienen können, daß das Modell nach einem kurzen Ruderausschlag seine Richtung nur wenig ändert.
Anschließend können Sie den ersten Vollkreis einleiten **(1b)**, der so weit sein sollte, daß das Modell dabei auf keinen Fall an Höhe verliert, sondern möglichst noch schwach weitersteigt. Je stärker Sie nämlich das Seitenruder ausschlagen, desto mehr wirkt es auch als Tiefenruder. Kurz ehe das Modell wieder gegen den Wind fliegt, lassen Sie den Steuerknüppel in die Mittelstellung zurückgehen. Das Modell hat jetzt gegenüber der umgebenden Luft einen mehr oder weniger vollkommenen Kreis geflogen, gegenüber dem Boden jedoch den Weg **1b** bis **1c** zurückgelegt, weil es während der ganzen Zeit durch den Wind auf Sie zu versetzt wurde.
Lassen Sie es daher wieder ein Stück geradeaus gegen den Wind fliegen und korrigieren Sie jede Richtungsabweichung sofort durch kurze und gefühlvolle Seitenruderausschläge nach der anderen Seite. Ist etwa der Punkt erreicht, an dem der erste Vollkreis begann, versuchen Sie das gleiche nach der anderen Seite **(1d bis 1e)** und wiederholen dieses Muster, bis der Motor stehenbleibt.

Kurvt das Modell dagegen sofort nach dem Start nach einer Seite, bleibt Ihnen nichts weiter übrig, als diese Kurve sofort durch vorsichtige Betätigung des Seitenruders nach der entgegengesetzten Seite zu korrigieren. Halten Sie auf jeden Fall das Modell mit dem Seitenruder möglichst genau gegen den Wind, bis die Sicherheitshöhe von mindestens 30 m erreicht ist. Dann können Sie in aller Ruhe mit dem Seitentrimmhebel das Modell auf Geradeausflug trimmen und danach das zuvor beschriebene Flugmuster bis zum Stehenbleiben des Motors fliegen.

Da der Gleitflug beim Einfliegen stimmte, kann die Kurvenneigung nur durch falschen Seitenzug des Motors bedingt sein, der vor dem nächsten Start unbedingt korrigiert werden muß.

Genauso ist in bewährter Weise der Motorsturz zu verändern, falls der Kraftflug zu flach oder zu steil war und zunächst mit dem Höhenruder und nach Erreichen der Sicherheitshöhe mit dem Höhentrimmhebel korrigiert werden mußte. Das sollte übrigens vorerst der einzige Anlaß sein, sich um das Höhenruder zu kümmern.

Haben Sie bei nur zwei zur Verfügung stehenden Kanälen zugunsten einer Motordrossel auf das Höhenruder verzichtet, was ich für absolut falsch halte, sollten Sie für die ersten Flüge den Motor etwas drosseln, so daß beim Start nur etwa drei Viertel seiner Leistung zur Verfügung stehen. Dadurch haben Sie dann die Möglichkeit, einen zu flachen Steigflug durch mehr und einen zu steilen Steigflug durch weniger Gas zu korrigieren. Will das Modell dann auch trotz Vollgas nicht richtig steigen, bleibt Ihnen weiter nichts übrig, als auf eine Methode aus der Anfangszeit des RC-Flugs zurückzugreifen und das Seitenruder als Höhenruder zu benutzen. Sie wackeln dazu mit ihm gleichmäßig von Vollausschlag links zu Vollausschlag rechts hin und her, wobei ein Ausschlag nach jeder Seite pro Sekunde gerade richtig ist.

Selbst wenn der Steigflug Ihres Modells auf Anhieb stimmt, sollten Sie die beschriebene Höhenruderwirkung des Seitenruders gelegentlich mal ausprobieren; es können immer mal Situationen auftreten, in denen sie Ihr Modell vor einem Bruch retten kann.

In diesem Zusammenhang möchte ich nochmals auf die schon erwähnte Tiefenruderwirkung des Seitenruders hinweisen, die Sie am extremsten durch einen Dauer-Vollausschlag erreichen, durch den Ihr Modell nach spätestens einem immer enger werdenden Vollkreis in den Spiralsturz übergeht. Dieser Spiralsturz ist zwar ein äußerst stabiler Flugzustand und läßt sich durch einen entgegengesetzten vollen Seitenruderausschlag sehr schnell beenden, er ist jedoch mit rapidem Höhenverlust verbunden und seine Beendigung nur mit dem Seitenruder führt je nach der erreichten Geschwindigkeit mindestens zu starkem Überziehen mit anschließendem Pumpen, wenn nicht sogar zu einem Looping.

Mit solchen und ähnlichen Kapriolen hat man sich zwar früher stundenlang amüsiert und es gab sogar Kunstflugwettbewerbe für nur mit dem Seitenruder gesteuerte Modelle, aber für einen Erstflug sind das höchst unangebrachte Manöver, die Sie durch vorsichtiges Bedienen des Seitenruders unbedingt vermeiden sollten. Nach dieser Erklärung werden Sie auch verstehen, weshalb ich die Verwendung des zweiten Kanals für eine Motordrossel anstatt für das Höhenruder so strikt abgelehnt habe.

2

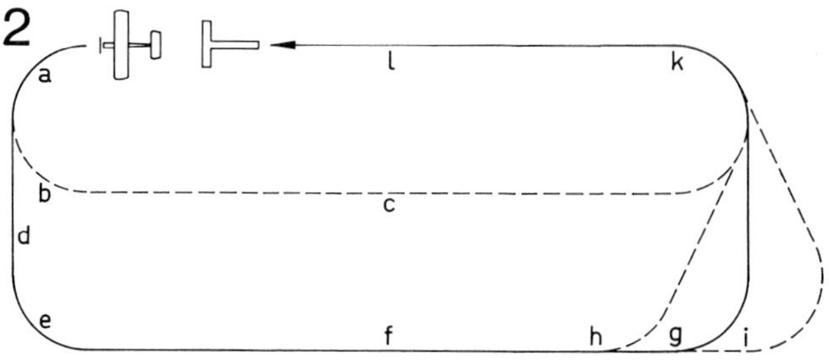

DIE ERSTEN LANDUNGEN

Haben Sie alle bisherigen Ratschläge befolgt, wird sich Ihr Modell bei Aussetzen des Motors irgendwo vor Ihnen hoch über dem Platz befinden. Fliegt es gerade einen Kreis, führen Sie ihn zu Ende, bis das Modell wieder genau gegen den Wind steht **(Skizze 2)**. Ist es dann noch sehr hoch, fliegen Sie weiter Vollkreise nach rechts und links und legen zwischendurch immer genügend lange Geradeausflüge gegen den Wind ein, um es vor sich zu behalten. Ist es so bis auf etwa 50 m heruntergekommen, beginnen Sie den Landeanflug mit einer 90-Grad-Kurve nach Ihrer „Schokoladenseite“, also vermutlich nach links **(2a).**

Sofort nach Einleitung dieser Kurve versuchen Sie abzuschätzen, ob die Höhe des Modells für den dick eingezeichneten idealen Landeanflug ausreicht. Ist sie zu gering, kurven Sie gleich um weitere 90° **(2b)** und lassen das Modell seitlich von sich mit Rückenwind vorbeifliegen **(2c)**. Reicht die Höhe dagegen aus, folgt auf die erste Kurve der Querabflug **(2d)**, dessen Länge wiederum von Ihrer Einschätzung der Flughöhe abhängt. Er wird durch eine weitere 90-Grad-Kurve **(2e)** beendet und geht damit in den normalen Parallelabflug **(2f)** über.

Eine weitere Schätzung bestimmt die Einleitung der vorletzten Kurve **(2g)**. Wird die Höhe knapp, kurven Sie schon bei **(2h)** ein, ist das Modell höher als erwartet, beginnen Sie die Kurve erst bei **(2i)**. Damit sind die Korrekturmöglichkeiten für den Landeanflug erschöpft, denn der direkte Anflug **(2l)** sollte mindestens 100 m lang sein, was je nach Windgeschwindigkeit und Gleitwinkel des Modells eine Höhe von 15 bis 20 m bei Beendigung der letzten Kurve **(2k)** voraussetzt.

Auf dem direkten Landeanflug sollten Sie das Modell möglichst sich selbst überlassen und nur bei größeren Abweichungen von der vorgesehenen Flugrichtung vorsichtige Korrekturen vornehmen. Kurz vor dem Boden dürfen Sie nun auch das Modell mit **etwas** Höhenruder aus dem abwärts geneigten Gleitflug auf eine **fast** horizontale Flugbahn steuern. Ob das Modell aus dieser nun vor, am oder hinter dem vorgesehenen Landeplatz aufsetzt, soll Sie zunächst nicht kümmern. **Lassen Sie sich auf keinen Fall zu irgendwelchen Krampfkurven im direkten Landeanflug verleiten,** um mit Gewalt eine Ziellandung zu erzwingen, selbst dann nicht, wenn Sie merken, daß das Modell viel zu weit kommt. Es ist auf jeden Fall besser und billiger, ein ganzes Modell aus 100 m Entfernung zurückzuholen, als einen Haufen Bruch in der Mitte des Landekreises zusammenzufegen.

FLIEGEN

Freiflug-Segler

Das Ziel jeden Freiflugs ist die Erreichung einer möglichst langen Flugzeit, die sich bei gegebenem Modell durch sorgfältigstes Austrimmen auf die geringstmögliche Sinkgeschwindigkeit und weitmöglichste Ausnutzung vorhandener Aufwinde erreichen läßt.

TRIMMEN AUF GERINGSTES SINKEN

Bei jedem Modell gibt es einen von seiner Konstruktion bedingten Bereich, in dem es zum eigenstabilen Flug getrimmt werden kann. Am längsstabilsten ist es bei großer Einstellwinkeldifferenz, die einen weit vorn liegenden Schwerpunkt erfordert und mit einer relativ großen Sinkgeschwindigkeit verbunden ist. Je kleiner die Einstellwinkeldifferenz gewählt wird, desto weiter muß der Schwerpunkt nach hinten verlegt werden und desto geringer werden Sinkgeschwindigkeit und leider auch die Längsstabilität, bis diese schließlich so klein wird, daß das Modell „unterschneidet" und sich aus dem abwärts gerichteten Teil einer Pumpbewegung nicht mehr abfängt.
Um die geringste praktisch erreichbare Sinkgeschwindigkeit zu ermitteln, führen Sie in möglichst ruhiger Luft, also am besten frühmorgens oder spätabends, Meßflüge mit einer kurzen Hochstartschnur durch, für die sich eine Länge von 18 m, die eine Ausklinkhöhe von 20 m ergibt, gut bewährt hat. Bei diesen Flügen verändern Sie nach jeweils mindestens 5 Starts die Trimmung von der längsstabilsten Kombination schrittweise zu einer Einstellung kurz vor dem Unterschneiden. Sie führen dabei genau Buch über die Höhe der Unterlagen unter dem Höhenleitwerk, die zum Austrimmen benötigte Zahl der Bleikugeln und die mit jeder Einstellung erreichten Flugzeiten. Wenn Sie die jeweils beste und schlechteste Zeit streichen und die restlichen mitteln, erkennen Sie deutlich, bei welcher Trimmung das Modell in ruhiger Luft die längste Flugzeit und damit die geringste Sinkgeschwindigkeit erreicht.
Um jede der möglichen flugstabilen Trimmungen jederzeit ohne zeitraubende Kontrollflüge wiederherstellen zu können, habe ich mir während meiner Wettbewerbsfliegerei die für jede Einstellung für das Höhenleitwerk benutzten Unterlagen und zum Auswiegen benötigten Bleikugeln in einer besonderen Schachtel aufgehoben, und diese mit der bei den Meßflügen erreichten Sinkgeschwindigkeit beschriftet. Konnte ich dann auf einem Wettbewerb in annähernd ruhiger Luft fliegen, verwendete ich die Trimmung, die die geringste Sinkgeschwindigkeit ergab. War die Luft dagegen unruhig oder gar böig, konnte ich das Modell mit wenigen Griffen auf eine entsprechend längsstabilere Einstellung mit größerer Einstellwinkeldifferenz und größerer Schwerpunktvorlage umtrimmen und packte die bis dahin benutzten Unterlagen und Bleikugeln wieder in die für sie reservierte Schachtel zurück.
Eine richtige Einschätzung der Luftverhältnisse vorausgesetzt, konnte ich so

meine Modelle mit der für die jeweiligen Verhältnisse optimalen Trimmung einsetzen und hatte damit die besten Erfolge.

TRIMMEN AUF THERMIKEMPFINDLICHKEIT

Um ein Modell möglichst thermikempfindlich zu machen, empfiehlt sich die Anwendung einer Methode, die meines Wissens zuerst von dem zweifachen Segelflugmodell-Weltmeister Rudi Lindner bewußt angewendet wurde. Er schränkte dazu das auf der Kurvenaußenseite liegende Flügelende leicht positiv. Da nach der durch Meßflüge ermittelten Trimmung der Tragflügel bereits im Bereich des Höchstauftriebs flog, ergab diese Schränkung im wesentlichen nur eine leichte Widerstandserhöhung an dem geschränkten Flügelende, wodurch sich ein größerer Kurvendurchmesser ergab. Dadurch überflog das Modell ein größeres Gebiet als mit einer engen Kurve, und die Wahrscheinlichkeit, dabei Aufwind zu finden, war entsprechend größer.
Flog das Modell nun in ein Aufwindgebiet ein, wurde es auf Grund seiner Trägheit durch die aufsteigende Warmluft unter einem größeren Anstellwinkel angeblasen, wodurch an dem am stärksten eingestellten Teil des Tragflügels, also am positiv geschränkten Flügelende, die Strömung abriß. Das Modell ging dabei leicht auf den Kopf und holte Fahrt auf, wodurch die Schränkung als Querruder zu wirken begann und das Modell in eine enge Kurve drehte, mit der es längere Zeit im Aufwindgebiet bleiben konnte. Bei zu starker Schränkung bestand zwar die Gefahr eines Spiralsturzes, bei richtiger Abstimmung von Seitenruderausschlag und Schränkung behielt jedoch das Modell die enge Kurve so lange bei, bis der Aufwind schwächer wurde, wonach es wieder in seine weitere Kurve überging, um das nächste Aufwindgebiet zu suchen.
Diese Trimmung habe ich selbst auch öfters zu meiner vollsten Zufriedenheit verwendet und kann sie jedem Wettbewerbsflieger nur empfehlen.

THERMIKSUCHE MIT DEM MODELL

Wollen Sie sich nicht auf zufälliges Auffinden der Thermik verlassen, üben Sie, Ihr Modell hoch über dem Kopf an der Hochstartschnur kreuz und quer über den Platz zu schleppen, was am besten geht, wenn sich der Hochstarthaken möglichst dicht vor dem Schwerpunkt befindet. Beherrschen Sie diese Technik, dann können Sie mit Ihrem Modell so lange über den Platz „spazierenlaufen", bis Sie am kräftigen Zug der Hochstartschnur den Aufwind spüren und Ihr Modell mitten in ihm ausklinken können. Ganz so einfach, wie sich das liest, ist diese Methode zwar nicht, bei ausreichender Geduld und systematischem Vorgehen aber trotzdem von jedem Modellflieger erlernbar.
Ihre Chance, auf diese Weise Aufwind zu finden, ist natürlich wesentlich größer, wenn Sie wissen, wo und wann Sie mit ihm rechnen können und auf Grund dieser Kenntnis Startzeit und Suchgebiet auswählen. Näheres darüber finden Sie im Kapitel „Thermik".

Fernlenk-Hochstartsegler

Auch beim Fliegen von ferngesteuerten Hochstartseglern wird es Ihr Ziel sein, möglichst lange Flugzeiten zu erreichen. Sie sollten daher versuchen, die zur Verfügung stehende Hochstartschnurlänge so weit wie möglich auszunutzen, Ihr Modell optimal zu trimmen und es in Aufwindgebiete zu steuern.

HOCHSTART

Anders als im Freiflug-Hochstart mit nur 50 m langer Schnur werden zum Start von Fernlenkseglern Hochstartschnüre bis zu 300 m Länge verwendet. Auf Grund des höheren Gewichts und der dadurch bedingten größeren Fluggeschwindigkeit werden Sie mit den meisten Fernlenkseglern aber nur dann einen normalen Hochstart durchführen können, wenn zu Ihrer Laufgeschwindigkeit noch eine bestimmte Windgeschwindigkeit hinzukommt.
Bei schwachem Wind wird die Summe der beiden Geschwindigkeiten oft nicht ausreichen und Sie werden dann eine Umlenkrolle verwenden müssen, um Ihr Modell ausreichend schnell schleppen zu können **(Skizze 1).** Zu ihrer Benutzung schlagen Sie einen Pflock in den Boden, an dem Sie ein Ende der Hochstartschnur befestigen, während Sie das andere Ende durch die Umlenkrolle zum Modell führen. Die Schleppgeschwindigkeit ist dann doppelt so groß wie Ihre Laufgeschwindigkeit.
Herrscht völlige Windstille, kann bei schnellen Modellen auch diese Methode nicht mehr genügen, so daß Sie zur doppelten Umlenkung übergehen müssen **(Skizze 2).** Sie brauchen dazu zwei Umlenkrollen, von denen Sie eine an dem in den Boden geschlagenen Pflock, die andere an einem Handgriff befestigen und dann die Hochstartschnur so führen, wie Sie es in der Skizze sehen.
Bequemer und ohne Helfer ausführbar ist der Katapult-Hochstart. Ein typisches Katapult besteht aus ca. 30 m Gummi, 100 m Perlonschnur, einem Seilfallschirm und einem Hochstartring und kann gebrauchsfertig montiert gekauft werden. Es ist zwar nicht ganz billig und die mit ihm erreichbare Höhe ist geringer als bei den zuerst beschriebenen Methoden, dafür legt der Seilfallschirm aber das Katapult immer schön glatt genau in die richtige Richtung und ermöglicht so eine wesentlich schnellere Startfolge.
Zur Thermiksuche sind viele Versuche aus 100 m Höhe sicherlich erfolgversprechender als wenige aus 200 m Höhe, für diesen Zweck ist also ein Katapult das ideale Startgerät. Wollen Sie dagegen Kunstflug ausführen, brauchen Sie eine größere Ausgangshöhe und müssen auf eine der zuerst beschriebenen Methoden zurückgreifen.

TRIMMUNG

Bei Freiflugseglern brachte die Trimmung auf die geringstmögliche Sinkgeschwindigkeit in allen Fällen die längste Flugzeit. Bei Fernlenkseglern gilt das nur bei Windstille, denn mit diesen wollen Sie ja auch noch Aufwindgebiete suchen und schließlich wieder an der Startstelle landen. Zur Verdeutlichung des Problems lassen Sie uns den Extremfall Fluggeschwindigkeit = Windgeschwindig-

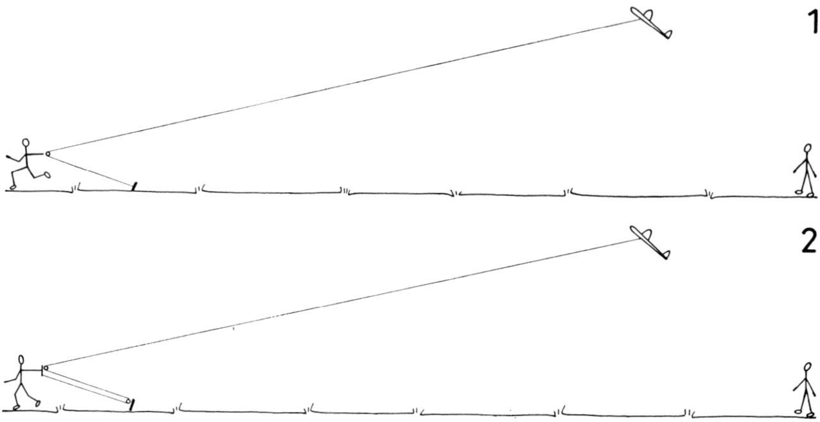

keit betrachten. In diesem Fall müßten Sie das Modell nach dem Ausklinken ganz genau gegen den Wind halten, um wieder an der Startstelle landen zu können und hätten keinen Meter Flugstrecke zur Aufwindsuche zur Verfügung gehabt.

Da aber nur durch Aufwindausnutzung über die reine Gleitflugzeit hinausgehende längere Flugzeiten möglich sind, muß es Ihr Ziel sein, Ihr Modell aus gegebener Höhe möglichst weit fliegen zu lassen und dafür eine etwas höhere Sinkgeschwindigkeit in Kauf zu nehmen. Sie müssen also Ihr Modell auf den besten Gleitwinkel trimmen, den Sie wieder durch Meßflüge genau ermitteln können und im Bereich relativ kleiner Einstellwinkeldifferenzen und ziemlich weit vorn liegender Schwerpunkte finden werden.

Diese Meßflüge erbringen natürlich nur bei völliger Windstille einwandfreie Ergebnisse und damit scheidet aus den anfangs erwähnten Gründen der Hochstart als Startmethode aus. Am besten suchen Sie sich dazu einen Hang mit vorgelagerter freier Landewiese und gehen ihn zum Start nur so weit hinauf, daß sich Flugstrecken um etwa 100 m ergeben. Markieren Sie die Startstelle, zählen Sie bei jedem Zurückholen des Modells Ihre Schritte und tragen Sie Einstellung und Flugstrecke wieder in eine Liste ein, aus der Sie genau wie bei den Meßflügen der Freiflug-Segler die günstigste Trimmung ermitteln.

LANDUNG

Das Problem der Ziellandung mit Fernlenkseglern besteht hauptsächlich darin, rechtzeitig und in ausreichender Höhe zur Startstelle zurückzukehren. Gegen den Wind anfliegend, ist das oft schwierig, und deshalb sollten Sie vorwiegend im Luv der Startstelle nach Aufwind suchen.

Den Landeanflug führen Sie nach dem gleichen Schema durch, das beim Einfliegen der Fernlenk-Motormodelle beschrieben wurde, doch können Sie dank des besseren Gleitwinkels der Segler damit in einer geringeren Höhe beginnen.

Fernlenk-Motorsegler

Im Grunde sind Motorsegler nichts weiter als Hochstartsegler, bei denen der Hochstart durch den Steigflug ersetzt wird und mit denen man dann ebenfalls versucht, durch bestmögliche Ausnutzung vorhandener Aufwinde längere Flugzeiten zu erreichen.

Für die Trimmung gelten also die gleichen Überlegungen wie für den Hochstartsegler, genauso wie für die Aufwindsuche und die Landung.

Da Sie zum Starten keinen Helfer benötigen, können Sie an einem Flugtag sehr viele Starts durchführen und bekommen ganz nebenbei noch eine gute Ziellandepraxis, die sich auch für die Fliegerei mit anderen Fernlenkmodellen günstig auswirken wird. Ich finde diese Fliegerei ausgesprochen interessant und abwechslungsreich, auch wenn ich an ungünstigen Tagen nur selten Aufwinde finde.

Für diese Flugart reichen Motorlaufzeiten von 2 bis 3 Minuten völlig aus, die bei richtig gewählter Motorgröße Ausgangshöhen von 100 bis 150 m ergeben.

Viele Modellflieger sind jedoch anderer Ansicht und ziehen Motorlaufzeiten von 10 bis 15 Minuten vor, so daß ihre Modelle schließlich kaum noch zu sehen sind. Aus solchen Höhen ist eine bewußte Aufwindsuche natürlich völlig unmöglich, weil auf Grund der großen Entfernung auch der Modellflieger mit den besten Augen nicht mehr erkennen kann, ob sein Modell sinkt oder steigt.

Ich habe bisher auch nur selten gesehen, daß mit einem solchen „Motorsegler" ernsthaft nach Thermik gesucht wurde und finde diese Art von Fliegerei ausgesprochen langweilig. Ihr fehlt jedes Spannungsmoment, und das fliegerische Können des Piloten wird durch sie weder gefordert noch gefördert. „Motorgleiterei" oder „Leichtmotorfliegen" wären dafür korrektere Bezeichnungen und ein billiges Motor-Sportmodell mit etwas zu schwachem oder gedrosseltem Motor würde mit wesentlich geringerem Aufwand den gleichen Zweck erfüllen.

Besonders interessant ist die „Motorsegelei", wenn eine glatte Startbahn und ein vorbildähnliches Modell mit Motor in der Rumpfspitze und einem Laufrad kurz vor dem Schwerpunkt zur Verfügung stehen. Durch kurzes Anschieben mit erhöhter Geschwindigkeit oder Führen an einer Flügelspitze sind dann bei einiger Übung sehr realistische Bodenstarts möglich, und auch die langsamen Landungen mit weitem Ausrollen sind ein ausgesprochener Genuß. Sie brauchen dafür durchaus keine aufwendige Steuerung und es genügt vollauf, wenn Sie das Seitenruder steuern können, denn schon bei relativ niedriger Rollgeschwindigkeit können Sie mit diesem auch die Querlage halten. Für meine ersten Bodenstarts dieser Art hatte ich sogar nur eine Einkanal-Anlage zur Verfügung, bei der ich entweder ein- oder zweimal tasten mußte, um einen Rechts- bzw. Linksausschlag des Seitenruders zu erhalten. Wenn man heute mit einer solchen Anlage auf dem Flugplatz erscheint, muß man damit rechnen, schief angesehen zu werden, was zum Teil berechtigt ist. Diese Fernsteuerungen sind nämlich durchweg Pendler-Anlagen, und alle übrigen Modellflieger können nur zuschauen, während Sie damit fliegen.

Fernlenk-Hangsegler

HANGAUFWIND

Wenn Luft auf einen Hang zuströmt, wird sie von diesem nach oben abgelenkt. Diese Ablenkung erfolgt um so stärker, je steiler der Hang ist **(Skizzen 1–3)** und um so stärker wird bei gleicher Windgeschwindigkeit **v** auch der Aufwind **a** sein, um so schmaler aber auch das Gebiet, über das er sich erstreckt.

Ist der Aufwind **a** größer als die Sinkgeschwindigkeit Ihres Modells, wird dieses gegenüber dem Boden an Höhe gewinnen, bis es schließlich in eine Luftschicht kommt, in der Aufwind und Sinkgeschwindigkeit gleich sind. Die Aufwärtsbewegung der Luft kann sich nämlich nicht ins Endlose fortsetzen, da die durch den Hang nach oben abgelenkte Luftmasse an ihren Seiten und in der Höhe von in gleicher Richtung strömenden und nicht oder weniger abgelenkten Luftmassen begrenzt wird. Bis in welche Höhe der Aufwind reicht, hängt von Höhe und Profil des Hanges und von der Windgeschwindigkeit ab. In dreifacher Hanghöhe wird jedoch fast immer eine ungestörte Luftströmung anzutreffen sein.

An den „Strömungslinien" der **Skizzen 1–4** können Sie aber nicht nur die Stärke des Aufwinds ablesen, sondern auch die Windgeschwindigkeit, die um so größer

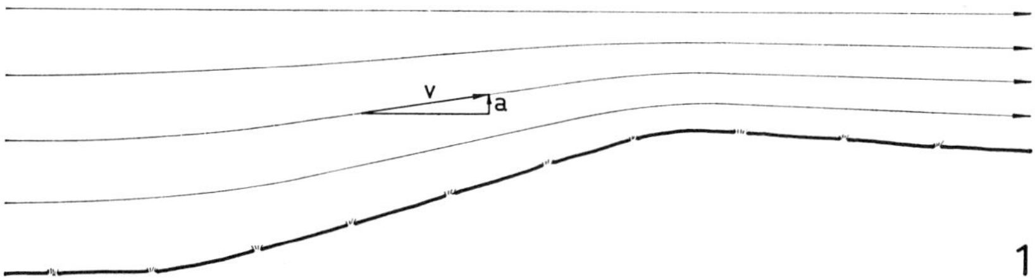

1

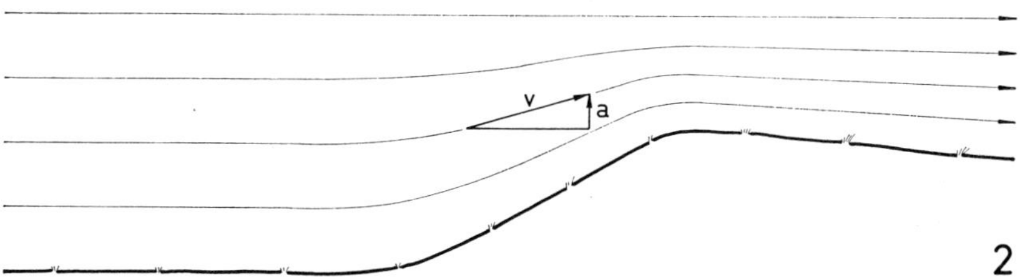

2

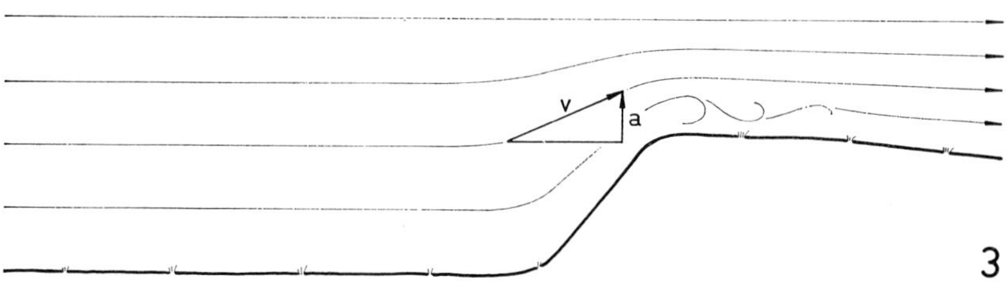

3

ist, je dichter übereinander die Strömungslinien verlaufen. Sie ist also unmittelbar über der Hangkante am stärksten und kann bei steilen Hängen **(Skizze 3)** unmittelbar dahinter auch stark verwirbelt sein. Dieser Geschwindigkeitsverteilung überlagert ist noch die mit zunehmender Höhe generell zunehmende Windgeschwindigkeit.

TRIMMUNG

Im Hangflug ist die Flugdauer fast ausschließlich von der Stärke des Aufwinds abhängig. Die Sinkgeschwindigkeit der Modelle spielt daher nur dann eine entscheidende Rolle, wenn der Hang sehr flach oder der Wind sehr schwach ist oder wenn es auf die Erreichung einer möglichst großen Höhe ankommt. Genauso kann zwar ein guter Gleitwinkel nie schaden, wichtig wird er jedoch nur, wenn es bei plötzlich einsetzender Flaute darauf ankommt, noch rechtzeitig die Landewiese zu erreichen.

Da jedoch an fast jeder Stelle vor und über dem Hang eine andere Windgeschwindigkeit herrscht und dazu mit durch Bodenhindernisse verursachten Verwirbelungen zu rechnen ist, spielt die Längsstabilität in jedem Fall eine ausschlaggebende Rolle. Das gilt nicht nur für nur mit dem Seitenruder gesteuerte Modelle, auch solche mit steuerbarem Höhenruder werden ruhiger fliegen, je längsstabiler sie sind und je weniger ihre Fluglage durch Höhenruderausschläge korrigiert werden muß.

Trimmen Sie daher alle Hangmodelle zunächst einmal durch große Einstellwinkeldifferenz und vornliegenden Schwerpunkt auf große Längsstabilität. Erst wenn die sich aus dieser Trimmung ergebende Sinkgeschwindigkeit bei abflauendem Wind zu groß wird, trimmen Sie das Modell durch Verringerung der Einstellwinkeldifferenz und Zurücknahme des Schwerpunkts auf geringeres Sinken um, genau so, wie Sie bei zunehmender Windgeschwindigkeit das Modell durch Verringerung der Einstellwinkeldifferenz ohne Veränderung der Schwerpunktlage schneller machen.

FLUGWEG

Um mit Ihrem Modell ständig im Bereich des stärksten Hangaufwinds zu bleiben, dessen ungefähre Grenze in der **Skizze 4** durch die eingezeichneten Modelle markiert sind, müssen Sie, wie in den **Skizzen 5 und 6** gezeigt, ständig vor der Hangkante hin und her fliegen. Dabei ist der günstigste Flugweg gegenüber dem Hang lediglich von der Hangform bestimmt und von der Windgeschwindigkeit weitgehend unabhängig, nicht jedoch die Flugrichtung Ihres Modells gegenüber der umgebenden Luft.

Bei schwachem Wind wird das Modell nur einen verhältnismäßig kleinen Luvwinkel (Winkel zwischen Längsachse des Modells und Flugweg über dem Boden) benötigen, um sich auf dem günstigsten Flugweg zu bewegen **(Skizze 5),** während es bei starkem Wind mit einem wesentlich größeren Luvwinkel geflogen werden muß **(Skizze 6),** um nicht über die Hangkante nach hinten abgetrieben zu werden. Je mehr sich die Windgeschwindigkeit der Fluggeschwindigkeit nähert, desto mehr wird sich der Luvwinkel 90° nähern, bis schließlich das Modell genau gegen den Wind gerichtet still vor Ihnen steht, wenn Wind- und Fluggeschwindigkeit gleich sind.

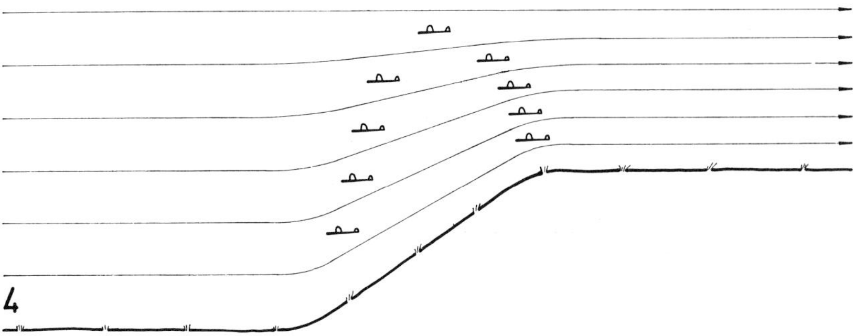

4

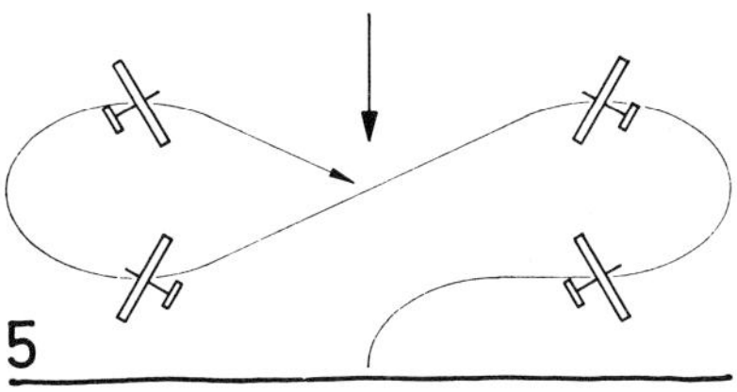

5

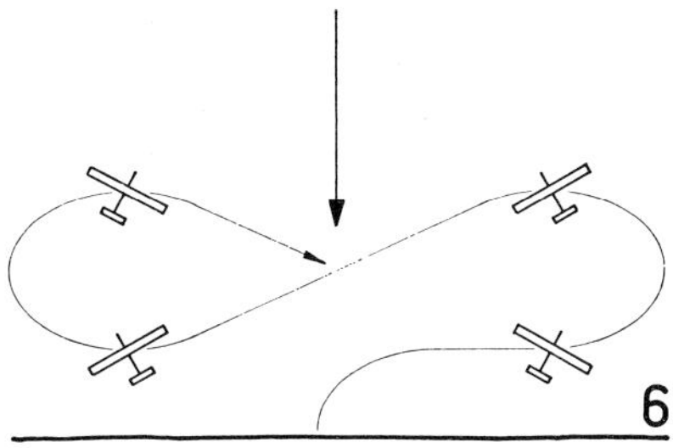

6

Daraus ergibt sich zwangsläufig die Regel, sämtliche Kurven im Aufwind stets vom Hang weg gerichtet zu fliegen, damit das Modell auf keinen Fall hinter die Hangkante getrieben werden kann.

LANDUNG

Über das beste Landeverfahren gehen die Meinungen beträchtlich auseinander. Ich finde es am angenehmsten, dazu einfach das vor dem Hang geflogene Flugschema in den Abwind hinter der Hangkante zu verlegen, dort so lange hin und her zu fliegen, bis das Modell nur noch wenige Meter über dem Boden ist, und es dann bis zum Aufsetzen genau gegen den Wind zu halten. Die in diesem Gebiet vorhandene Böigkeit nehme ich gern in Kauf, denn da das Modell immer in meiner Nähe ist, kann ich jede seiner Bewegungen schon im Beginn erkennen und nötigenfalls dagegensteuern, und die Landungen werden immer dicht hinter der Hangkante erfolgen. Den weitausholenden Landeanflug hinter der Hangkante halte ich für unzweckmäßig, da man vorher nie weiß, welche Windverhältnisse dort gerade herrschen und man immer damit rechnen muß, daß das Modell nicht mehr bis an die Hangkante herankommt.

Wenn das Modell wegen zu schwachen Windes oder auf Grund von Steuerfehlern absäuft, ziehe ich eine Rückenwindlandung gegen den Hang dem langen Weg ins Tal vor. Kann ich nur das Seitenruder steuern, lege ich das Modell kurz vor dem Hang in eine steile Kurve, so daß es praktisch quer zum Hang landet; kann ich auch das Höhenruder steuern, ziehe ich kurz vor dem Hang kräftig und lasse das Modell „bergauf" landen.

Freiflug-Motormodelle

Beim Einfliegen kam es darauf an, Ihr Modell auf einen unter allen Bedingungen sicheren Steig- und Gleitflug zu trimmen, und wenn Sie nur selten Gelegenheit zum Fliegen haben, wird Ihnen das wahrscheinlich auch genügen. Fliegen Sie jedoch an jedem schönen Wochenende, besteht die Gefahr, daß Ihnen die mehr oder weniger gleichförmigen und ereignislosen Flüge langweilig werden. Ein sicheres Mittel dagegen sind Trimmversuche.

GLEITFLUGVERBESSERUNG

Bei Trimmversuchen sollten Sie sich wie beim Einfliegen zunächst mit der Zelle befassen und nur die dadurch eventuell nötig werdenden Motorkorrekturen vornehmen.
Am lohnendsten ist der Versuch, Ihr Modell auf die geringstmögliche Sinkgeschwindigkeit zu trimmen. Dazu sind die gleichen Maßnahmen wie bei Segelflugmodellen nötig, denn im Gleitflug unterscheidet sich Ihr Motormodell nur durch seine geringere aerodynamische Güte von diesen.
Verringern Sie also in kleinen Schritten die Einstellwinkeldifferenz zwischen Tragflügel und Höhenleitwerk und nehmen Sie den Schwerpunkt so weit wie nötig zurück. Wird der Steigflug dadurch merklich flacher, verringern Sie den Motorsturz. Sobald das Modell wieder in Kraft- und Gleitflug stabil fliegt, versuchen Sie, durch genaue Kraftstoffbemessung die Motorlaufzeit möglichst konstant zu halten und notieren Sie sich nach jedem Flug die Motorlaufzeit und die Gesamtflugzeit. Nach einer Reihe von Flügen mitteln Sie die gestoppten Zeiten und errechnen, welche Gesamtflugzeit bei dieser Trimmung eine Sekunde Kraftflug erbrachte.
Danach verringern Sie die Einstellwinkeldifferenz um einen weiteren kleinen Schritt, trimmen den Schwerpunkt nach, ändern nötigenfalls den Motorsturz entsprechend und führen wieder genaue Flugmessungen durch. Das setzen Sie so lange fort, bis entweder wieder eine Verschlechterung der Gesamtflugzeit pro Sekunde Motorlauf eintritt oder die Längsstabilität merklich schlechter wird. Meist macht sich das durch nur sehr langsam abklingende Pumpbewegungen nach dem Aussetzen des Motors bemerkbar. Schließlich trimmen Sie Ihr Modell auf die Einstellung um, die die längste Gesamtflugzeit pro Sekunde Motorlauf erbrachte.
Sollte Ihr Modell noch keine Thermikbremse haben, ist es jetzt die höchste Zeit, eine anzubauen und auch regelmäßig zu benutzen.

STEIGFLUGVERBESSERUNG

Zur Verbesserung des Steigflugs versuchen Sie zunächst, ob noch eine Verringerung des Motorsturzes möglich ist und ob sich dadurch eine Verbesserung des Verhältnisses Kraftflugzeit/Gesamtflugzeit ergibt.
Ist dabei die Grenze erreicht, versuchen Sie, eine bessere Luftschraube zu finden. Vergessen Sie beim Luftschraubenwechsel jedoch nicht, daß Luftschrauben kleineren Durchmessers oder kleinerer Steigung eine Änderung der Kraftflugrichtung nach rechts bewirken, daß Sie also gleichzeitig den Seitenzug eine

Kleinigkeit verringern müssen, um den bisherigen Steigflugweg zu erhalten. Umgekehrt müssen Sie bei der Umstellung auf Luftschrauben größeren Durchmessers oder größerer Steigung den Seitenzug etwas vergrößern.
Meist sind Luftschrauben mit kleiner Steigung besonders günstig für den Steigflug, doch sind bei bestimmten Modell-Motoren-Kombinationen auch Abweichungen von dieser Regel möglich. Auch das Probieren anderer Luftschraubendurchmesser kann eine Verbesserung ergeben, denn es kann durchaus sein, daß Ihr Motor mit der bisher verwendeten Luftschraube noch gar nicht seine beste Leistung erreichte.
Haben Sie die beste handelsübliche Luftschraube gefunden, sind immer noch weitere Verbesserungen möglich. Sie können sowohl Luftschrauben an den Blattspitzen stutzen, um dadurch vielleicht auf einen günstigeren Durchmesser zu kommen, und Sie können die Luftschraubenblätter vorsichtig dünner schleifen bzw. schaben und dabei die Schlagkanten (Vorderkanten) der Blätter von dem dort meist vorhandenen Grat säubern, was in fast allen Fällen eine Verbesserung ergibt.

BODENSTARTS

Steht Ihnen eine glatte Startbahn zur Verfügung, können Bodenstarts sehr interessant sein. Am besten eignen sich Modelle dazu, deren Räder nur wenig vor dem Schwerpunkt liegen, da bei ihnen die Neigung zum Ausbrechen am geringsten ist. Diese Neigung läßt sich außerdem dadurch reduzieren, daß Sie die Radachsen so biegen, daß sich die Laufrichtungen der Räder einige Meter vor dem Modell schneiden. Das bei beginnendem Ausbrechen voreilende Rad wird dann stärker gebremst als das andere und erzeugt so eine rückführende Kraft.
Achten Sie bei den Bodenstarts besonders genau auf die Windrichtung. Bricht Ihr Modell gleich zu Beginn der Starts immer nach der gleichen Seite aus, obwohl Sie es genau gegen den Wind freigeben, lassen Sie es beim nächsten Versuch von vornherein etwas in die Ausbrechrichtung starten. Es besteht dann die Möglichkeit, daß die durch den von der Seite auf das Seitenleitwerk blasenden Wind entstehende Gegenkraft ausreicht, die Startrichtung zu stabilisieren, bis die Geschwindigkeit des Modells groß genug geworden ist, um die Kursstabilität wirksam werden zu lassen.
Hilft auch das nichts, starten Sie wieder wie bisher aus der Hand, denn genau so, wie es Modelle gibt, die auch noch mit verbogenem Fahrwerk einwandfrei vom Boden starten, gibt es auch solche, denen selbst alte Experten keinen Bodenstart beibringen können.

LANGSAMFLUG

Bei völlig windstillem Wetter kann es sehr reizvoll sein, die Motorleistung so weit zu drosseln, daß das Modell kaum noch steigt. Wenn Sie es dann noch auf eine etwas engere Kraftflugkurve trimmen, können Sie unbesorgt den Tank ganz füllen, ohne daß Ihnen Ihr Modell weit wegfliegen wird.
Wenn Sie dazu noch Ihr Modell auf die größte Längsstabilität zurücktrimmen, wird es besonders eng kurven. Im Extremfall kann das von weitem sogar aussehen, als ob Sie Fesselflug betreiben würden.

Fernlenk-Motormodelle

Ist Ihr Modell im Kraft- und Gleitflug sauber ausgetrimmt, können Sie es sich endlich leisten, seinen Tank ganz zu füllen. Sie können dann Ihr Modell beliebig durch die Gegend steuern, doch sollten Sie dabei zwei Regeln beachten:

1. Geben Sie niemals dem Modell nach und steuern Sie es immer auf den von Ihnen gewollten Kurs.
2. Halten Sie das Modell um so weiter vor sich gegen den Wind, je stärker der Wind ist.

Wenn Sie sich außerdem noch vor jedem Flug ein bestimmtes Programm vornehmen, seien es auch nur einfache Kursfiguren, es auch durchführen und die Landungen immer nach dem beim Einfliegen erlernten Landeanflug durchführen, dann werden Sie Ihr Modell sehr schnell beherrschen lernen.

LANDUNG MIT MOTORDROSSEL

Haben Sie Ihr Modell mit einer Motordrossel ausgerüstet, können Sie den Zeitpunkt der Landung selbst bestimmen. Den Landeanflug führen Sie genau wie bei einem Modell mit stehendem Motor durch, doch können Sie damit in geringerer Höhe beginnen, da auch ein gedrosselter Motor immer noch etwas Leistung hergibt und dadurch den Gleitflug verlängert.

Gegenüber der Landung mit stehendem Motor haben Sie jetzt zwei zusätzliche Möglichkeiten: Die Streckung des Gleitflugs durch Zwischengas bei zu kurz angesetzten Landungen und das Durchstarten zu erneutem Landeanflug bei zu hoch angesetzten Landungen.

Während das Durchstarten problemlos und mit keinerlei Risiken verbunden ist, sollten Sie die Streckung des Gleitflugs durch Zwischengas systematisch üben. Zum Richtunghalten mit dem Seitenruder kommt dann nämlich die Betätigung der Motordrossel und des Höhenruders dazu, was zunächst sicher nicht zur Verbesserung der Landungen beiträgt. Das Hauptrisiko ist dabei zu kräftiges Zwischengas, das Ihr Modell wieder in den Steigflug übergehen läßt. Nach erneutem Drosseln, das dann meist zu abrupt erfolgt, verliert das Modell beträchtlich an Höhe, um wieder die richtige Gleitfluggeschwindigkeit einzunehmen. Besonders bei den ersten Versuchen ist die Wahrscheinlichkeit groß, daß es gerade während dieses Höhenverlustes den Boden berührt, ohne daß Sie Gelegenheit hatten, den Gleitflug durch etwas Höhenruder abzuflachen. Denken Sie daher bei jedem Landeanflug daran: **Es ist viel sicherer, rechtzeitig wenig als spät viel Zwischengas zu geben!**

Haben Sie das Heranziehen mit Gas und das Durchstarten genügend geübt, um Ihr Modell öfters im Zielkreis als davor oder dahinter aufzusetzen, können Sie schließlich das vollständige Abfangen zur Landung üben. Dabei kommt es lediglich darauf an, das Modell unmittelbar über dem Boden mit dem Höhenruder so lange wie möglich am Aufsetzen zu hindern, ohne es durch zu viel Höhenruderausschlag wieder Höhe gewinnen zu lassen. Im Idealfall berührt das Modell unmittelbar vor dem Strömungsabriß durch zu starkes Ziehen und damit mit der geringstmöglichen Fahrt den Boden.

DIE ERSTEN KUNSTFLUGVERSUCHE

Auch mit RC-Trainern, bei denen lediglich Seiten- und Höhenruder gesteuert werden können, lassen sich einfache Kunstflugfiguren ausführen. Fangen Sie zunächst keine Figur in weniger als 100 m Höhe an, denn dann haben Sie immer die Möglichkeit, im Falle des Mißlingens einer Figur so lange zu warten, bis das Modell in den Sturzflug übergegangen ist, um es dann in aller Ruhe mit dem Höhenruder abzufangen.

Die einfachste Kunstflugfigur ist der **Looping**. Lassen Sie dazu das Modell durch wenig Tiefenruder schneller werden und geben Sie dann zügig Höhenruder. Warten Sie, bis sich das Modell fast wieder in der Normallage befindet und lassen Sie dann den Knüppel schnell in die Mittelstellung zurückgehen. Versuchen Sie allmählich, durch weniger Ruderausschlag die Loopings möglichst groß und durch entsprechende Ausschlagkorrekturen möglichst rund zu fliegen.

Nach einem halben Looping liegt Ihr Modell genau auf dem Rücken. Wenn Sie jetzt etwas Tiefenruder geben, befindet es sich im **Rückenflug.** Korrigieren Sie den Ruderausschlag so, daß das Modell möglichst genau horizontal fliegt. Querlage und Richtung können Sie einwandfrei mit dem Seitenruder steuern, sobald Sie herausgefunden haben, in welcher Richtung Sie es ausschlagen müssen. Haben Sie genügend Sicherheit gewonnen, können Sie auch Kreise und Achten fliegen. Zur Beendigung des Rückenflugs fliegen Sie mit dem Höhenruder die zweite Hälfte eines Loopings.

Zur **hochgezogenen Kehrtkurve** ziehen Sie Ihr Modell senkrecht nach oben, lassen das Höhenruder schnell in die Mittelstellung zurückgehen und steuern gleichzeitig mit dem Seitenruder einen senkrecht stehenden Halbkreis. Sobald sich das Modell im senkrechten Sturzflug befindet, nehmen Sie das Seitenruder zurück und fangen das Modell mit dem Höhenruder ab. Im Idealfall fliegt es jetzt genau auf Gegenkurs. Wenn Sie dagegen mit dem Seitenruderausschlag so lange warten, bis das Modell kaum noch Fahrt hat, wird es sich fast auf der Stelle drehen und annähernd den gleichen Weg stürzen, den es zuvor gestiegen ist. Diese Figur heißt dann **Turn**. Sie läßt sich am besten fliegen, wenn vor dem Seitenruderausschlag der Motor voll gedrosselt werden kann.

Wenn Sie Ihr Modell wie zum Turn hochziehen, dann jedoch im höchsten Punkt nicht Seiten- sondern Höhenruder geben, wird das Modell erst nach hinten wegrutschen und dann über die Horizontallage in den Sturzflug fallen, aus dem Sie es mit dem Höhenruder abfangen. Diese Figur heißt **Männchen** und wird Ihnen nur gelingen, wenn Sie mit dem Ziehen wirklich warten, bis das Modell keine Fahrt mehr hat.

Sind Ihnen diese wenigen Figuren mehr oder weniger vollkommen gelungen, haben Sie nicht nur einen Vorgeschmack vom Kunstflug bekommen, sondern haben gleichzeitig Ihr Modell besser kennen und beherrschen gelernt und darauf kam es in erster Linie an.

Wollen Sie mehr vom Kunstflug kennenlernen, kaufen Sie sich am besten die ebenfalls im Neckar-Verlag erschienenen Bücher „RC-Modellflug" von Fritz Heese und „Konstruktionsbuch für RC-Mehrachsflugmodelle" von Dipl.-Ing. Bernhard Huber, in denen das gesamte Gebiet des Fernlenk-Kunstflugs eingehend und leicht verständlich behandelt wird.

THERMIK

Wärmeaufwinde gibt es schon, seit die Erde von der Sonne beschienen wird, und seit Urzeiten sind Vögel, ohne einen Flügelschlag kreisend, in ihnen in die Höhe gestiegen. Diese Wärmeaufwinde beruhen auf dem Naturgesetz, daß warme Luft leichter als kalte ist und demzufolge das Bestreben hat, nach oben zu steigen. Diese Eigenschaft wurde erstmals von den Brüdern Montgolfier bewußt ausgenutzt, als sie im Jahre 1783 ihren ersten Heißluftballon aufsteigen ließen. Ansonsten fand sich jedoch keine Verwendung für diese Naturkraft, bis in den zwanziger Jahren dieses Jahrhunderts die Segelflieger die Möglichkeit entdeckten, in der aufsteigenden Warmluft zu segeln und dadurch vom Hangaufwind unabhängig zu werden. Sie nannten diesen Wärmeaufwind „Thermik" und erforschten ihn systematisch, so daß sich seit Anfang der dreißiger Jahre auch die Modellflieger die inzwischen gewonnenen Erkenntnisse zunutze machen konnten und nach der Entwicklung des Hochstarts durch Horst Winkler ebenfalls vom Hangaufwind unabhängig wurden.

ENTSTEHUNG

Um die Thermik bewußt ausnutzen zu können, müssen Sie über ihre Entstehung genau Bescheid wissen. Wenn die Erdoberfläche von der Sonne beschienen und durch sie erwärmt wird, findet diese Erwärmung nicht gleichmäßig statt, sondern ist je nach Bodenfeuchtigkeit, Farbe und Bewuchs verschieden stark. Feuchtere und dunklere Stellen wie Seen, Wiesen und Wälder brauchen sehr viel Sonnenenergie, um sich merklich zu erwärmen. Sie nehmen diese Wärme fast völlig auf und speichern sie, während die Luft über ihnen verhältnismäßig kühl bleibt. Trockenere und hellere Stellen wie Felder, Heide, Sandflächen, Dörfer und Städte werden viel schneller erwärmt; außerdem reflektieren sie einen Teil der Sonnenstrahlen, so daß sich auch die Luft unmittelbar über ihnen schnell erwärmt.
Da die Luft jedoch eine gewisse Zähigkeit hat, wird sich die Warmluft zunächst über dem Boden sammeln, bis ihre Energie groß genug ist, die über ihr lagernde Kaltluft zu durchbrechen. Sie löst sich dann in großen Blasen vom Boden ab und steigt nach oben, während von den Seiten her kältere Luft am Boden nachströmt, um die wegsteigende Warmluft zu ersetzen.
Die Ablösung der Warmluft wird durch Wind beschleunigt, denn alle Bodenhindernisse wie Hecken, Bodenwellen, Straßen, Gebäude usw. werden die gegen sie strömende Warmluft nach oben ablenken und können damit den Anstoß zu einer Ablösung der Warmluft geben.
Daraus folgt, daß bei Windstille weniger, dafür aber kräftigere Ablösungen stattfinden, da der Temperaturunterschied allein die Auslösung bewirken und daher größer sein muß, während bei Wind häufigere und dafür schwächere Ablösungen erfolgen, da die Auslösung vorwiegend durch angeströmte Hindernisse bewirkt wird und daher schon bei geringeren Temperaturunterschieden möglich ist.
Da zur Entstehung von Thermik schon Temperaturunterschiede von 2 bis 3 Grad ausreichen und die absolute Temperatur dabei überhaupt keine Rolle spielt,

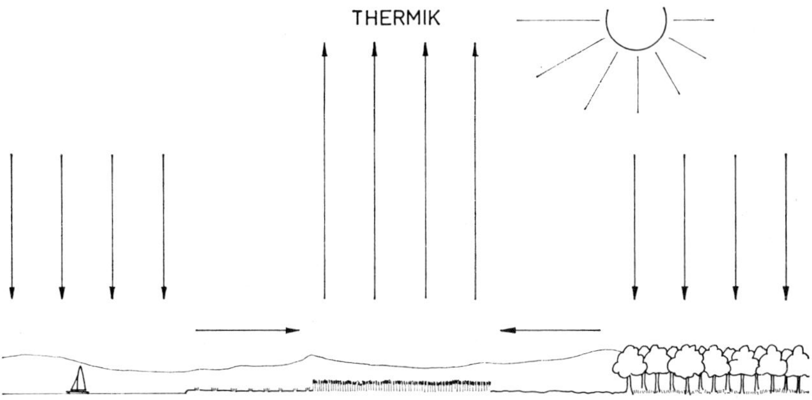

ist die Thermik durchaus nicht auf den Hochsommer beschränkt; sie kann praktisch zu jeder Jahreszeit auftreten, sofern als einzige Voraussetzung die Sonne scheint. Selbstverständlich wird sie bei starker Sonneneinstrahlung, also im Hochsommer, am häufigsten auftreten und im Laufe eines Tages am häufigsten beim höchsten Sonnenstand um die Mittagszeit.

AUSNUTZUNG

An schönen Sommertagen können Sie die Ansammlung der Warmluft beobachten, wenn Sie sich der Länge nach hinlegen und in Richtung der trockensten und/oder hellsten Stelle des Flugplatzes blicken. Sie werden dann bald ein Flimmern der bodennahen Luftschicht sehen, das allmählich immer stärker wird. Wenn es plötzlich verschwindet, hat sich die Warmluft abgelöst und wenn Sie schnell aufstehen, werden Sie deutlich spüren, wie kühlere Luft zur Ablösungsstelle hinströmt. Daraus erklären sich auch die gelegentlich schwachen Winde an sonst windstillen Tagen, die mal in dieser und mal in jener Richtung wehen, um die irgendwo aufgestiegene Warmluft zu ersetzen. Wenn Sie sich die Zeit nehmen, mehrere solcher Ablösungen von Anfang bis Ende zu beobachten, werden Sie feststellen, daß sie immer an den gleichen Stellen und über einen längeren Zeitraum hinweg in recht gleichmäßigen Abständen erfolgen. Wenn Sie sich die Zeiten der Ablösungen notieren, werden Sie schon nach einigen Malen in der Lage sein, die nächste Ablösung recht genau vorauszusagen und können Ort und Zeitpunkt des nächsten Starts so wählen, daß Sie Ihr Modell gerade in die nächste Ablösung hineinstarten.

Um den richtigen Zeitpunkt nicht zu verpassen, legen manche Modellflieger schon Minuten vorher ihre Hochstartschnur aus und machen sie startfertig, um schon beim ersten Windhauch ihr Modell hochziehen zu können. Bei dieser Methode erwischen Sie zwar meist nur den letzten Rest der Thermikblase, der auf Wettbewerben jedoch immer ausreicht, den geringen Unterschied zwischen

der normalen Gleitflugzeit moderner Segelflugmodelle und der maximalen Wertungszeit von drei Minuten zu überbrücken.
Wenn Ihnen die im Kapitel „Fliegen“ erwähnte Methode der Thermiksuche sicherer erscheint, wissen Sie jetzt, wo Sie mit Ihrem Modell an der Hochstartschnur mit der größten Aussicht auf Erfolg hin- bzw. herumlaufen müssen. Finden Sie dabei über einer trockenen, hellen Stelle nicht gleich Thermik, kann das an einer im Moment noch zu geringen Erwärmung liegen. Kommen Sie wieder an die gleiche Stelle zurück, nachdem Sie Ihr Modell im Kreis herumgeschleppt haben, hat die Erwärmung in jedem Fall zugenommen und wenn Sie Glück haben, können sogar schon die durch Ihre Lauferei erzeugten Luftwirbel zur Ablösung ausreichen. Geben Sie das Modell aber nicht sofort frei, wenn es plötzlich stark an der Hochstartschnur zu ziehen anfängt, sondern warten Sie damit noch einige Sekunden, auch wenn Sie dann auf Grund das immer stärker gewordenen Zugs eventuell die Hochstartrolle hochwerfen müssen, um das Modell zum Ausklinken zu bringen. Sie erreichen dadurch die Freigabe des Modells mitten im Aufwindgebiet und nicht schon in der meist stark verwirbelten Randzone, in deren Nähe meist auch Abwind auftritt. Außerdem können Sie so nicht durch eine Bö getäuscht werden, die ebenfalls einen stärkeren Zug des Modells an der Hochstartschnur hervorrufen kann, der aber schnell wieder nachläßt.
Die größten Erfolgsaussichten haben Sie natürlich, wenn Sie beide Methoden miteinander verbinden, kurz vor der durch Beobachtung ermittelten voraussichtlichen Ablösungszeit zu der betreffenden Stelle hinlaufen und Ihr Modell dort bis zur Ablösung im Kreis herumschleppen.
Falls Sie mit Motormodellen auf Thermikjagd gehen wollen, müssen Sie sich natürlich auf die erste Methode beschränken. Sie versuchen dann, durch sorgfältige Beobachtung die Stelle des Flugplatzes zu finden, an der am häufigsten Ablösungen stattfinden und auch den Rhythmus dieser Ablösungen zu ermitteln. Wenn dann die Zeit für eine neue Ablösung naht, machen Sie sich startfertig, lassen beim ersten kühlen Luftzug den Motor an und starten Ihr Modell auf die Ablösung zu. Die Verzögerung durch das Anlassen und Einregulieren des Motors spielt keine Rolle, denn Ihr Modell steigt ja der Thermikblase nach und wird sie wieder einholen, sofern Sie Ihren Motor kennen und bis zu seinem Anspringen nicht minutenlang an der Luftschraube herumdrehen müssen.
Falls Ihnen das Warten auf die nachströmende Luft zu unsicher ist oder Sie diese bei windigem Wetter nicht spüren können, legen Sie sich wieder auf den Boden und warten, bis das Flimmern der Luft über der durch vorherige Beobachtung ermittelten Ablösestelle aufhört.

ABENDTHERMIK

Läßt gegen Abend die Sonneneinstrahlung nach und wird schließlich zu schwach, um die Luft über den trockenen und hellen Stellen noch ausreichend zu erwärmen, kommt die vertikale Luftbewegung für einige Zeit zur Ruhe. Danach setzt über den dunkleren und feuchteren Stellen die sogenannte Abendthermik ein, da diese Stellen jetzt auf Grund der tagsüber gespeicherten Wärme wärmer als ihre Umgebung werden und dadurch über ihnen Thermik entsteht. Diese Abendthermik ist normalerweise schwächer, dafür aber gleichmäßiger und großflächiger als

ABENDTHERMIK

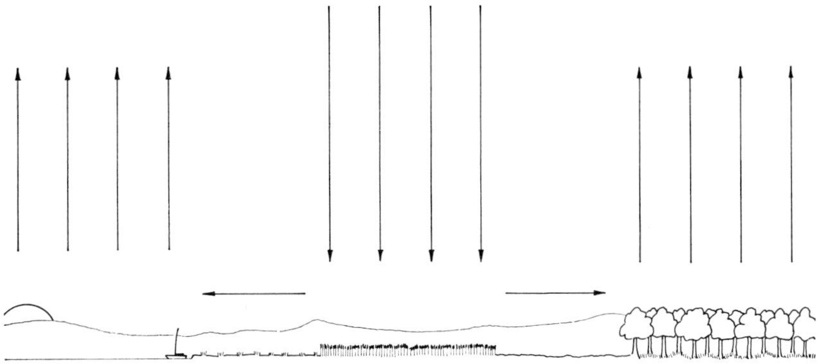

die Tagesthermik und gestattet auf geeigneten Fluggeländen bis spät in den Abend hinein längere Segelflüge.
Die gleiche Erscheinung kann übrigens auch während des Tages auftreten, wenn die Sonne für längere Zeit von Wolken verdeckt wird.

WOLKENBILDUNG

Bisher haben wir nur von der Thermik im bodennahen „Modellflugbereich" gesprochen. Die Thermik reicht natürlich viel höher, denn die warme Luft wird so lange weitersteigen, bis ihr Temperaturunterschied gegenüber der umgebenden Luft gleich Null geworden ist. Diese Abkühlung erfolgt im wesentlichen durch die mit zunehmender Höhe erfolgende und durch den abnehmenden Luftdruck verursachte Ausdehnung der Thermikblase. Die Luft hat nämlich wie alle anderen Gase und Gasgemische die Eigenschaft, sich zu erwärmen, wenn sie zusammengedrückt wird und sich abzukühlen, wenn sie sich ausdehnt.
Außerdem kann warme Luft mehr Feuchtigkeit aufnehmen als kalte. Ist also eine vom Boden aufsteigende Thermikblase verhältnismäßig weit mit Wasserdampf gesättigt, wird mit zunehmender Höhe und damit abnehmender Temperatur der Sättigungsgrad immer weiter zunehmen, bis schließlich eine hundertprozentige Sättigung erreicht ist. Mit weiterer Abkühlung kondensiert der überschüssige Wasserdampf zu feinen Tröpfchen, aus denen dann eine Wolke entsteht.
Sie können daher mit Sicherheit unter jeder noch im Wachsen befindlichen Kumuluswolke Aufwind finden, der sich normalerweise jedoch nur von Segelfliegern und nicht von Modellfliegern ausnutzen läßt. Sollte jedoch mal die Thermikbremse Ihres Modells versagen und es auf eine solche Quellwolke zusteigen, dann brauchen Sie sich gar nicht erst auf die Verfolgung zu machen, da das Modell garantiert in die Wolke hineinsteigen und ein beträchtliches Stück mit ihr über Land segeln wird.

REPARATUREN

Sie mögen so vorsichtig sein, wie Sie wollen, um Brüche und ihre Reparatur kommen Sie auf die Dauer nicht herum – es sei denn, Sie verzichten darauf, Ihre Modelle fliegen zu lassen. Je eher Sie sich mit dieser Tatsache abfinden, desto eher werden Sie aufhören, sich über einen Bruch zu ärgern und desto ungetrübter werden Sie den Modellflug genießen können. Ich gebe jedoch gerne zu, daß ich mich gelegentlich auch über einen Bruch ärgere, jedoch nur, wenn ich seine Ursache nicht ergründen kann.
Bei der Suche nach den Ursachen eines Bruchs scheiden sich im übrigen die Geister: Modellflieger überlegen zunächst, welche Fehler sie selbst gemacht haben könnten – Auch-Modellflieger vermuten die Ursache zunächst in einer mangelhaften Modellkonstruktion oder in einem Versagen ihrer Fernlenkanlage.
Zumindest von den Brüchen meiner Modelle weiß ich genau, daß sie in der überwiegenden Mehrzahl auf Vergeßlichkeit, Nachlässigkeit und Leichtsinn zurückzuführen waren, und aus der kritischen Beobachtung zahlreicher fremder Brüche kann ich mit ziemlicher Sicherheit schließen, daß die Verhältnisse bei anderen Modellfliegern ähnlich liegen. Versuchen Sie daher von vornherein, daraus die Konsequenz zu ziehen und im Falle eines Falles nicht gleich auf den Konstrukteur oder Fabrikanten zu schimpfen.
Die am häufigsten an Modellen vorkommenden Beschädigungen sind nun durchaus keine Brüche, sondern Löcher und Risse in der Bespannung.

BESPANNUNGSREPARATUREN
Sämtliche Bespannungsschäden lassen sich, zumindest behelfsmäßig, an Ort und Stelle auf dem Flugplatz reparieren und erfordern nur selten mehr als eine viertelstündige Flugunterbrechung.
Besteht die Beschädigung lediglich aus einem kleinen Loch oder kurzen Riß, dann überstreichen Sie die betreffende Stelle nur mit Hartkleber, der beim Trocknen die gerissenen Bespannungsränder zusammenzieht und nur eine kleine, unauffällige „Narbe" zurückläßt. Geht der Riß jedoch über die ganze Flügeltiefe und wird eventuell noch von einem zweiten Riß gekreuzt **(Skizze 1),** dann sollten Sie sich etwas mehr Zeit nehmen und ihn in zwei oder drei Stufen reparieren. Bestreichen Sie dazu die Risse von den Enden her zunächst nur so weit mit Hartkleber, wie sie nicht weiter als etwa 2 mm auseinanderklaffen, denn größere Lücken lassen sich damit nur unvollkommen überbrücken. Nach dem Trocknen werden die mit Hartkleber bestrichenen Ränder fast völlig zusammengezogen sein und Sie können die nächsten Stücke mit Hartkleber bestreichen, bis Sie schließlich den gesamten Riß geflickt haben, ohne daß mehr als eine Klebstoffraupe davon zurückgeblieben ist, die die Flugfähigkeit des Modells in keiner Weise beeinträchtigt.
Hat es jedoch mal ganze Stücke aus der Bespannung herausgerissen **(Skizze 2),** dann bleibt nichts weiter übrig, als das gesamte betroffene Rippenfeld mit einem Stück Bespannmaterial zu überkleben, das die angrenzenden Rippen einige Millimeter weit überlappen sollte (gestrichelte Linie). Lassen Sie dazu die

1

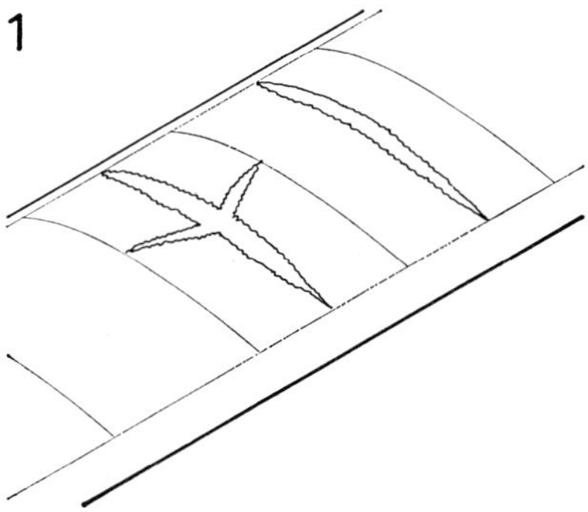

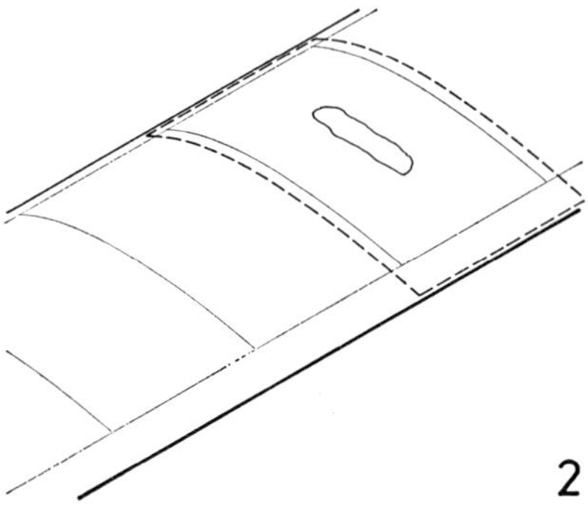

2

beschädigte Bespannung unberührt und schneiden Sie sie auf keinen Fall heraus, da dadurch die Bespannung in den angrenzenden Rippenfeldern weiter als nötig einfallen könnte. Unzweckmäßig wäre es auch, einen kleineren Flicken zu verwenden, der lediglich das entstandene Loch überdeckt. Er wäre auf Grund der nachgiebigen Bespannungsränder nur schwer faltenfrei aufzukleben und könnte die um das Loch herum eingefallene Bespannung und die dadurch hervorgerufene Profiländerung nicht beheben. Solche Flicken sind daher allenfalls an ebenen Tragflügelunterseiten und Rumpfseiten vertretbar.
Anfangs hatte ich für die Reparatur solcher Löcher immer frisches Bespannmaterial und etwas Spannlack in meiner Werkzeugkiste, doch bin ich schon bald dazu übergegangen, gut erhaltene Bespannungsstücke „abgeschriebener" Modelle für solche Reparaturen aufzuheben und diese dadurch wesentlich zu beschleunigen. Um in den Genuß dieser Vorteile zu kommen, brauchen Sie nun nicht gleich ein Modell zu zerfliegen, denn es genügt völlig, wenn Sie dazu beim Bespannen anfallende Abfallstücke über kleine Holzrahmen kleben und nebenbei mitlackieren.
Ob Sie nun auf dem Flugplatz vorgenommene Behelfsreparaturen noch vor dem nächsten Flugtag oder erst dann gründlich und sauber zu Hause reparieren, wenn es sich lohnt, ist reine Geschmacksache. Ich ziehe es fast immer vor, damit zu warten, bis eine völlig neue Bespannung fällig ist. In jedem Fall sollten Sie dann die alte Bespannung rundherum sauber bis zu den nächsten Holzteilen herausschneiden und jeweils das gesamte Feld neu bespannen.

HOLZREPARATUREN

Solange nicht zu viele Teile beschädigt sind, lassen sich auch gebrochene Holzteile ohne größere Schwierigkeiten auf dem Flugplatz reparieren, doch sollten Sie sich an die Schnellreparatur hochbeanspruchter Teile (Holme, Rumpfgurte) erst dann heranwagen, wenn Sie mit kleineren Reparaturen schon einige Erfahrung gewonnen haben. Ansonsten warten Sie damit besser, bis Sie wieder zu Hause in der Werkstatt sind und dort alle Werkstoffe und Werkzeuge zur Verfügung haben.

Das Hauptproblem bei Schnellreparaturen auf dem Flugplatz war bis vor kurzer Zeit die Trockenzeit der Hartkleber, die sich besonders nach dickerem Auftrag und bei feuchtem und kühlem Wetter nur schwer genau abschätzen ließ und bei verfrühtem Wiederstart zu erneutem Bruch führen konnte. Seit es jedoch schnellaushärtende Zweikomponentenkleber in Kleinpackungen in jedem Modellbaugeschäft zu kaufen gibt, brauchen Sie sich darüber nicht mehr den Kopf zu zerbrechen. Lassen Sie sich beim Einkauf nicht von dem Aufdruck auf der Packung täuschen, der den Kleber für „Metall, Keramik und Kunststoffe" empfiehlt, er ist genausogut für Balsa und andere Hölzer geeignet.

Von allen Holzschäden am einfachsten zu reparieren ist ein an- oder durchgebrochenes Brettleitwerk. Ist es nur angebrochen, brechen Sie es zunächst ganz durch. Dann schieben Sie die beiden Teile gegeneinander und entfernen alle zerquetschten oder „verbogenen" Holzfasern, die ein fugenloses Zusammenfügen verhindern und kleben anschließend die Bruchstücke einfach stumpf gegeneinander.

Falls Sie dazu Hartkleber verwenden, streichen Sie beide Bruchkanten dick damit ein, lassen ihn eine knappe Minute ins Holz einziehen und schieben dann die Teile fest gegeneinander. Den dabei herausquellenden Kleber wischen Sie nicht ab, sondern verteilen ihn gleichmäßig auf beide Seiten der Bruchstelle und schaffen damit eine zusätzliche Verstärkung.

Führen Sie die Reparatur jedoch mit Zweikomponentenkleber aus, genügt es, eine der Bruchkanten damit einzustreichen und die Teile sofort zusammenzudrücken.

Sind andere Holzteile gebrochen, liegen sie mit großer Wahrscheinlichkeit ganz oder teilweise unter der Bespannung. Sie müssen daher zunächst die Bespannung so weit entfernen, daß Sie frei und ungehindert an die beschädigten Holzteile herankönnen **(Skizze 3 und 4).**

Stellen Sie dann fest, daß die Teile lediglich geknickt sind, wie das bei Rumpfgurten häufig der Fall ist **(Skizze 3 oben),** dann richten Sie die Teile einfach wieder gerade und kleben auf die im Innern liegenden Seiten Verstärkungsleisten auf.

Ist jedoch ein ganzes Stück aus einer Leiste herausgebrochen, dann bleibt Ihnen nichts weiter übrig, als die Lücke durch ein eingeschäftetes Leistenstück zu überbrücken **(Skizze 3 unten).** Da dazu der Rumpf genau ausgerichtet und festgespannt werden sollte, wird eine solche Reparatur nur selten auf dem Flugplatz möglich sein. Bedenken Sie dabei auch, daß die Festigkeit der Reparatur in erster Linie von der Länge der Schäftstellen abhängig ist, die mindestens das Fünffache der Leistenstärke betragen sollte und daß die Klebstellen unbedingt vorgeklebt werden müssen. Bei gebrochenen Tragflügeln und bespannten Leitwerken verfahren Sie sinngemäß.

Ist ein Bauteil mal ganz durchgebrochen, ist die Reparatur am einfachsten, wenn Sie zunächst soweit möglich die Teile behelfsmäßig stumpf gegeneinanderkleben und auf dem Baubrett festheften **(Skizze 4),** und erst danach die Leisten der Reihe nach durch eingeschäftete Stücke reparieren. Es wäre zwar einfacher, an Stelle der genaue Arbeit erfordernden Schäftungen die gebrochenen Stellen durch aufgeklebte Leistenstücke zu reparieren, doch ist das auf Grund der dabei unvermeidlichen Querschnittsänderungen ein Notbehelf, der nur bei Schnellreparaturen auf dem Flugplatz vertretbar ist.

3

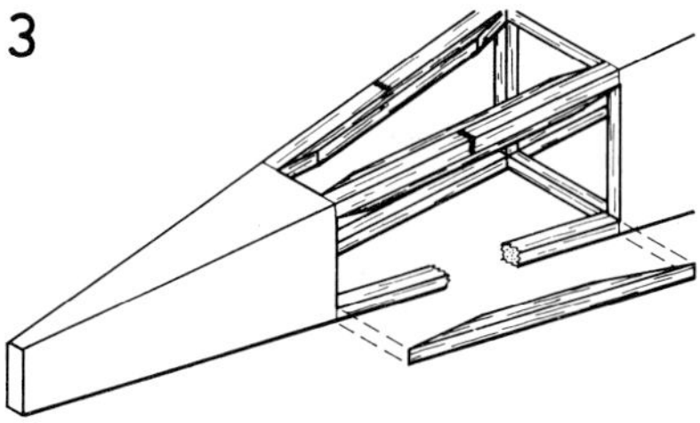

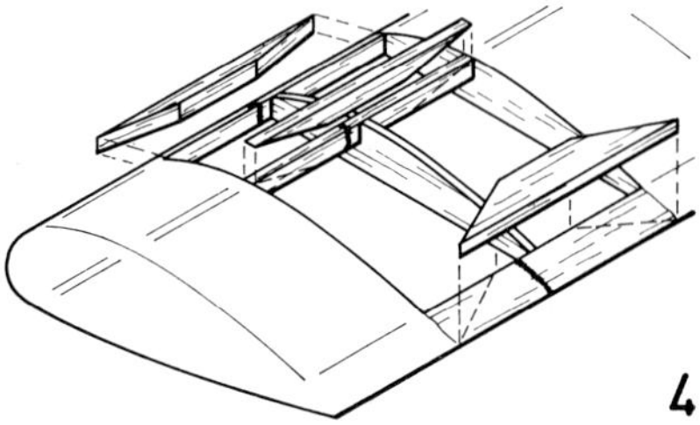

4

Wenn Sie diese wenigen Grundregeln kennen, wird es Ihnen keine Schwierigkeiten bereiten, auch andere Brüche einwandfrei und sauber zu reparieren.
Falls Sie nach gründlicher Inspektion eines großen Bruches jedoch mal zu dem Ergebnis kommen, daß sich eine Reparatur nicht mehr lohnt, dann sollte auch das kein Grund zum Ärgern sein, sondern der Anlaß zum Bau eines neuen, schöneren und besseren Modells!

Für höchste Ansprüche
robbe
Digital-Anlagen
Weltspitzenklasse
MONATE 9 GARANTIE
● Hohe Senderleistung ● Trennscharfe Empfänger
● Präzise Mini-Servos mit Maxi-Ruderdruck
● Kontaktsicheres Stecksystem (Stecker m. Goldauflage) ● Alle Extras in der Komplettausstattung enthalten
robbe digital 6
Wer mit robbe steuert–steuert richtig